目录

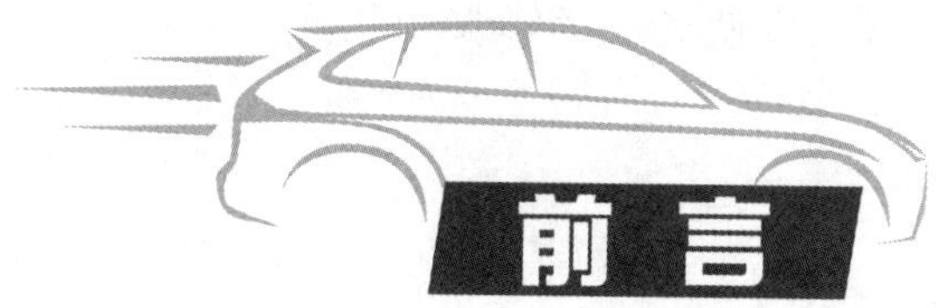

前言

党的二十大报告要求："巩固优势产业领先地位，在关系安全发展的领域加快补齐短板，提升战略性资源供应保障能力。推动战略性新兴产业融合集群发展，构建新一代信息技术、人工智能、生物技术、新能源、新材料、高端装备、绿色环保等一批新的增长引擎。"

高等职业院校"新能源汽车高压安全与防护"课程根据新能源汽车制造、维护企业岗位高压安全与防护的能力要求，新能源汽车有关高压安全的相关法规和标准遴选课程内容。本书依据高等职业院校新能源汽车检测与维修技术专业教学标准，遵循学生的认知规律和养成规律进行编写，围绕现阶段国内职业院校配置的主流新能源汽车车型，按照国内外行业对新能源汽车的高压安全与防护技术要求，并结合我国低压特种电工作业规范，对高压安全基础理论、安全电压与急救理论、高压安全防护技术、高压维护作业中的安全操作、高压系统中止与检验以及新能源汽车充电设备安装与维护等知识进行了详细的技术讲解。本书内容编写坚持以应用为主线，以"实用、适用、够用"为度，满足岗位的需要，适用于职业院校新能源汽车检测与维修技术专业对高压安全防护课程的教学与学习。

本书具有以下特色：（1）本书适应课程的项目化和模块化的需要，采用项目、任务编写形式，每个学习任务均按照提出任务、任务目标、相关知识（包括基础知识、特点分类、技术参数等）、任务实施、学习拓展、学习测试环节进行结构设计。（2）以就业为导向，以职业能力培养为核心，注重实践应用能力培养和技能提升，从而实现理实一体，培养高素质的新能源汽车技术技能人才。（3）为了方便教师教学，本书提供了教学视频，读者可访问中国铁道出版社教育资源数字化平台 http://www.tdpress.com/51eds 按书名搜索下载相关资源。

本书由上海工商职业技术学院智能制造与汽车学院林金地担任主编，黄虎担任主审。参加本书编写的还有上海工商职业技术学院张云、闻慧明，上海市曹杨职业技术学校郑烨珺和上海市大众工业学校陈旭、郭燕。同时，在编写过程中得到了德国陆科思德教学器材发展(上海)有限公司聂磊博士和上海景格科技股份有限公司的大力支持，在此对他们表示衷心的感谢。

限于编者水平，书中难免有疏漏和错误之处，恳请广大读者提供宝贵意见和建议，以便进一步修改和完善。

编　者

2023 年 4 月

职业院校新能源汽车专业"十四五"系列教材

新能源汽车高压安全与防护

林金地◎主编
黄　虎◎主审

中国铁道出版社有限公司
CHINA RAILWAY PUBLISHING HOUSE CO., LTD.

内 容 简 介

本书依据高等职业院校新能源汽车检测与维修技术专业教学标准，按照任务驱动教学方法编写。全书共六个项目，包括高压安全基础理论、高压安全与防护、新能源汽车维修工具及检测设备的使用、新能源汽车电路基础知识、高压车间作业安全要求和新能源汽车充电设施安装与维护。

本书紧密结合新能源汽车企业岗位能力要求，以典型工作任务为载体，每个任务均配备任务实施，可操作性强。注重学生职业能力的培养，以就业为导向，理实一体。

本书适合作为高等职业院校新能源汽车检测与维修技术等专业教材，也可作为汽车维修专业培训用书和相关技术人员的参考书。

图书在版编目（CIP）数据

新能源汽车高压安全与防护/林金地主编. —北京：中国铁道出版社有限公司，2024.3

职业院校新能源汽车专业“十四五”系列教材

ISBN 978-7-113-28736-8

Ⅰ.①新… Ⅱ.①林… Ⅲ.①新能源-汽车-安全技术-职业教育-教材 Ⅳ.①U469.7

中国版本图书馆 CIP 数据核字（2021）第 263964 号

书　　名：新能源汽车高压安全与防护

作　　者：林金地

策划编辑：张松涛

责任编辑：张松涛　　　　**编辑部电话**：（010）83527746

封面设计：刘　颖

责任校对：安海燕

责任印制：樊启鹏

出版发行：中国铁道出版社有限公司（100054，北京市西城区右安门西街 8 号）

网　　址：http://www.tdpress.com/51eds/

印　　刷：北京盛通印刷股份有限公司

版　　次：2024 年 3 月第 1 版　2024 年 3 月第 1 次印刷

开　　本：787 mm×1 092 mm 1/16　**印张**：14.25　**字数**：366 千

书　　号：ISBN 978-7-113-28736-8

定　　价：42.00 元

项目一 高压安全基础理论

纯电动汽车与混合动力汽车都具有高压，新能源汽车从业人员应该掌握电工基础知识。在制造、维修、维护等领域均需要防止高压对人体的伤害。本项目主要包括以下三个任务：

任务1　认识电工基础理论与安全。

任务2　识别新能源汽车高压系统部件位置。

任务3　认识新能源汽车安全设计。

通过以上3个任务的学习，你将了解电的相关基础理论，熟悉新能源汽车高压部件的位置以及防止事故的安全设计。

任务1　认识电工基础理论与安全

提出任务

从事新能源汽车行业的一线人员谈到高压新能源汽车时，都会谈“高压”色变。若你目前在某品牌的新能源汽车售后维修车间实习，主管要求你给其他人员培训如何去认知新能源汽车上的高压，你能做到吗？

任务目标

一、知识目标

1. 熟悉电的基本概念。
2. 掌握欧姆定律在高压系统的应用。
3. 掌握区分高压安全等级。

二、能力目标

能够正确识别高压车辆高压警告标记。

相关知识

电是一种能量，是电子定向流动的表现。新能源汽车上的电存在于多个部件中，也存在有多种形式。大多数情况下，我们所讲的高压只是从电的一个特性，即用“电压”来阐述的。

一、电的基本知识

1. 物质、原子和离子、电荷

(1)物质

电被定义为“物质的一种基本性质,是电子积累或运动的结果,也是能量存在的一种形式”。为了更好地理解这个定义,我们需要了解物质的结构。我们周围的任何物体(固体、液体和气体)均被认为是物质。物质是由分子组成的,分子是由许多不同的原子组合构成的,如图 1-1-1 所示。

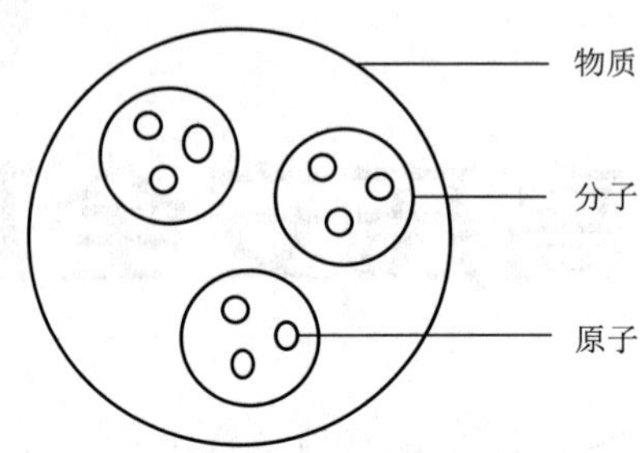

图 1-1-1　物质的组成

(2)原子和离子

原子是由质子(携带一个正电荷)、中子(不携带电荷)和电子(携带一个负电荷)构成的。原子由原子核和围绕原子核旋转的电子形成的电子层构成。位于原子中心的原子核由质子和中子构成,如图 1-1-2 所示。

由于质子携带正电荷,而中子不带电荷,因此原子核本身也被赋予正电荷。携带负电荷的电子沿轨道围绕原子核旋转,就像太阳系中的行星沿轨道围绕太阳旋转一样。电子围绕原子核运动的轨道被称为原子壳层。第一层(最里面的)壳层可容量最多 2 个电子,第二层最多可容纳 8 个电子,第三层可容纳 18 个电子。一旦壳层被完全占满,新到来的电子必须寻找另一个壳层。如果壳层未被全部占满,其电子被认为“自由”。带正电荷或负电荷的原子或原子团被称为离子。

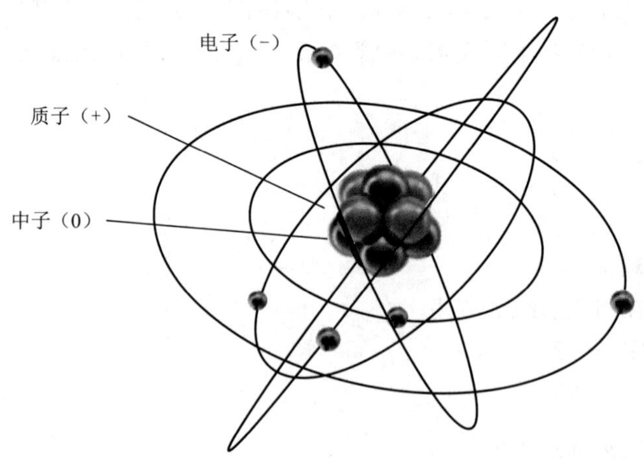

图 1-1-2　原子内部结构

(3)电荷

电荷是物质的一种物理属性,表现为正、负或零。电子多于质子就是负电荷,电子少于质子就是正电荷。同性电荷相斥，异性电荷相吸。由于受正电荷的吸引，负电荷保持沿其轨道旋转。这种吸引力就如同当两块磁铁的北极（正极）和南极（负极）靠得很近时就会相互吸引一样。一个电子所携带的电荷就是最小单位的电荷。

2. 电子的运动

一个电子以能够保持其轨道的速度围绕原子核做旋转运动。原子核吸引力与电子旋转所需离心力之间的平衡使每个电子保持着各自的运动轨道（壳层）。壳层外部的电子叫作价电子。价电子远离原子核，且较易脱离运行轨道。如果有一个良好的通路或导体，在某种力的作用下，电子就能够从一个原子流到另一个原子，电子向一个方向流动就产生了电流，如图 1-1-3 所示。

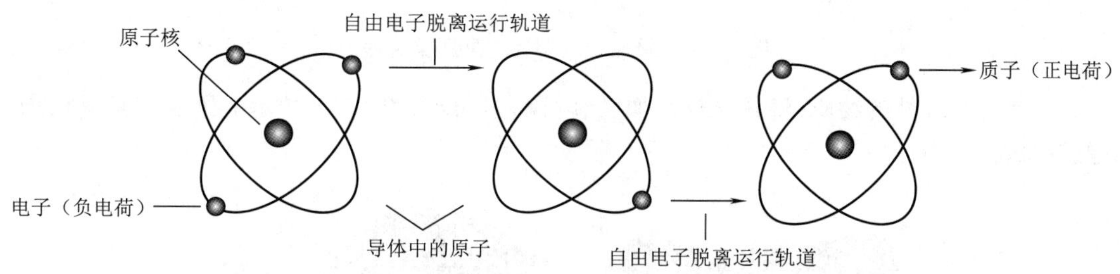

图 1-1-3　电流的形成形式

丢失一个电子的原子被称为一个正离子。携带有一个多余电子的原子叫作一个负离子。离子在不断地寻求着平衡——正离子试图获得一个电子，而负离子则试图排斥掉一个电子。这些吸引和排斥所产生的力就形成了被称为电动势（E）的电压。E 的单位是“伏特”。电子从一个原子流到另一个原子的定向移动将产生电流。电子流过一个介质的难易程度取决于该介质的类别，即其是一个导体，还是绝缘体。

3. 导体与绝缘体

原子随物质的不同而有所区别。一种物质的价电子越多，电子越难以通过。相反，价电子的数量越少，该物质越有利于电子的流过。不言而愈，导体与绝缘体之间的区别就在于其价电子的数量。

（1）导体

原子外轨道含有不到 4 个电子的材料属于良导体。铜是应用在汽车导线上的一种常用导体，因为它强度高、成本相对较低而且对电子流的阻力非常小，图 1-1-4 所示为新能源汽车上的高压铜导线。

其他的良导体还有（按照导电良好性排列）：银、金、铝、钨、铁、钢、汞。

虽然银和金是优良导体，但由于其很昂贵，因此不适于汽车的普遍应用，而只将其应用在关键用途上。铝、钢和铸铁最常用于现代汽车的发动机和车身，构成汽车电气系统的“搭铁”或“接地”，而金最常用于非常重要的区域，如气囊和其他安全相关系统的接线线束与传感器连接器。因为金不会腐蚀，能够保持非常好的导电性能。

（2）绝缘体

壳层外拥有 4 个以上电子的任何物质都是绝缘体。绝缘体是可以防止或阻止电流的物质。采用该种材料包裹导线可以起到绝缘、保护导线和防止电击等作用。

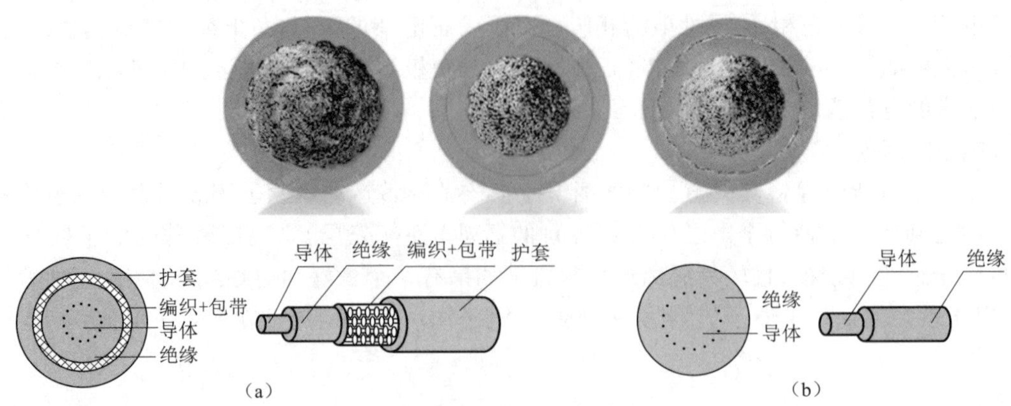

图 1-1-4　新能源汽车上的高压铜导线

具有良好绝缘性的物质：塑料、玻璃、橡胶、陶瓷、蒸馏水，图 1-1-5 所示的绝缘工具手柄均采用橡胶制成。

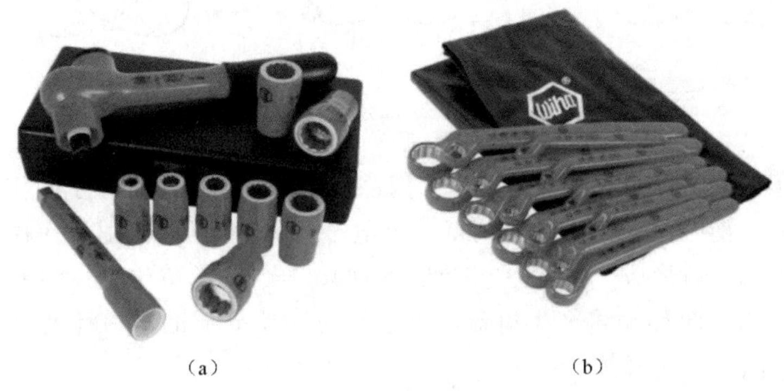

图 1-1-5　绝缘工具橡胶手柄

(3)半导体

壳层外恰好拥有 4 个电子的任何物质都是半导体。半导体只有在特定的条件下才导电。计算机、收音机、电视等使用的印刷电路板上的元件一般是由半导体制作的。图 1-1-6 所示是交流充电桩控制电路板。

图 1-1-6　交流充电桩控制电路板

4. 磁与电磁基本知识

(1)电场

电场是存在于带电体周围的传递电荷之间相互作用的特殊物理场。电荷间的作用总是通过电场进行的。只要电荷存在,其周围就存在电场,电场是客观存在的。图 1-1-7 所示为静止电荷产生的电场。

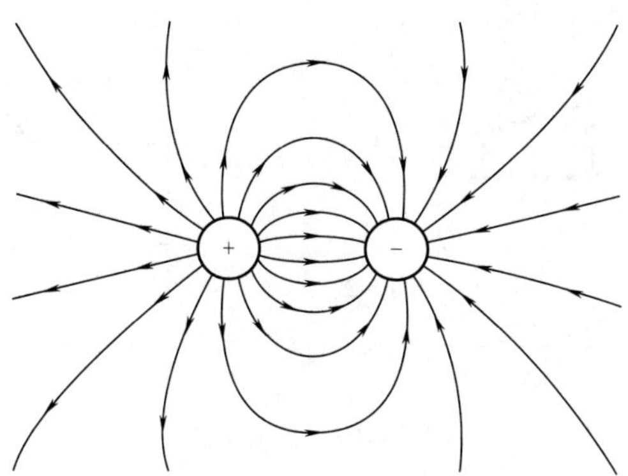

图 1-1-7　静止电荷产生的电场

(2)磁场

磁场是电流、运动电荷、磁体或变化电场周围空间存在的一种特殊形态的物理场。磁场不是由原子或分子组成的,但磁场是客观存在的。由于磁体的磁性来源于电流,电流是电荷的运动,因而概括地说,磁场是由运动电荷或电场的变化而产生的。图 1-1-8 所示为电流产生的磁场。

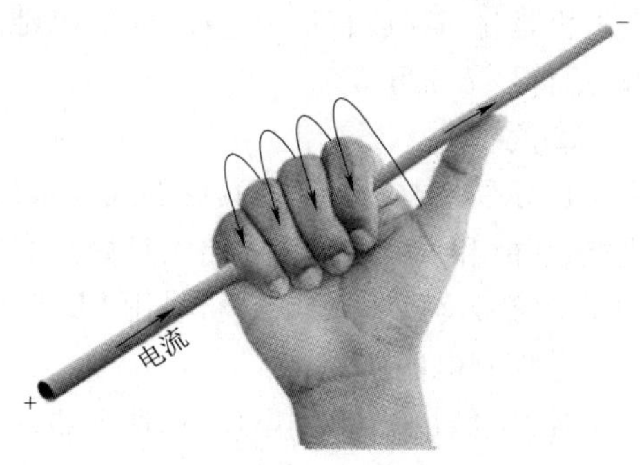

图 1-1-8　电流产生的磁场

(3)电磁场

电磁场是有内在联系、相互依存的电场和磁场的统一体的总称。图 1-1-9 所示为电荷流过线圈产生的电磁场。

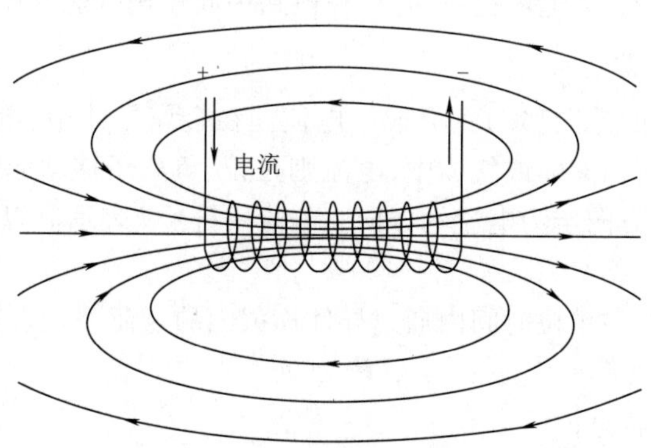

图 1-1-9　电荷流过线圈产生的电磁场

5. 直流电路

由于连接电路的方式不同,电路的种类也很多。我们常遇到的有照明电路、输配电电路,还有电子技术中的放大电路、振荡电路、整流电路等。下面简要介绍一下组成直流电路各部分的作用。

(1)电路的组成

简单地说,电路就是为电流流通提供的路径。它一般由电源、负载、控制电器与连接导线组成。简单的直流电路如图 1-1-10 所示。

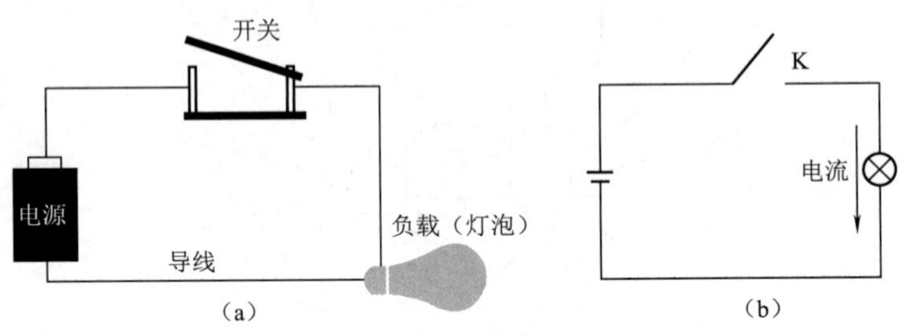

图 1-1-10　直流电路

①电源。

电源是一种将非电能转换成电能的装置。如常用的干电池、蓄电池是将化学能转换为电能;发电机是将机械能转换为电能;光伏电池是将太阳能转换为电能。在电路中电源是提供电能的源,用符号 E 表示。

②负载。

负载是将电能转换为其他形式能量的装置。如照明灯、电炉和电动机是将电能分别转换为光能、热能和机械能。在电路中负载是取用及消耗电能的装置,也就是用电设备。图 1-1-10(a)中的图形符号为照明灯,文字符号用 EL 表示。

③控制电器。

控制电器是控制用电设备,使其达到预定工作状态的电器,如各种接触器、继电器和开关等,用以在电路中接通和断开电路,起着控制和分配电能的作用。图 1-1-10(b)中的图形符号为开关,文字符号用 K 表示。

④连接导线。

导线是用来连接电路的,为电流提供通路,在电路中起输送电能的作用。

(2)电路的有关物理量

①电流。电荷有规则的定向移动就形成了电流。在金属导体中,电流是自由电子在电场力作用下有规则移动形成的;在液体或气体中,电流则是正、负离子移动而形成的。为统一起见,习惯上规定把正电荷移动的方向定为电流的方向。电流用符号 I 表示。以单位“安[培]”来计量电流,通常缩写为 A。

电流的大小定义如下:在单位时间内通过导体横截面的电荷[量]。其数学表达式为

$$I = Q/t \tag{1-1-1}$$

式中　I——电流,A(安[培]);

Q——电荷[量],C(库[仑]);

t——时间,s(秒)。

上式表示,如在 1 s 内通过导体某截面的电荷[量]是 1 C,则通过导体的电流为 1 A。一个安

培表示有 6 280 亿个电子在一秒内流过一个固定点。安[培]是一个很大的基本电流单位，例如，如果低于一个安[培]十分之一的电流流过人体，将会造成严重的人体伤害。

电流的基本单位与实用单位的换算，可按我国法定计量单位中的词头进行，如：

$$1\ \text{A} = 10^{3}\ \text{mA}(\text{毫安}) = 10^{6}\ \mu\text{A}(\text{微安}) = 10^{-3}\ \text{kA}(\text{千安}) = 10^{-6}\ \text{MA}(\text{兆安})$$

如图 1-1-11 所示，以水塔为例，我们可以将电流与水从水塔流到水截门的水进行比较。那么，水从水塔到地面的实际流动就类似于电流的流动。只有在电压（压力）的作用下，电流才会流动。

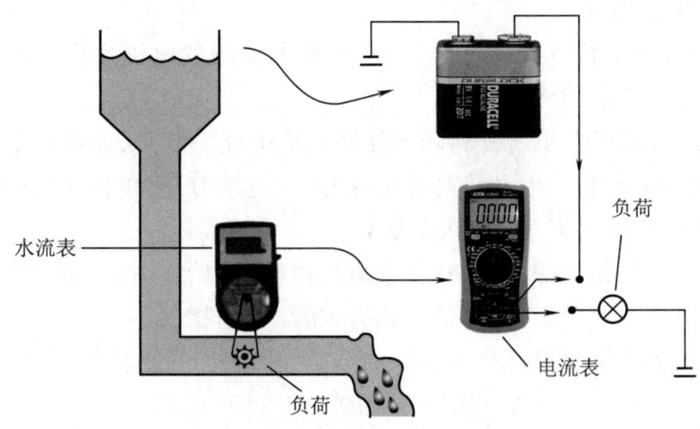

图 1-1-11　电流与水流的比较

②电位、电压（电位差）。水在管道里要形成水流，只有水是不行的，还必须要有水位差或水压。同样，导体中要有电流，只有导体中的自由电子也是不行的，还必须要有电场力的作用。而电场力在移动电荷形成电流时，必须克服导体（或负载）的阻力而做功，衡量电场力做功本领大小的物理量是电位和电压。

电路中某点的电位，是指电场力将单位正电荷从该点移动到参考点所做的功。电位用符号 V 表示，单位为伏[特]，用符号 V 表示。

在如图 1-1-12 所示的电路中，若以 0 点作为参考点，a 点的电位为

$$V_{a0} = W_{a0}/Q \tag{1-1-2}$$

式中　V_{a0}——a 点的电位，V；

W_{a0}——电场力作的功，J；

Q——电荷[量]，C。

电位的高低与参考点的选择有关。在一个电路中，只允许任意选择一点作参考点。如果改变参考点，则各点电位的数值也将发生改变。在图 1-1-12(a) 中以 0 点为参考点，a 点的电位为 +6 V，而在图 1-1-12(b) 中以 b 点为参考点，则 a 点的电位为 +12 V，所以电位和高度一样是一个相对的概念。

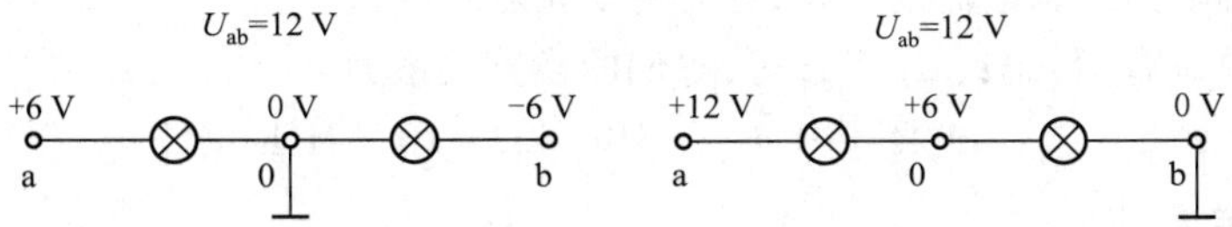

U_{ab}=12 V　+6 V　0 V　−6 V　a　0　b

（a）选择0点为参考点

U_{ab}=12 V　+12 V　+6 V　0 V　a　0　b

（b）选择b点为参考点

图 1-1-12　电位、电压与参考点的关系

参考点本身的电位通常规定为零电位,在实际电路中常以机壳或大地作为参考点。

电路中任意两点间的电压(电位差),是指电场力将单位正电荷从电路的一点移动到另一点所做的功。即电压是电路中任意两点间的电位差。电压用符号 U 表示,单位为 V。如图 1-1-12 所示的电路中,a、b 两点间的电压为

$$U_{ab} = W_{ab}/Q = V_{a0} - V_{b0} \quad (1\text{-}1\text{-}3)$$

式中 U_{ab}——a、b 两点间的电压,V;

W——电场力做的功,J;

Q——电荷[量],C。

电压的方向规定为高电位点指向低电位点,与外电路中的电流方向一致。电压与电位是有区别的,电压的数值与参考点的选择无关。

③电动势。前面已经知道,电源是将非电能转换成电能的装置,而衡量电源能量转换本领大小的物理量称为电源的电动势。电动势是指电源力(非电场力)将单位正电荷从电源的负极推向正极所做的功。电动势用符号 E 表示,单位为 V。

显然,电动势的方向是指电源内部的电路(也称内电路)始终由低电位指向高电位,与内电路的电流方向相同,而与外电路(电源外部的电路)的电压方向相反。

电位、电压和电动势常用的单位有 V、mV、μV、kV 等,它们的换算关系为

$$1\ \text{V} = 10^3\ \text{mV} = 10^6\ \mu\text{V} = 10^{-3}\ \text{kV}$$

④电阻。电阻阻碍或限制电路中的电流流动。所有电路均存在一定的电阻。所有的导体例如铜、银和金等同样也对电流具有一定的阻力。我们使用单位“欧[姆]”来计量电阻。表示电阻的符号是一个希腊字母 Ω。

可以将电阻与水塔中所形成的水流阻力做一个比较,来说明这个原理。如图 1-1-13 所示,水流从水塔向下流动时,会遇到阻力,这类似于电路中的电阻阻碍电流的流动。

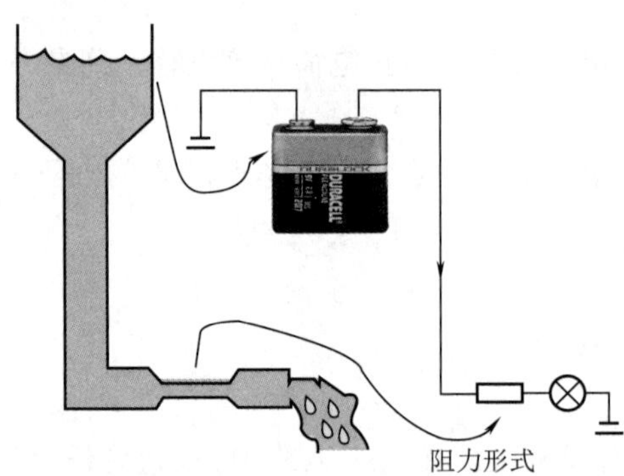

图 1-1-13 电阻与水流阻力的比较

并非所有的电阻都是一种负面的影响。在普通的照明电路中,灯泡本身就是利用电阻原理来发光的。灯丝的阻力限制电流的流动,进而使发光点升温,发光。

电阻常用的单位有 Ω、mΩ、kΩ、MΩ 等,它们的换算关系为

$$1\ \Omega = 10^3\ \text{m}\Omega = 10^{-3}\ \text{k}\Omega = 10^{-6}\ \text{M}\Omega$$

二、欧姆定律

欧姆定律是电路的基本定律之一,它表达了电路中电压(U)、电流(I)及电阻(R)等基本物理量相互间有着某种特定的关系。

1. 部分电路的欧姆定律

在图 1-1-14 所示的一段无源支路中，流过电阻中的电流与电阻两端的电压成正比，与电阻的阻值成反比，这就是一段无源支路的欧姆定律。

使用以下公式（图 1-1-15），可以描述欧姆定律，以说明电压（E 表示电动势），电流（I 表示强度）和电阻（R）之间的关系。

图 1-1-14　无源支路　　图 1-1-15　欧姆定律的表现形式

U—电压（V）；I—电流（A）；R—电阻（Ω）

从欧姆定律的表达公式可以得出以下 2 个基本推论。

①如果电压不变，则：电流随电阻的增大而减小；电流随电阻的减小而增大。

②如果电阻不变，则：电流随电压的增大而增大；电流随电压的减小而减小。

2. 全电路欧姆定律

全电路是指含有电源的闭合电路，如图 1-1-16 所示。图中 E 表示电源的电动势，r_0 表示电源的内阻。通常把电源内部的电路称内电路，电源外部的电路称外电路。

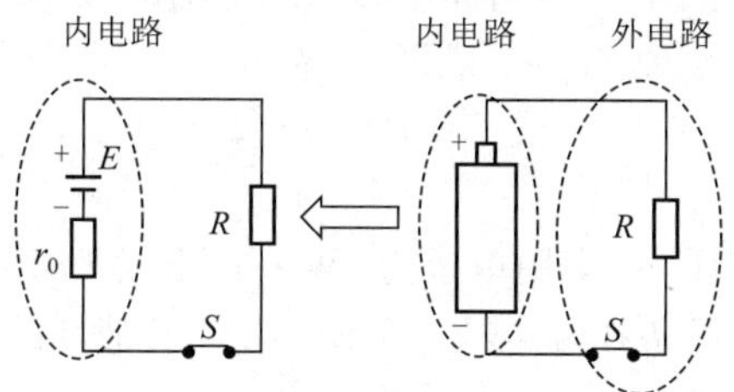

图 1-1-16　全电路的组成

全电路欧姆定律为，在一个由内、外电路组成的全电路中，流过电路的电流与电源的电动势成正比，与内、外电路的电阻之和成反比。

$$I = E/(r_0 + R) \tag{1-1-4}$$

式中　I——电路中的电流，A；

E——电源的电动势，V；

r_0——内电路的内阻，Ω；

R——外电路的内阻，Ω。

由上式可得

$$E = IR + Ir_0 = U + Ir_0 \tag{1-1-5}$$

上式说明，在全电路中，电源电动势等于负载两端的电压加上电源内电阻上的压降。

3. 电路状态

电路在工作时有 3 种状态：通路状态、断路状态和短路状态。

①通路状态：是电路正常的工作状态，流过负载和线路的电流符合式(1-1-4)。

②断路状态：电路断开时，相当于外电路电阻 $R = \infty$，则电路电流 $I = 0$，内电阻上电压降 $Ir_0 = 0$，

电路端电压 $U=E$，即电源的开路电压等于电源的电动势。

③短路状态：负载被短路时，相当于 $R=0$、$U=0$，此时电路电流称为短路电流 $I_k=E/r_0$。由于 r_0 一般很小，所以 I_k 极大，将会使电源或线路烧毁，严重时要引起火灾。因此，短路状态在电气工程中是属于严重事故，在工作中必须防止发生短路事故，电路中应有短路保护措施。

【例 1-1-1】

新能源汽车高压系统电路中的动力电池的电动势 $E=400$ V，电源内阻 $r_0=0.5$ Ω，外接电阻 $R=99.5$ Ω，求电路正常工作时的电流及电路发生短路时的短路电流各有多大？

解：电路的正常工作电流：

$$I=E/(r_0+R)=400/(0.5+99.5)=4\ \text{A}$$

电路的短路电流：

$$I=E/r_0=400/0.5=800\ \text{A}$$

由此可见，电路短路时的电流是正常工作电流的 200 倍。此时如果电路中没有保护措施，则会造成重大事故。

三、电功和电功率

1. 电功（即电能）

电流通过电路时，电路内发生能量转换，电流做功，这种电流所做的功称为电功。根据式（1-1-1）和式（1-1-3）及欧姆定律，可得到外电路取用电功的数学表达式为

$$W=UIt \tag{1-1-6}$$

$$\text{或}\ W=I^2Rt=U^2t/R \tag{1-1-7}$$

式中　W——电功，J。

电功的基本单位为 J（焦[耳]），实用单位为 kW·h（千瓦·时），俗称“度”。通常所说的 1 度电，就是指功率为 1kW 的电气设备在额定状态下使用 1 h 所消耗的电能。

2. 电功率

在单位时间内电流所做的功，称为电功率，用符号 P 表示，单位为 W（瓦[特]）。负载取用的电功率为

$$P=W/t=UI \tag{1-1-8}$$

或

$$P=I^2R=U^2/R \tag{1-1-9}$$

电功率的实用单位有 W、kW、MW 等。

为了表示负载的用电能力和使用条件，在电器产品上都标有额定功率、额定电压、额定电流等，这是电器产品的额定值。工作时不允许超过此限值，否则，会使电气设备缩短使用寿命或引起绝缘击穿和烧毁。

通常我们讲电池容量是以“安·时”为单位，这是基于已经确定的某一个电池（电池电压已确定）。

比如我们说这块手机电池容量是多少；新能源汽车动力电池容量是多少，都是分别针对特定的电池来说的。在电池电压已经确定，而不考虑实际电压的情况下，只需要说“安·时”就能代表这块电池容量。

然而对于不同电压的电池，我们就不能单纯地用“安·时”来代表容量，比如一块 12 V 20 A·h的电池和一块 15 V 20 A·h 的电池，哪怕都是 20 A·h，供给相同功率负载，设备都能

正常工作，但持续时间是不一样的，所以标准容量应该以功为单位。

再举个例子，一个设备能支持 12 V，也能支持 24 V，用一块 12 V(20 A·h)电池供电，能提供一个小时，那么用两块串联会变成 24 V(20 A·h)且安时没有增加，但持续时间会长一倍，所以容量此时应考虑为电池所容纳的功，而不能单纯考虑为“安·时”。

四、电流的效应

电流可产生三种不同的效应，这三种效应均可用于汽车中。在许多情况下，这些效应发挥有利作用。但是在另一些情况下，不需要这些效应，必须消除，必须考虑或采取防范措施以防这些效应过量。这三个效应是：热效应、磁效应、化学效应。在这些效应中，汽车电气系统最广泛使用的是磁效应。

1. 电流的热效应

电流通过导体会产生热量，这种现象称为电流的热效应。这是因为电流通过导体时，导体电阻将电能转换成热能，使导体的温度升高。所产生的总热量取决于负荷电阻丝(或其他导电材料)的类型和尺寸以及通过的总电流量。

如果在导体中，电能完全转换成热能，按照焦耳-楞次定律，导体产生的热量 Q 可用式(1-1-10)来计算

$$Q = I^2 Rt \tag{1-1-10}$$

式中　Q——热量，J；

I——电流，A；

R——电阻，Ω；

t——时间，s。

热量的实用单位为卡，用符号 cal 表示，它与焦[耳](J)的换算关系为 1 cal = 4.186 8 J。因此，1 J 也相当于 0.24 cal 的热量，即把 0.24 cal/J 称为热功当量，这样就可得出以卡计量的焦耳-楞次定律关系式：

$$Q = 0.24 I^2 Rt(\text{cal}) \tag{1-1-11}$$

电流的热效应能为我们做许多有益的事，但电流的热效应也带来不利的方面。如电工作业人员在导线连接时，若不按工艺要求使得连接处电阻增大，电流通过连接处产生的热量增大会引起接头处温度升高。由于金属导体的电阻随温度升高而增大，这样接头处的温度会持续升高直至烧断导线。在电路发生短路时，负载电阻几乎为零，这时的电流称短路电流。由于短路电流是正常工作电流的几十乃至几百倍，这时产生的热量为正常时的几万倍，将瞬间引起热量骤增，若此时没有保护装置或装置失灵，会造成电气火灾或爆炸，故必须引起足够的重视。

电流的热效应在汽车中热效应的应用：

(1)灯

大量的电流通过灯丝，使灯丝发出白热光。较亮的灯与较暗的灯相比，电阻较少。大量电子挤过灯丝会导致电子高度摩擦和碰撞。在此处我们可以看到电流如何产生热量。

大量的电流突破电阻的阻力，通过灯泡的灯丝，灯丝变得“白热”，并散发出热量，亮光是副产物。

(2)熔丝

熔丝是一种电路保护装置。当过量的电流通过熔丝时,熔丝会被“烧断”或熔断,形成开路,让电流停止流动。

(3)计量器

在仪表盘中找到的一些较旧款的模拟计量器(无数字显示),其使用热原理进行工作。使用被流经电流加热的双金属带,使指针在计量器上移动。

(4)预热塞

预热塞用于一些燃油发动机中,用其加热进入发动机的空气,以协助启动和降低污染。预热塞包含有加热元件。加热元件由流经的电流加热。

(5)车窗除霜装置

一般在汽车后车窗上可以找到一些条纹,这些条纹就是后窗除霜装置,用于在冷天除霜。后窗除霜装置是高阻导线,有时用银色陶瓷材料制造,印刷或烤在车窗上。当有小电流通过高阻导线时,稍微加热车窗,融化车窗上的冰霜。

2. 电流的磁效应

每当电流通过导体时,会在导体周围产生磁场。这种效应被称为电磁效应。这意味着,有电流通过的任何导体均会有磁场。在多数情况下,这种电磁场相当弱,无关紧要的。但是,有时需要强电磁场。为了获得强电磁场,将一条电线绕成很多圈,以集中电磁场,使产生非常强的电磁场。线圈中的圈数越多,磁场越强。这种磁场可被用来打开和关闭继电器,因此在汽车中有很多用途。磁场的强度与电路中的电流成正比。

磁效应在汽车中的应用:

(1)继电器

继电器是由通过电磁铁的小电流打开和关闭电路的开关。电磁铁用于吸引电枢(完成电气接触和关闭电路)。

(2)螺线管

螺线管被定义为根据电信号进行直线运动的装置。这可通过用于吸引电枢移动的电磁铁获得。在这种情况下,电枢可控制很多不同的部件,例如:喷油嘴、压力调节器、起动电机螺线管、真空转换阀、门锁执行器。

(3)计量器

一些旧款计量器可用磁力控制计量器指针,其强度由电流限制装置(例如:可变电阻器)控制。但是,现在多数计量器由计算机控制。

(4)电机

在现代汽车中使用很多电机。主要电机有起动电机、摇窗装置、雨刮、座椅调节器、油门控制、加热器鼓风机,等等。它们使用磁感应转动在电机内的电枢执行其任务。

(5)发电

发电也由磁场进行,导体穿过磁场(交流发电机内的转子旋转)和磁场穿过导体(在点火线圈内的崩溃磁场)都会使导体产生电流。

(6)传感器

一些传感器可产生自己的电压和可由控制单元处理的信号。例如:感应式车速传感器发出正弦波信号,该信号可被作为速度信号读取。

(7)喇叭/报警装置和扬声器

这些装置通过让空气振动产生噪声(通过磁铁和振动膜驱动)。

3. 电流的化学效应

电流可产生或加速化学变化,该能力被称为化学效应。该效应只能发生在 DC(直流)情况下,因为直流引起“流动”。由于 AC(交流)电极不断地进行正负极交换,所以交流不引起“流动”(电子来回运动)。

在汽车电池中产生电流的化学效应。在这种情况下,化学能被转换为电能。当电池充电时,向电池供应电流,然后电能被转换成化学能。

电流可流经一些液体(包括含有杂质的水),会产生化学作用。当产生化学作用时,与液体接触的导体被称为电极,液体被称为电解液,该化学过程被称为电解。

在电解过程中,电解液中的传导通过离子运动(原子携带正电荷或负电荷)实现。当电流流动时,阳离子通过电解液移动到达阴极(负电极),负离子移动到阳极(正电极)。电解作用不但能够让电流在液体中流动,还能沉淀从阳极到阴极的材料。电解发生的程度取决于电极材料和电解液。在电镀(镀铬和镀镍)中就是如此。

电镀是电解好的结果。但是,在存在两种不同类型金属、水分或不洁水的情况时,电解也会出现有害的结果。不同类型金属有不同的电势,因此,一种成为阳极,另一种成为阴极。随着时间的推移,材料逐渐从阳极移走。

这种类型的腐蚀也可在汽车电线中(两种不同金属连接在一起的位置)出现,例如:起动电机接线端子(在钢铁端子上的铜线),特别是当端子不断变湿时。

正如上述,电解经常在位于汽车铸铁发动机缸体和铝缸盖之间的冷却系统中出现。当缸盖材料被腐蚀得太厉害时,冷却液可能发生内部或外部泄漏。这是为什么冷却系统需要用蒸馏水和特殊的冷却液,目的是防腐蚀。

五、电压等级

在安全用电方面与电气工程中,高压和低压的区分有很大的区别。在电气工程中,交流电 220 V 和 380 V 都属于低压。而在安全用电方面,交流电 220 V 和 380 V 都属于高压。

在电气工程或电力工业中,由于低压电器被定义为用于交流电压 1 200 V 及以下或直流电压 1 500 V 及以下的电器。因此,通常把交流电压 1 200 V 及以下或直流电压 1 500 V 及以下都称为低压,交流电压 1 200 V 以上或直流电压 1 500 V 以上则称为高压。

目前,依据国家标准《电动汽车安全要求》(GB/T 18384—2020),根据最大工作电压 U,将电动汽车电气元件或电路分为以下 2 个等级,见表 1-1-1。

表 1-1-1　电压的类型和数值　　单位:V

电压等级	最大工作电压 U	
	直流	交流(Vms)
A	$0 < U \leqslant 60$	$0 < U \leqslant 30$
B	$60 < U \leqslant 1\ 500$	$30 < U \leqslant 1\ 000$

在新能源汽车中，低压通常指的就是 12 V 电源系统的电气线路，而高压主要指的是动力电池及相关线路的电压。新能源汽车的高压具有如下特点：

①高压的电压一般设计都在 200 V 以上。例如大多数的电动汽车或混合动力汽车的动力电池电压都在 300 V 左右，如图 1-1-17 所示。

某公司制造
车辆识别代号（VIN）：5YJSA7E25GF138721
品牌：拓速乐（Tesla）整车型号：S75D5
最大允许总质量：2 600 kg
乘坐人数：5
主驱动电机型号：L2S/L2S（前轴/后轴）
功率：193 kW/193 kW（前轴/后轴）
动力电池工作电压：300 V
动力电池容量：250 A·h
制造年月：2016年06月
生产厂：某总装厂 制造国：美国

（a）

某公司制造
车辆识别代号（VIN）：5YJXCCE25GF005224
品牌：拓速乐（Tesla）整车型号：X90D7
最大允许总质量：3 020 kg
乘坐人数：7
主驱动电机型号：L2S/L2S（前轴/后轴）
功率：193 kW/193 kW（前轴/后轴）
动力电池工作电压：350 V
动力电池容量：250 A·h
制造年月：2016年04月
生产厂：某总装厂 制造国：美国

（b）

品牌：蔚来 制造国：中国
整车型号：HFC6502ECEV-W
车辆识别代号：LJ1EEAUU5H5301187
动力电池系统额定电压：350 V
动力电池系统额定容量：192 A·h
驱动电机型号：YS240S001/YS240S001（前轴/后轴）
驱动电机峰值功率：240/240 kW（前轴/后轴）
乘坐人数：7人
驱动电机额定功率：60/60 kW（前轴/后轴）
最大允许总质量：3 099 kg
生产厂：安徽江淮汽车集团股份有限公司
制造年月：2017年08月

（c）

PORSCHE 德国制造
某工厂 1%
WPOAD2973CL 生产年月 10/11
车辆型号 Panamera S Hybrid 载客人数 4
发动机型号 CGE 车辆总质量 2 485 kg
发动机排量 2 995 cc 最大拖挂质量 —kg
发动机最大功率 245 kW 电动动力净功率 34 kW
发动机号码 102718 标称电压 230 V（交流）
970701.20109

（d）

（e）

（f）

图 1-1-17　动力电池电压

②高压存在的形式既有直流，也有交流。这包括在动力电池的直流电，也有充电时的 220 V 电网交流电，以及电机工作时的三相交流电。

③高压对绝缘的要求更高，大多数传统汽车上设计的绝缘材料，当电压超过 200 V 以上时可能就变成了导体，因此在新能源汽车上的绝缘材料需要具有更高的绝缘性能。

④高压对正负极距离的要求。12 V 电压情况下，正负极之间的距离需要很近时才会出现击穿空气的可能，但是当电压高到 200 V 以上时，正负极之间在一个很大的距离时就会发生击穿空气而导电，也就是我们常说的电弧。如图 1-1-18 所示，在 300 V 电压下，两根导线距离 10 cm 时就会发生击穿导电。

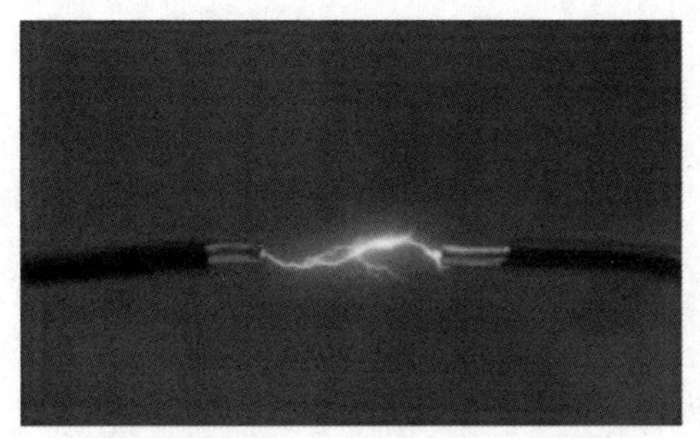

图 1-1-18　高压下产生的电弧

六、认识高压标记

对 B 级电压，为防止意外触及高压系统，新能源汽车对高压部件均采用特殊的标记和颜色，对维修人员或车主给予警示。新能源汽车通常采用两种形式进行高压的标识警示，这包括高压警告标记和导线颜色。

1. 高压警告标记

每个新能源汽车的高压组件壳体上都带有一个标记，售后服务人员或每位车主均可通过标记直观看出高压可能带来的危险，所用警示牌基于国际标准高压警告标记。

如图 1-1-19 所示，高压警告标记采用黄色底色，边框和箭头为黑色的高压触电国标。

图 1-1-19　高压警告标记

2. 导线颜色

由于高压导线可能有几米长，因此在一处或两处用高压警告标记意义不大。售后服务人员可能会忽视这些标牌。因此用橙色警告色标记出所有高压导线，高压导线的某些插头以及高压安全插头也采用橙色设计，如图 1-1-20 所示。

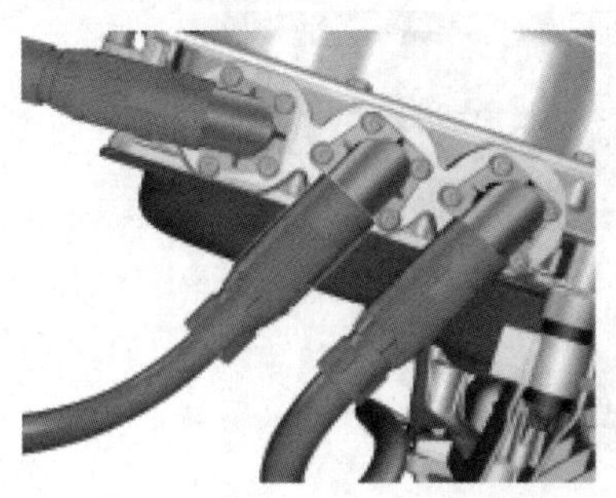

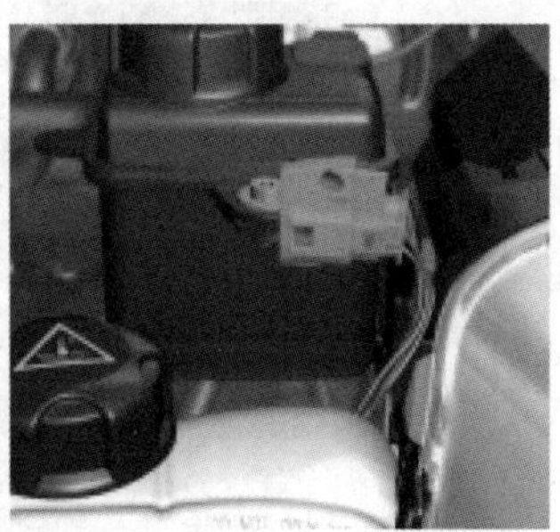

图 1-1-20　高压橙色导线及连接器

任务实施

一、工作准备

1. 防护装备

绝缘防护装备。

2. 车辆、台架、总成

实训中心新能源汽车(国家车型目录内车辆)。

3. 专用工具、设备

随车充电器,充电桩。

4. 手工工具

万用表。

5 辅助材料

无。

二、实施步骤

本任务主要识别新能源汽车上的高压警告标记,并说明其含义。

1. 使用万用表测量电动汽车充电桩输出电压,并记录下电压值

注意:测量充电桩电源输入端电压,充电桩输出端电压只有在充电桩内部接触器闭合的情况下才有电压输出。

警示!测量的操作仅由实训教师执行,防止学生触电!

2. 打开实训中心新能源汽车前机舱盖

识别图 1-1-21 所示标记的位置并说明其含义

图 1-1-21　安全标记

3. 识别图 1-1-22 橙色导线的位置,并说明其含义

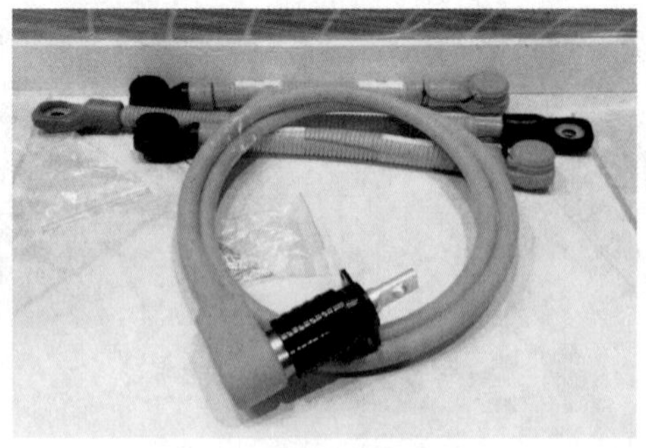

图 1-1-22　橙色导线

学习拓展

高压与安全

在纯电动汽车中，高压电气系统的工作电压在数百伏[特]，较高的工作电压对电源系统与车辆底盘之间的绝缘性能提出了更高要求。高压电的位置如图 1-1-23 所示。

高压电缆线绝缘介质老化或受潮湿环境影响等因素都会导致绝缘性能下降。电池组自身产生的漏液、受潮等，均会导致绝缘程度下降。电源正负极引线或电池通过受潮绝缘层和底盘构成漏电回路，使底盘电位上升，不仅影响低压电气和车辆控制器的正常工作，而且会危及乘客的人身安全。当高压电路和底盘发生多点绝缘性能严重下降时，还会导致漏电回路的热积累效应，可能造成车辆的电气火灾。因此，高压电气系统相对车辆底盘的电气绝缘性能的实时检测是电动汽车电气安全技术的核心内容，对乘客安全、电气设备正常工作和车辆的安全运行具有重要意义。

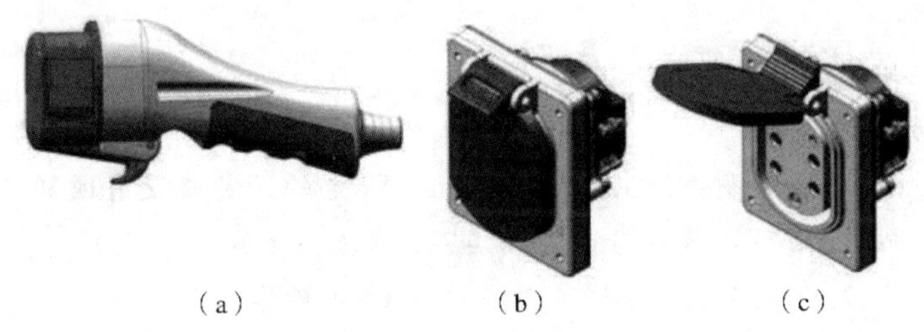

（a）　　（b）　　（c）

图 1-1-23　高压电的位置

对于纯电动汽车的高压电系统和自动断路器的工作状态及功能的监测，需要检测的参数可以分成以下几类：

①高压电气参数：高压系统电压、电流，高压总线剩余电量。

②高压电路参数：动力电池绝缘电阻、高压总线等效电容。

③非电测量参数：环境温度、湿度。

④数字量测参数：主要是开关量的输入和输出。

根据纯电动汽车和人体安全标准，在最大交流工作电压小于 660 V，最大直流工作电压小于 1 000 V以及整车质量小于 3 500 kg 的条件下，电动汽车的高压安全要求如下：

①人体的安全电压低于 36 V，触电电流和持续时间乘积的最大值小于 30 mA · s。

②绝缘电阻除以电池的额定电压至少应该大于等于 100 Ω/V，最好是能确保大于等于 500 Ω/V。

③对于各类电池，充电电压不能超过上限电压，一般最高不超过额定电压的 30%。

④对于高于 60 V 的高压系统的上电过程至少需要 100 ms，在上电过程中应该采用预充电过程来避免高压冲击。

⑤在任何情况下继电器断开时间应该小于 20 ms，当高压系统断开后 1 s，汽车的任何导电部分和可接触部分对地电压峰值应当小于等于 30 V（交流）/60 V（直流）。

学习测试

1. 填空题

（1）电是一种能量，也是________流动的表现形式。

(2)绝缘体是可以防止或阻止________的物质,采用该种材料包裹导线可以起到防止电击的作用。

(3)描述电压、电流和电阻相互间特定关系的定律是________。

(4)在新能源汽车中,低压通常指的就是________电源系统的电气线路,而高压主要指的是________及相关线路的电压。

(5)新能源汽车采用两种形式进行高压的标识警示,包括________和________。

2. 判断题

(1)电流有两种表现形式,即直流电流与交流电流。 (　　)

(2)电阻阻碍或限制电路中的电流流动,因此电流能导通的电路没有电阻。 (　　)

(3)B 级电压等级中,该电压下的维护人员不需要采取特殊的防电保护。 (　　)

(4)高压警告标记采用黄色底色,或红色底色,图形上布置有高压触电国标。 (　　)

(5)为了醒目,新能源汽车采用红色警告标记出所有高压导线。 (　　)

3. 不定项选择题

(1)下列关于电的描述正确的是?(　　)

A. 电子的移动形成电　　B. 电有交流与直流

C. 电是有物质的原子移动产生的　　D. 电的正负极没有区别

(2)根据电的特性,物质可以基本分为哪两类?(不含半导体)(　　)

A. 导体　　B. 绝缘体　　C. 中性体　　D. 正负体

(3)下列关于欧姆定律的描述正确的是?(　　)

A. 主要是关于电压、电流、电阻的关系描述

B. 电压一定时,电阻越大,电流越小

C. 电阻一定时,电压越大,电流越小

D. 电压等于电阻除以电流

(4)在高压车辆中,安全电压应该不超过?(　　)

A. 直流 60 V　　B. 交流 25 V　　C. 直流 36 V　　D. 交流 12 V

(5)高压车辆高压导线的颜色是?(　　)

A. 橙色　　B. 灰色　　C. 蓝色　　D. 红色

任务 2　识别新能源汽车高压系统部件位置

提出任务

维修带有高压的新能源汽车之前,必须正确认识车辆上哪些部件具有高压。你的主管让你去维修一辆纯电动汽车,但是和你一起维修的另一名技师并不了解车辆上哪些部件是危险的,你能在维修前给他正确的引导和说明吗?

任务目标

一、知识目标

1. 熟悉新能源汽车高压的主要位置。

2. 掌握新能源汽车高压的特征。

3. 掌握混合动力汽车高压的部件及特点。

4. 掌握纯电动汽车高压的部件及特点。

二、能力目标

1. 能够正确判断混合动力汽车高压部件位置。

2. 能够正确判断纯电动汽车高压部件位置。

相关知识

一、新能源汽车高压的主要位置

纯电动汽车与混合动力汽车设计有高压。高压车辆的高压部件主要集中在以下几个系统：

1. 电力驱动系统

主要部件包括：动力电池和驱动电机，以及电机控制器和逆变器。

2. 空调与加热系统

主要部件包括：电动压缩机（positive temperature coefficent，PTC）加热器。

3. 充电系统

主要部件包括：车载充电器和充电接口（交流充电接口、直流充电接口）。

4. 电源系统

主要部件包括：DC-DC（direct current-direct current conversion）转换器。

此外，用于连接高压部件之间的导线也属于高压部件，图 1-2-1 所示为吉利帝豪 EV450 高压部件在车辆上的位置。

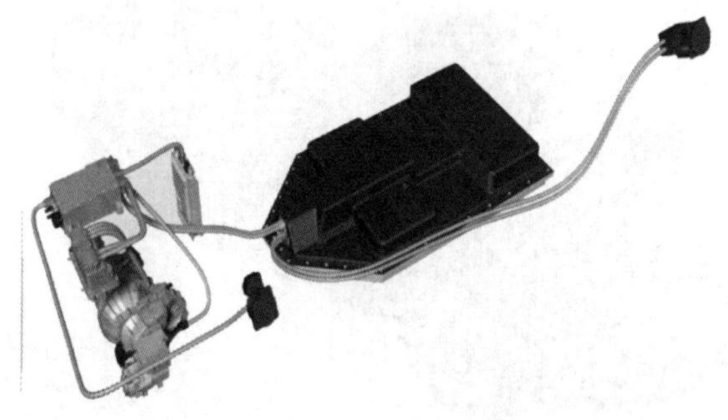

图 1-2-1　吉利帝豪 EV450 高压部件在车辆上的位置

高压车辆的高压部件安装位置具有以下特点：

①高压部件主要集中在整体式车身的外部。除了少数的混合动力汽车动力电池安装在车辆后部位置外，大多数车辆动力电池、逆变器等都布置在乘客舱外部，而且高压导线也是沿着底盘外布置的。图 1-2-2 是吉利帝豪 EV450 纯电动汽车位于底盘的橙色高压导线位置。

图 1-2-2　吉利帝豪 EV450 纯电动汽车位于底盘的橙色高压导线

②高压部件都具有明显的橙色标识，或者在部件的醒目位置粘贴有高压标记，如图 1-2-3 所示。

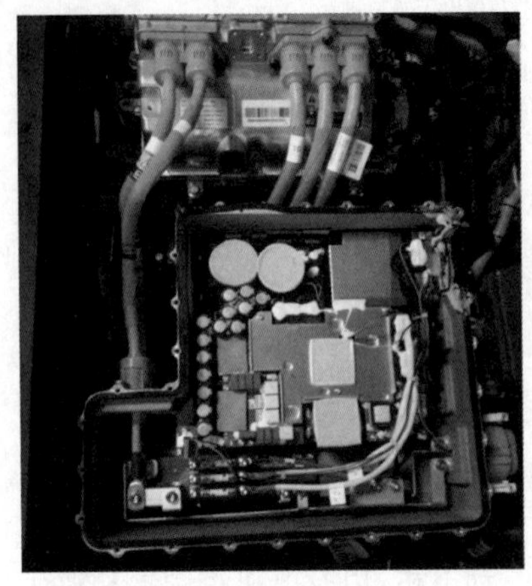

图 1-2-3　吉利帝豪 EV450 纯电动汽车高压电缆采用橙色绝缘层

二、高压车辆高压特征

1. 高压类型

纯电动汽车和混合动力汽车，其高压系统均同时具有直流高压和交流高压，如图 1-2-4 所示。

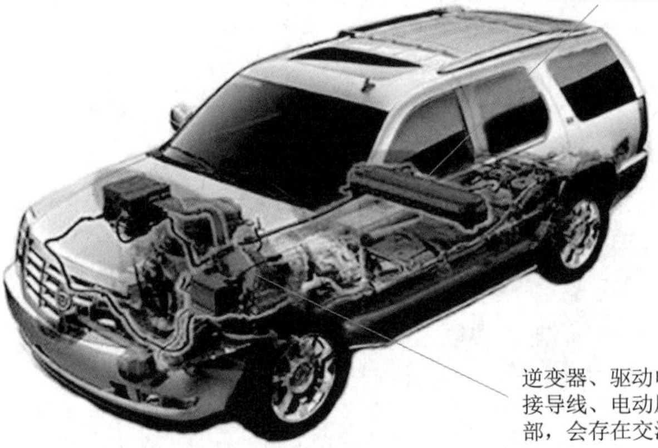

动力电池、高压导线、高压系统模块等，会存在直流高压

逆变器、驱动电机及连接导线、电动压缩机内部，会存在交流高压

图 1-2-4　高压车辆的主要高压类型

直流高压主要分布在动力电池到各个驱动部件的位置，如动力电池到电机控制器之间连接的是直流高压；动力电池到车载充电器之间连接的是直流高压。

交流高压主要分布在逆变器与驱动电机之间，以及交流充电接口与车载充电器之间。不同的是逆变器与驱动电机之间的交流高压通常都在 300 V 左右，而充电接口与车载充电器之间的交流高压即为外部电网的交流 220 V 的电压。

2. 存在时间

高压车辆上的高压并不是持续存在的，除了动力电池会持续存在高压外，其他的系统或部件只有在运行的时候才具有高压。

充电系统部件仅在车辆充电期间存在高压，这包括来自外部电网的 220 V 交流高压，以及车载充电器与动力电池之间的直流高压，如图 1-2-5 所示。

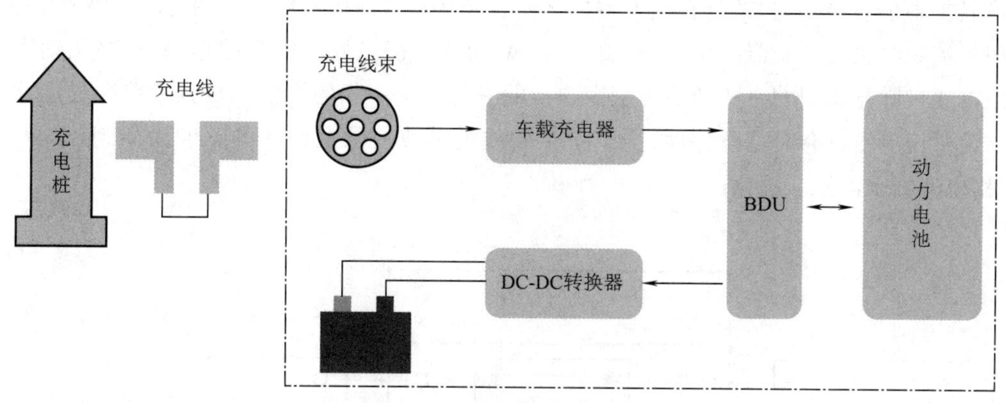

图 1-2-5　充电期间具有高压的部件

逆变器、高压压缩机、PTC 加热器以及 DC-DC 转换器部件只有在系统运行时，来自动力电池的高压才会加载到这些部件上。

三、主要高压部件及特点

1. 混合动力汽车高压部件

图 1-2-6 所示为典型混合动力汽车驱动系统结构示意。

驱动车辆时，其主要的高压部件有动力电池、逆变器和电机。在逆变器内部具有的逆变转换包括有直流变直流、交流变直流、以及直流变交流：

①直流-直流：把动力电池高压的直流电转换为车辆电气系统所用的直流电，并给车辆 12 V 蓄电池充电。

②交流-直流：把三相交流电转换成直流电给动力电池充电。

③直流-交流：把动力电池的直流电转换成三相交流电给电机供电。

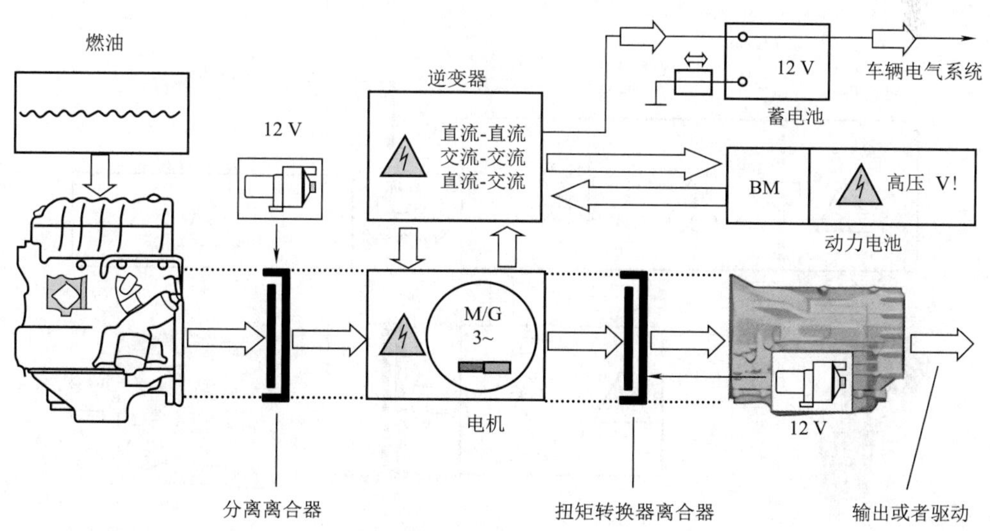

图 1-2-6　典型混合动力汽车驱动系统结构示意

图 1-2-7 所示为现在有些车型组合逆变器内部结构原理，该逆变器的特点是具有控制电机和

DC-DC 转换器的组合功能，此外在逆变器内部还会并联一条高压线路给空调电动压缩机供电。

用于控制电机的逆变器工作时，在 U、V 和 W 相位连接点处晶体管的作用下，高压动力电池的直流电通过脉宽调制的方式转换为交变连接的三相。每一相的极性都以频率函数的形式进行翻转。为了使电压具有交流电特性，产生正半波或负半波的脉宽调制的宽度为调制后的窄/宽/窄，并用电容器来滤波。

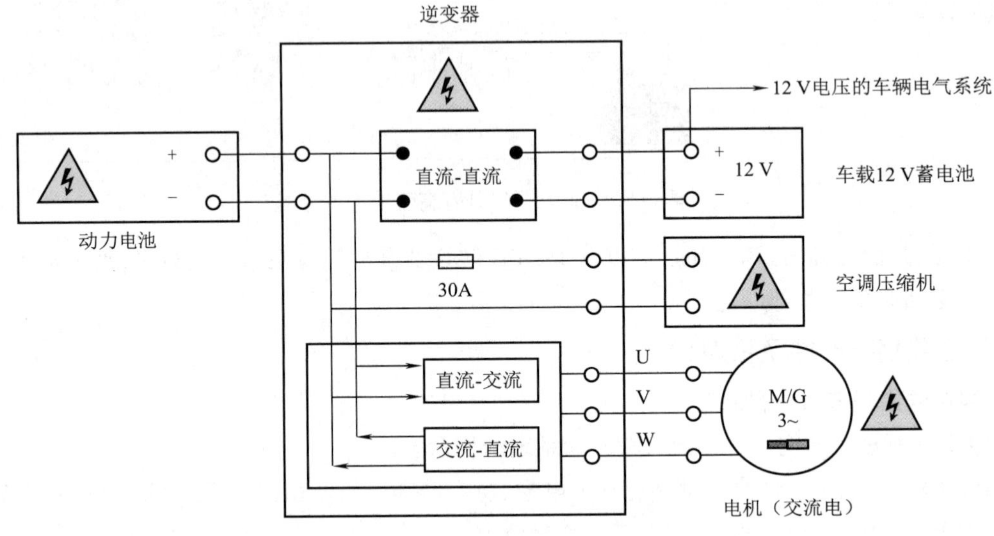

图 1-2-7　组合逆变器内部结构原理

2. 纯电动汽车高压部件

图 1-2-8 所示为典型纯电动汽车的驱动系统结构示意。

纯电动汽车驱动系统的驱动结构与混合动力汽车类似，有区别的是在逆变器前方增加了一个充电器。

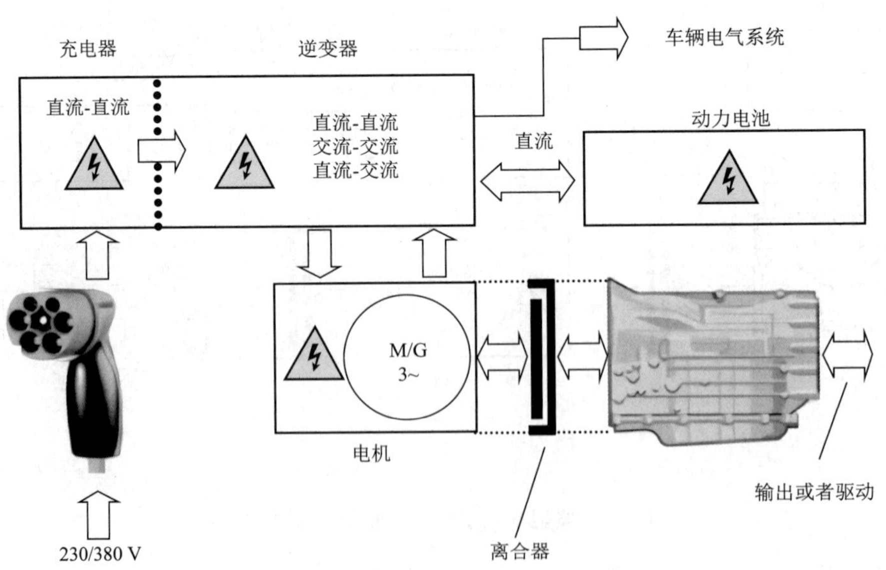

图 1-2-8　典型纯电动汽车驱动系统结构

3. 高压部件的位置及特点

(1)电机

图 1-2-9 所示为驱动电机内部具有高压的部件位置。当电机运行时,位于电机的高压电缆、插头,以及电机定子绕组上均会存在交流高压。

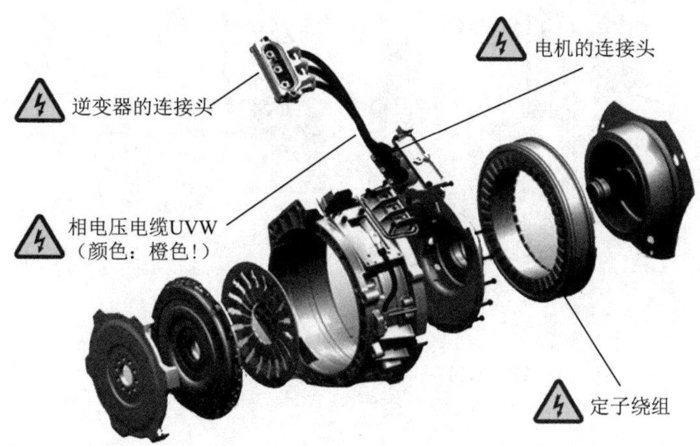

图 1-2-9　驱动电机高压部件位置

(2)逆变器

图 1-2-10 所示为逆变器上的主要高压部件位置,逆变器通常模块壳体采用金属全封闭设计,主要的高压位置集中在模块电缆的接口上。

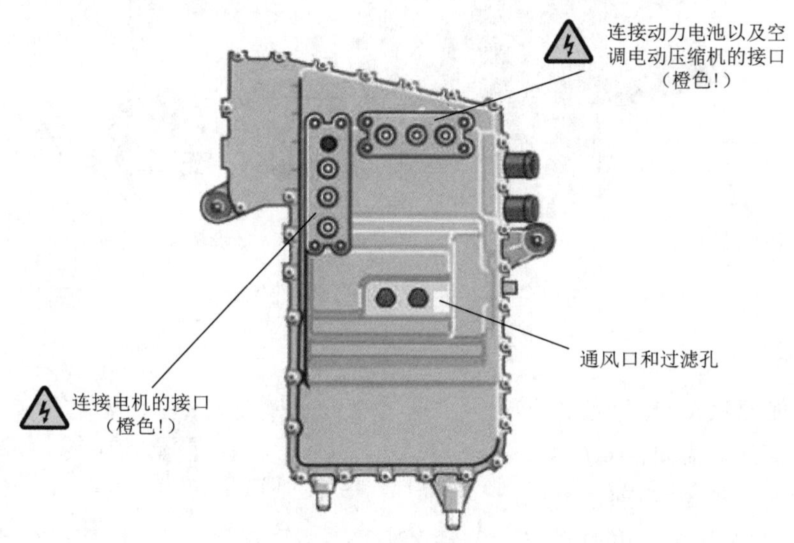

图 1-2-10　逆变器高压部件位置

(3)高压压缩机

对于混合动力汽车来说,高压压缩机可以由电机来驱动。由于高压压缩机消耗大量能量,需要对其供电(例如可以由动力电池的直流电压供电)。电动机采用三相异步电动机,这相当于在高压压缩机中集成了直流-交流逆变器。

图 1-2-11 所示为高压压缩机的高压主要位置。高压压缩机在运行时,位于压缩机上的高压电缆接口、高压连接电缆以及压缩机本身均具有高压。

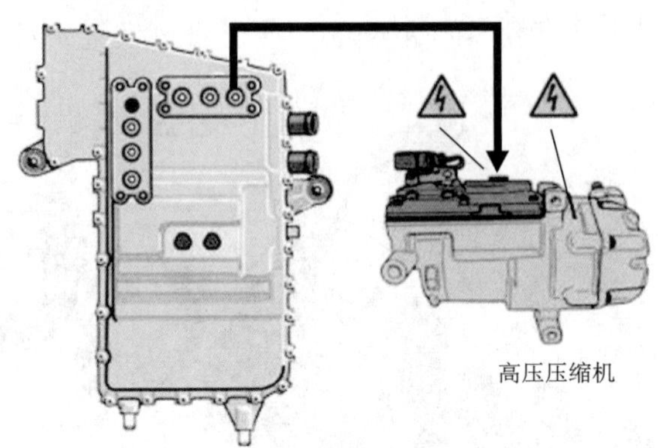

图 1-2-11　高压压缩机高压位置

(4)动力电池

图 1-2-12 所示为动力电池上所有的部件,这包括维修开关、连接导线均具有高压。

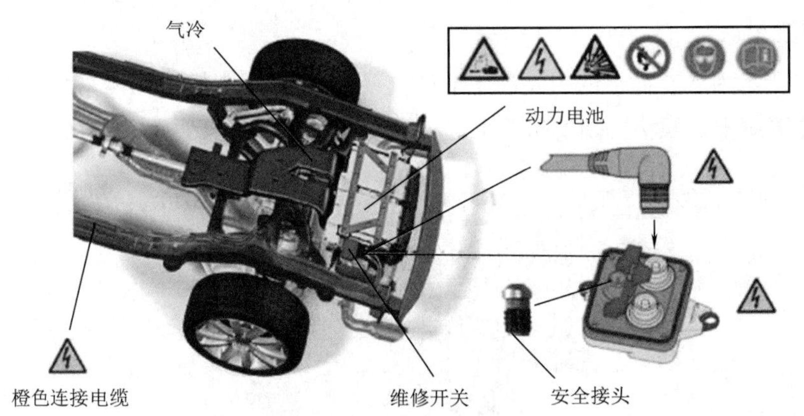

图 1-2-12　动力电池高压部件位置

(5)充电

充电的新能源汽车,充电桩和充电手柄上具有高压。需要注意的是,出于对车主的安全考虑,当前的充电桩和充电接口,在车辆未充电时系统内部都会自动断开电路循环,也就是说在未正式充电前,充电桩和接口是安全的。图 1-2-13 所示为充电桩与充电接口高压位置。

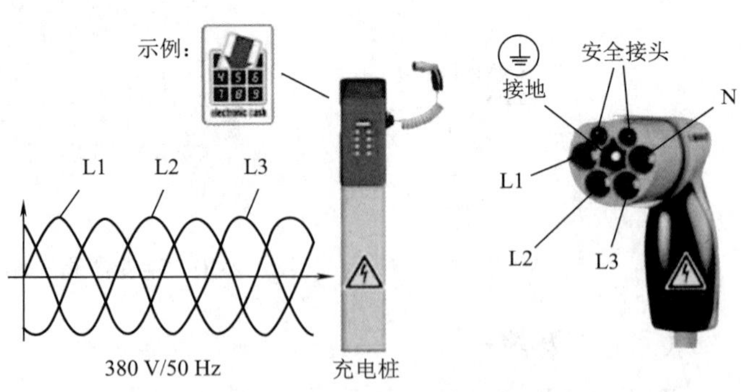

图 1-2-13　充电桩与充电接口高压位置

任务实施

一、工作准备

1. 防护装备

绝缘防护装备。

2. 车辆、台架、总成

北汽新能源纯电动汽车；比亚迪秦混合动力汽车；或其他同类新能源汽车。

3. 专用工具、设备

充电器。

4. 手工工具

绝缘拆装组合工具。

5. 辅助材料

无。

二、实施步骤

本任务主要识别纯电动汽车与混合动力汽车高压部件的位置，包括以下 2 个任务：

①识别纯电动汽车高压部件位置及高压存在的时间。

②识别混合动力汽车高压部件位置及高压存在的时间。

1. 实施任务前准备

①对高压车辆周围布置好明显的高压标记。

②检查车辆，确保车辆无故障，主要是高压漏电类故障。

③制作高压警告标记（见图 1-2-14），用于在实训过程中标记高压部件。

警示！未经教师允许，不得随意触动车辆！

警示！举升车辆期间，禁止车辆周围站立人员！

图 1-2-14　高压警告标记

2. 实施步骤

①观察实训车辆，记录下车辆的型号。

②使用充电器给车辆充电，并将手中的高压警告标记粘贴到具有高压的部件上面。

③打开车辆的前机舱，标识在车辆未运行时的高压部件。

④标识车辆在运行时前机舱的高压部件。

⑤打开车辆行李箱，标识车辆行李箱内的高压部件。

⑥举升车辆，拆卸车辆下护板，标识车辆底部的高压部件。

⑦总结纯电动汽车和混合动力汽车高压部件的安装位置特点。

提示信息：

（1）北汽 EV200 高压部件识别

①查看车辆型号并确定充电接口位置。车辆型号如图 1-2-15 所示，充电接口位置如图 1-2-16 所示。

(a)

(b)

图 1-2-15　车辆型号

(a)

(b)

图 1-2-16　充电接口位置

②打开前机舱盖,可以找到前机舱部件的位置,如图 1-2-17 所示。

a. PDU(高压动力分配单元)、DC-DC 转换器、车载充电器。

b. 电机控制器。

c. 高压电缆接口。

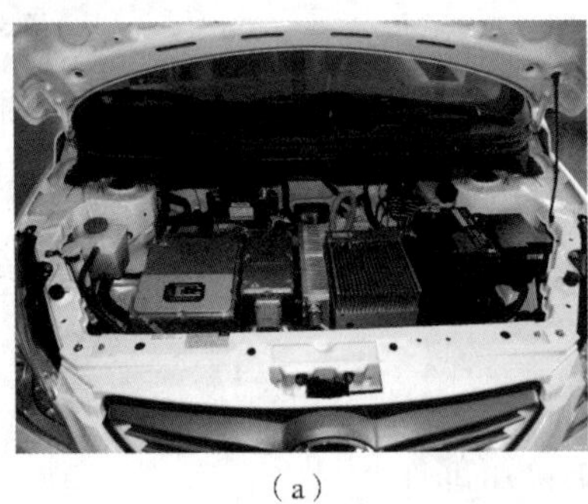
(a)

(b)

图 1-2-17　前机舱部件

③举升车辆,拆下前部、底板护板,可以找到底盘部件的位置,如图 1-2-18 所示。

a. 三相电机。

b. 动力电池。

c. 高压电缆。

④降下车辆,在车内可以找到电池维修开关位置,如图 1-2-19 所示。

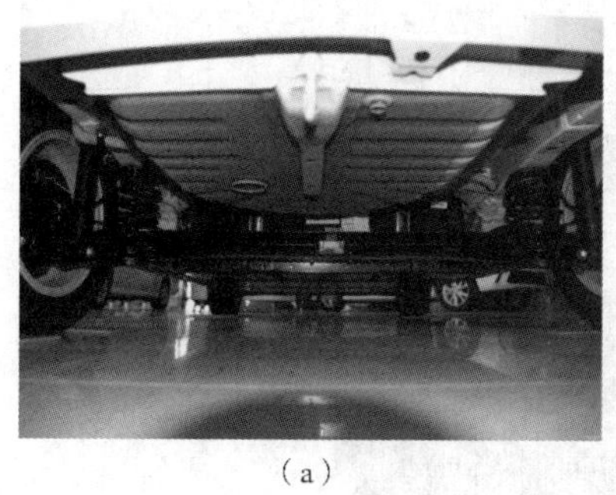

（a）

（b）

图 1-2-18　底盘部件

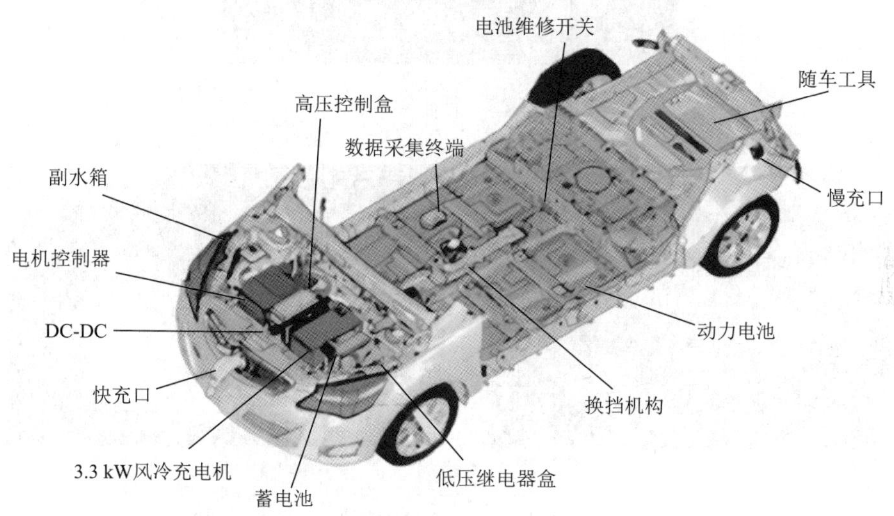

图 1-2-19　车内部件和电池维修开关

（2）比亚迪秦混合动力高压部件识别

①查看车辆型号并确定充电接口位置。车辆型号如图 1-2-20 所示，充电接口位置如图 1-2-21 所示。

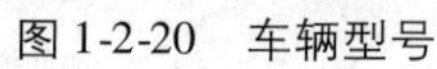

图 1-2-20　车辆型号

图 1-2-21　充电接口位置

②打开行李箱，拆卸车辆内饰，可以找到行李箱内部件位置，如图 1-2-22 所示。

a. 动力电池。

b. 动力分配单元，即 PDU。

c. 车载充电器。

③打开前机舱盖，从机舱盖内可以找到机舱内部件的位置，如图 1-2-23 所示。

a. 电机控制器。

b. DC-DC 转换器。

图 1-2-22　行李箱内部件

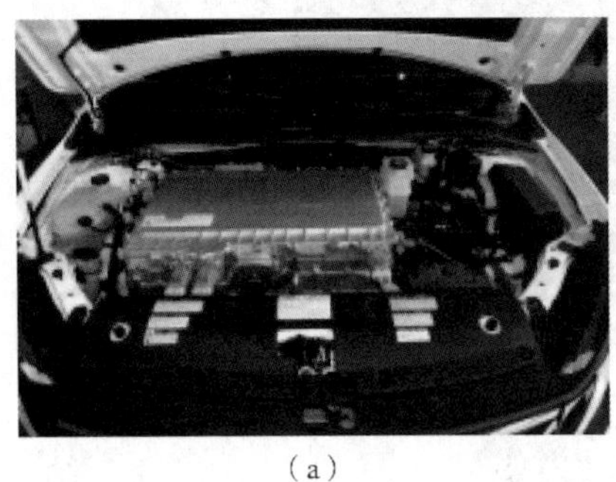

（a）

（b）

图 1-2-23　机舱内部件

④在车内行李箱位置可以找到手动维修开关位置，如图 1-2-24 所示。

图 1-2-24　手动维修开关位置

学习测试

1. 填空题

（1）纯电动汽车和混合动力汽车，其高压系统均同时具有________高压和________高压。

（2）交流高压主要分布在________与驱动电机之间，以及________与车载充电器之间。

（3）除了________会持续存在高压外，其他的系统或部件只有在运行的时候才具有高压。

（4）纯电动汽车驱动系统的结构与混合动力汽车的区别是在逆变器前方增加了一个________。

(5)高压压缩机在运行时,高压电缆接口、高压连接电缆以及压缩机本身均具有________。

2.判断题

(1)用于连接高压部件之间的导线也属于高压部件。（　　）

(2)大多数车辆动力电池、逆变器等都布置在乘客舱内部。（　　）

(3)新能源汽车充电系统部件仅在车辆充电期间存在高压。（　　）

(4)当电机运行时,高压电缆、插头,以及电机定子绕组上均会存在直流高压。（　　）

(5)充电桩和充电接口,在车辆未充电时,系统内部都会自动断开电路循环。（　　）

3.不定项选择题

(1)高压新能源汽车高压部件主要有?(　　)

A.动力电池　　B.驱动电机及控制器

C.高压附属部件　　D.车窗电机

(2)动力电池的高压具有的特点是?(　　)

A.一直持续有高电压　　B.关闭点火开关后高压消失

C.高压仅有25 V左右　　D.内部存在直流和交流高压

(3)动力电机或控制器高压具有的特点是?(　　)

A.一直持续有高压　　B.关闭点火开关后高压消失

C.高压仅有25 V左右　　D.内部存在直流和交流高压

(4)电动压缩机和PTC高压具有的特点是?(　　)

A.一直持续有高压　　B.关闭点火开关后高压消失

C.高压仅有25 V左右　　D.PTC加热器位于蒸发箱内不易碰到

(5)充电器高压具有的特点是?(　　)

A.一直持续有高压　　B.插入外部充电器期间具有高压

C.高压电仅有25 V左右　　D.内部存在直流和交流高压

任务3　认识新能源汽车安全设计

提出任务

现在有一辆新能源汽车发生了事故,你被指派去现场处理事故车辆的清理工作,你能正确区别哪些地方是安全的?哪些车辆部件或系统依然会存在高压吗?

任务目标

一、知识要求

1.熟悉新能源汽车的主要安全隐患。

2.掌握新能源汽车的安全设计方案及特点。

二、能力要求

能够正确分析新能源汽车的安全设计特点,并灵活运用。

相关知识

新能源汽车相比于传统内燃机汽车,由于驱动系统存在高压,其安全系统设计更为复杂。如果车辆在充电及行驶过程中出现碰撞、翻车等事故,可能造成电力驱动系统的短路、漏电、燃烧、爆炸等,由此可能对乘员造成电伤害、化学伤害、燃烧伤害等。

一、新能源汽车的安全隐患

通常情况下,我们将高压类型新能源汽车的电气系统分为低压电气系统、CAN(controller area network)网络通信系统和高压电气系统。低压电气系统指的是 12 V 电源及车身电气系统;CAN 网络通信系统指的是包括整车控制器、BMS(battery management system)和电机控制器之间的通信网络;高压电气系统指的是包括动力电池、驱动电机及其控制器。以下阐述的新能源汽车安全隐患主要针对的就是高压电气系统,如图 1-3-1 所示是新能源汽车主要高压电气系统部件。

新能源汽车安全隐患包括有高压触电、动力电池泄漏与燃烧,以及车辆特殊情况下可能存在的其他风险等。

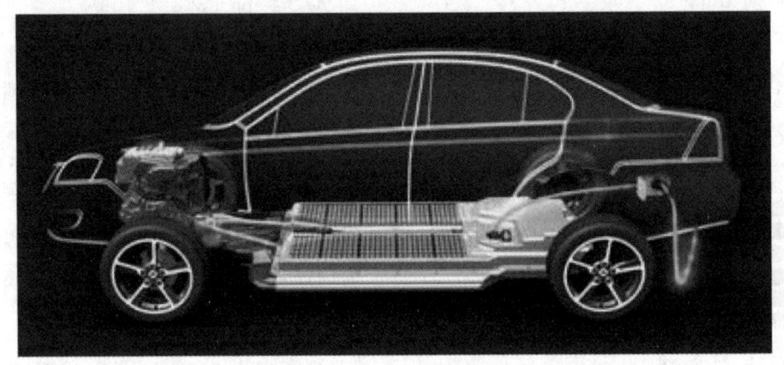

图 1-3-1　新能源汽车主要高压电气系统部件

1. 高压安全

无论是纯电动汽车,还是高压的混合动力汽车,其电压和电流等级都比较高。动力电池的电压一般在 300～600 V。正常工作时,电流可达几百安[培]。

人体能承受的安全电压的高低取决于人体允许通过的电流和人体的电阻。人体电阻主要是由体内电阻、体表电阻、体表电容组成。人体电阻随着条件的不同在很大范围内变化,但是人体电阻一般不低于 1 kΩ。我国民用电网中的安全电压多采用 36 V,大体相当于人体允许电流 30 mA(以人体电阻为 1 200 Ω 的情况),这就要求人体可接触的新能源汽车任意两个带电部位的电压要小于 36 V。

如图 1-3-2 所示,是在新能源汽车中人体常见的触电形式,以 288 V 电压为例。

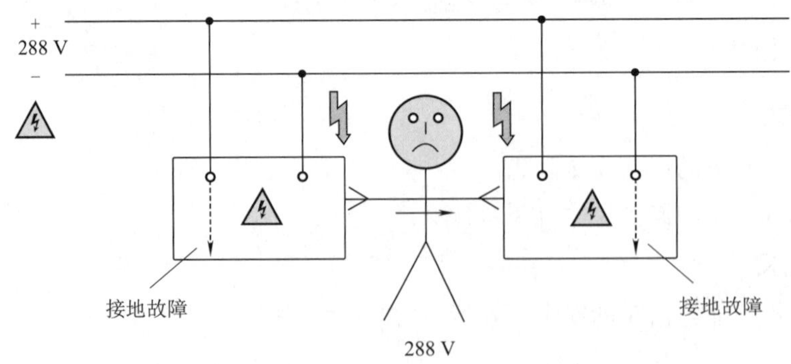

图 1-3-2　人体触电的主要形式

对于系统中的高压元件，假如内部破损或者潮湿，有可能会传递给外壳一个电势。如果形成两个这样外壳具有不同电势的部件，在两个外壳之间会形成具有危险性的电压！此时，如果手触及到这两个部件，会发生触电的危险！

人体没有任何感觉的电流阈值是 2 mA。这就要求如果人或其他物体构成动力电池系统（或“高压”电路）与地之间的外部电路，最坏的情况下泄漏电流不能超过 2 mA，即人直接接触电气系统任一点的时候，流过人体的电流应当小于 2 mA 才认为车辆绝缘合格。

2. 动力电池安全

新能源汽车的关键部分是动力电池，图 1-3-3 所示是新能源汽车动力电池与安装位置，对于动力电池安全性的研究是分析高压类型新能源汽车安全性的前提。近年来，锂离子电池在纯电动汽车和混合动力汽车上得到了广泛的应用。所以以锂离子电池为例来介绍动力电池的安全性。

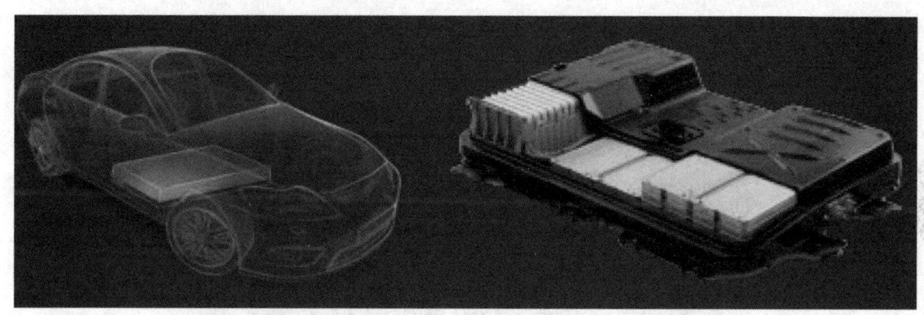

图 1-3-3 新能源汽车动力电池与安装位置

锂离子电池在正常使用过程中不会出现安全问题，但锂离子电池的滥用会导致锂离子电池的热效应加剧，这是锂离子电池出现安全问题的导火索，最终表现为锂离子电池的“热失控”，从而引起安全事故。导致热失控有以下几种情况。

（1）过充电与过放电

在给车辆进行充电时，特别是在电池充电末期，电池内部离子的浓度增加，扩散性能下降，浓差极化增加，电池接受能力下降，电池再充电就会出现过充电。过充电时如果电池的散热较好，或者过充电流很小，此时电池的温度较低，过充电后只发生电解液的分解，电池仍然安全；如果此时电池的散热较差，或者由于高倍率充电导致电池温度很高而引发化学反应，往往导致安全隐患，图 1-3-4 所示为一辆电动客车电池在过充电时导致着火事故的图片。

图 1-3-4 过充电导致的温度过高着火

同样，在电池放电末期提供大电流的能力下降，当电池剩余电量不足而又需要大电流放电时，就会使电池过放电。过放电过程如下：当电池负极的锂离子完全脱出以后，为了维持电流，电池负极表面电极电位低的物质继续被氧化，同时正极材料中的锂离子有可能发生还原反应。在发生过放电时，由于电池负极的锂离子减少，脱出能力下降，极化电压增加，此时很容易导致电池负极的活性物质脱落，容易造成电池内部短路。电池内部短路的直接表现就是迅速产生热量引发着火隐患。

（2）过电流

锂离子电池过电流主要有以下几种情况：

①低温环境下充放电。在低温环境下，由于电池的导电性和扩散性下降，特别是电池负极的锂离子活动能力下降，电池可接受电流的能力下降，容易导致电池出现过电电流。

②电池老化、电池的性能下降（包括容量降低、内阻增加、倍率特性下降等）后，仍按照原来电流充电容易导致产生的相对电流过大。

③电池并联成组。在充电过程中，由于电池一致性的差异，单体电池的内阻各不相同，分配到各单体电池的充电电流不同，可能会导致分配到某些单体电池电流远大于充电电流，如图 1-3-5 所示。

图 1-3-5　多个电池并联充电电流不一致导致的过热损坏

④电池的内外部短路。电池短路会在瞬间产生很大电流，电池内部温度急剧升高，而使电池发生泄漏、起火等安全事故。

（3）电池过温

上述提到的过充、过放、过电流会导致电池过温，以下几种情况也会引起电池过温：

①电池的热管理系统失效。表现为动力电池组总成内电池温度传感器损坏，或者是检测控制电路失效或散热风扇损坏。

图 1-3-6 为典型动力电池内电池温度检测系统。

图 1-3-6　系统监测电池温度

②电池温度采样点有限。车辆上电池数量众多，很难对每个单体电池都实现温度检测。

③温度采样点受限制。由于电池本身结构的原因，新能源汽车的电池管理模块对电池的温度采样点一般都在电池正负极接线柱上，或者通过贴片采集电池外壳的温度，不能反映实际的电池内部温度。

④工作环境温度高。如果电池靠近驱动电机或空气压缩机等发热部件，会导致电池过温。

⑤电池温度升高会引发的隐患包括有电池本身性能的逐步下降，进一步加剧了电池内部的

短路。此外由于电池本身温度过高，会导致电池产生热温度变形，从而产生泄漏等事故的发生。

3. 危险运行工况下的安全

新能源汽车由于存在高压，因此在行驶中发生事故时，如果没有很好的安全设计，很容易发生安全隐患。这些安全隐患包括有：

(1) 高压系统短路

当动力系统的高压线短路时，将会导致动力电池瞬间大电流放电，此时动力电池和高压线束的温度迅速升高，将会导致动力电池和高压线束的燃烧，严重时还可能会引起电池爆炸。

若动力电池的高压母线与车身短路，乘员可能会触碰到动力电池的高压电，从而产生触电伤害。

(2) 发生碰撞或翻车

当新能源汽车发生碰撞或翻车时，可能导致动力系统高压短路，此时动力系统瞬间产生大量热量，存在发生燃烧甚至爆炸的风险；此外还可能造成高压零部件脱落，对乘员造成触电伤害。如果动力电池受到碰撞或因为燃烧导致温度过高，有可能造成电池电解液的泄露，对乘员造成伤害；发生碰撞或翻车还会对乘员造成机械伤害。

(3) 涉水或遭遇暴雨

当新能源汽车遇到涉水、暴雨等工况时，由于水汽侵蚀，高压的正极与负极之间可能出现绝缘电阻变小甚至短路的情况，可能引起电池的燃烧、漏液甚至爆炸，若电流流经车身，可能使乘员遭受触电风险。

(4) 充电时车辆的无意识移动

当车辆在充电时，如果车辆发生移动，可能会造成充电电缆断裂，使乘员以及车辆周围人员遭受触电风险；若充电电缆断裂前正在进行大电流充电，还可能造成电池的高压接触器粘连，从而进一步增加人员的触电风险。

二、新能源汽车的安全设计

从上面的叙述可以看出，新能源汽车存在的安全风险包括：高压系统短路、高压系统绝缘故障、高压系统脱落、高压充电风险等。根据这些安全隐患以及实际的工作状况，对新能源汽车主要从以下方面进行设计，如图 1-3-7 所示。

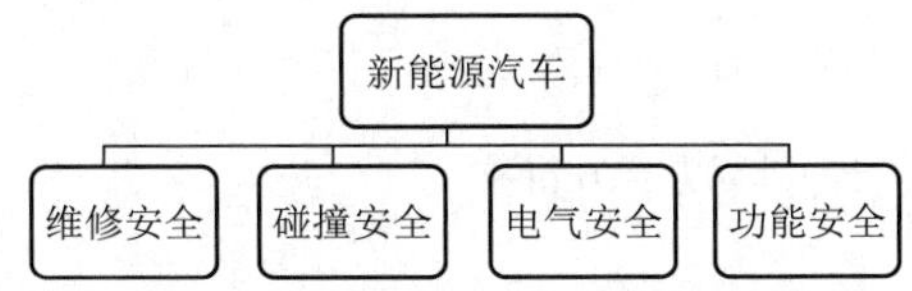

图 1-3-7　新能源汽车安全设计

1. 维修安全

维修安全主要包含两方面：传统内燃机汽车的维修安全和针对新能源汽车的特殊维修安全。新能源汽车的维修安全主要是防止高压触电。因此，维修人员在对高压类型汽车进行操作之前应当保证不会有触电风险，为此大多数汽车在系统上设计有维修开关(见图 1-3-8)。当断开维修开关时，动力电池的动力输出应立即中断。在操作上应当遵从以下流程：在断开电池的动力输出后，需等待 5 min 才能接触高压部件。

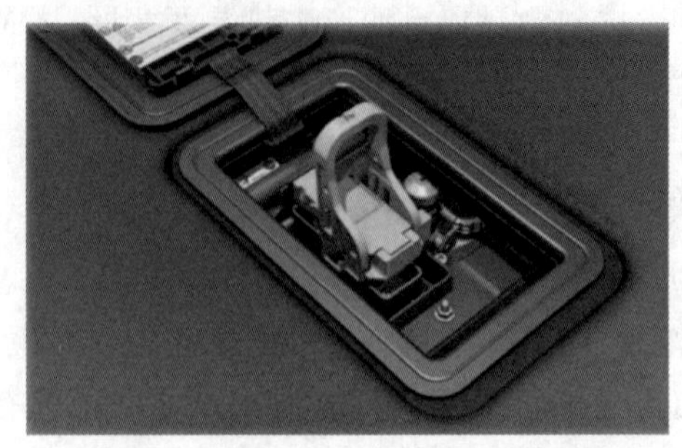

图 1-3-8　奥迪混合动力汽车上的维修开关

2. 碰撞安全

当车辆发生碰撞时，车辆的安全系统应当满足以下要求：碰撞过程中以及碰撞后都要保证相关人员的人身安全。对于新能源汽车来说，除了传统汽车的相关保护需求之外，还应当满足以下要求：

①碰撞过程中避免乘员和行人遭受触电风险，在保证人员安全的情况下尽量保护关键零部件不受损害。

②碰撞后保证维护和救援人员没有触电风险。为此有些车辆设计有图 1-3-9 所示的电路：将惯性开关串联到高压接触器的供电回路中，当发生碰撞时惯性开关断开，从而切断高压接触器的供电电源，此时动力电池的高压输出便会被断开，保证了乘员、行人、维护和救援人员的高压安全。

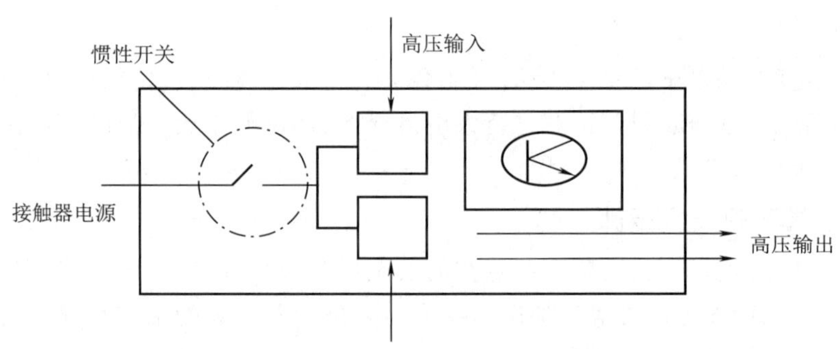

图 1-3-9　惯性开关在电路图中的位置

3. 电气安全

新能源汽车的电气安全主要包括以下方面：

①防止人员接触到高压。

②电池能量的合理分配。

③充电时的高压安全。

④行驶过程中的高压安全。

⑤碰撞时的电气安全。

⑥维修时的电气安全等。

为保证新能源汽车的电气安全，有些车辆会设计以下安全装置：

①高压零部件的接插件（见图 1-3-10）既可防止人员直接接触到高压，还可防水、防尘，减小高压系统绝缘出现问题的风险。

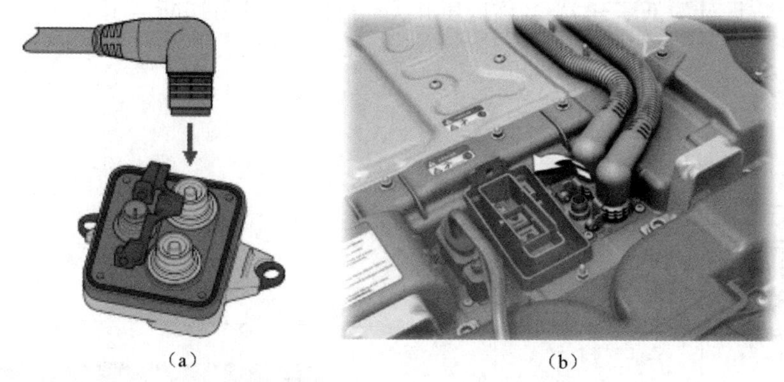

图 1-3-10 高压插头的安全设计方式

②动力电池与外部高压回路之间设计有高压接触器(见图 1-3-11),以保证在驾驶员无行驶意图或充电意图时,车辆除电池内部之外的高压系统是不带高压电的。只有当驾驶员将车辆钥匙打到“Start”挡或对动力电池进行充电时,接触器才可能会闭合。

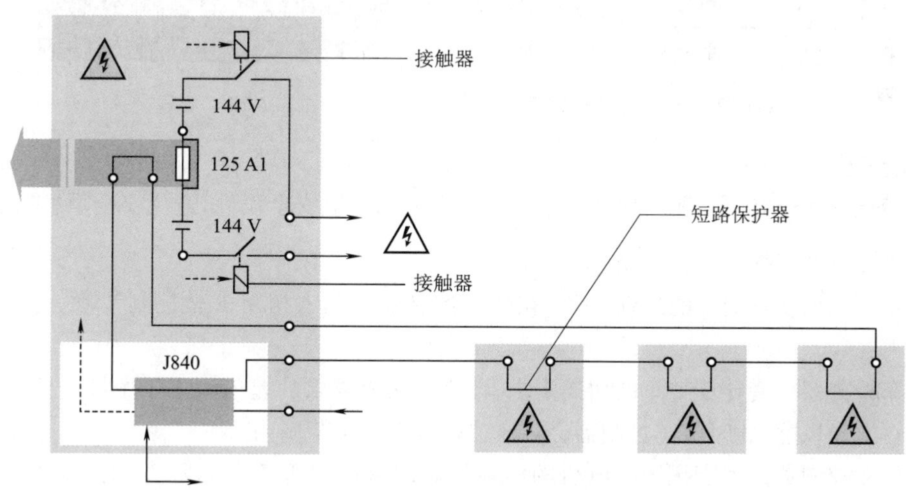

图 1-3-11 高压接触器设计方式

③高压系统中应当设计预充电回路(见图 1-3-12),在动力电池输出高压电之前,先通过预充电回路对电池外部的高压系统进行预充电。预充电回路主要由预充电阻构成。由于高压零部件的高压正、负极之间设计有补偿电容,如果没有预充电电阻,那么在高压回路导通瞬间,补偿电容将会由于瞬间电流过大而烧毁。

④绝缘电阻检测系统。为保证人员免遭触电风险,高压系统应当进行绝缘电阻检测电路的设计。若绝缘电阻值过小,整车控制器应当发送接触器断开指令。

⑤短路保护器。当高压系统出现短路等危险情况时,为保护乘员和关键零部件,需设计如图 1-3-11所示的短路保护器。如果流过短路保护器的电流大于某个值时,该短路保护器便会被熔断。

⑥高压互锁(HVIL)回路设计。当高压互锁回路断开时(表示某一高压部件的低压或高压连接断开),此时乘员或维修人员有可能会接触到高压从而造成触电伤害,因此电池管理单元在检测到断开信号之后应当立即断开相应的高压接触器以切断高压输出。如图 1-3-13 所示,位于橙

色高压连接器上方设计的低压开关，当该低压开关断开时，系统将切断高压。

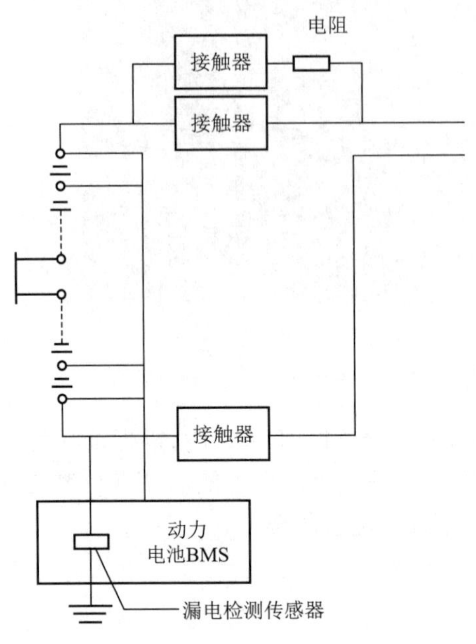

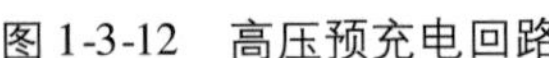

图 1-3-12　高压预充电回路

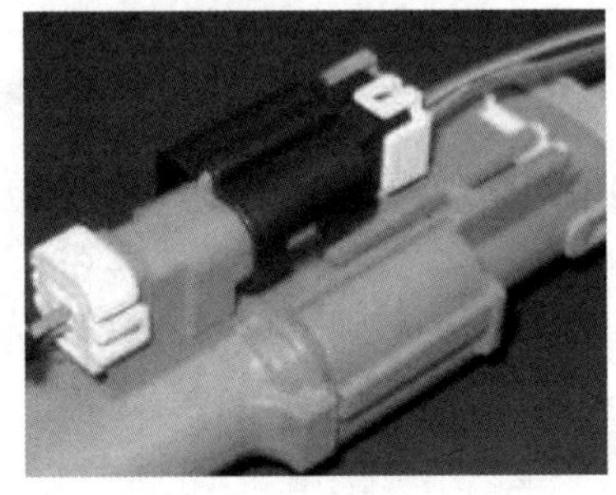

图 1-3-13　低压开关

4. 功能安全

此外，对于纯电动汽车，还需要从以下 2 个功能方面采取安全设计，避免安全隐患的发生。

(1)扭矩安全管理

为防止车辆出现不期望的运动，需要在整车控制器中加入扭矩安全控制策略。具体扭矩安全策略如下：

①整车控制器负责计算整车的扭矩需求，计算的扭矩需求的差值大于某个标定值，则认为扭矩输出存在安全风险，此时整车控制器会将车速限制在安全范围内。

②若整车控制器的需求扭矩与电机的实际扭矩的差值大于某个标定值，则认为电机的扭矩控制存在风险，此时整车控制器将会限制电机的扭矩输出，若两者差值一直过大，则切断动力电池的动力输出。

(2)充电安全

在充电时需要防止车辆移动以及避免快充、慢充、行驶模式之间的冲突，为此进行如下设计：

①只有挡位放在 P 挡时才允许充电。

②在充电过程中，扭矩需求及实际扭矩输出都应当为 0。

③当充电枪插上时，不允许闭合控制输出高压的接触器。

④当充电回路绝缘电阻小于标准要求的阻值时，应当停止充电并断开高压接触器。

任务实施

一、工作准备

1. 防护装备

绝缘防护装备。

2. 车辆、台架、总成

北汽新能源纯电动汽车;比亚迪秦混合动力汽车;或其他同类新能源汽车。

3. 专用工具、设备

无。

4. 手工工具

无

5. 辅助材料

厂家维修手册及培训资料。

二、实施步骤

1. 新能源汽车安全设计方面的部件认知

本任务主要要求学生结合实训中心新能源汽车,通过检索资料和结合维修手册,判断该车辆的安全设计特点,并针对实际应用方面进行讨论。

新能源汽车安全设计特点有:

以北汽新能源纯电动汽车为例,查找动力电池厂家的资料,学习动力电池相关的安全设计策略。

①电池可用容量修正。电池管理系统(BMS)根据单体电池在环境温度下的放电容量,以及慢充过程中因为电芯一致性变差导致电池系统充电并未真正充满等因素,确定可用容量上报给整车控制器(VCU),VCU 根据该值计算续航里程。

②SOC(state of charge)估算及修正策略。根据车载充电模式和行车模式下单体电池最高电压进行 SOC 修正。

③放电过程电流控制策略。行车放电过程中,放电电流不能超过电池 BMS 系统给整车 VCU 上报的最大允许放电电流值。放电过程电流控制策略是 BMS 根据动力电池当前的 SOC 及最高温度实时调整“最大允许放电电流”数值。

④能量回馈过程控制策略。BMS 通过上报“最大允许充电电流”给整车控制器,来表现动力电池当前状态可以接受的最大回馈电流的能力。

⑤车载充电电流控制策略。车载充电时,BMS 根据当前最小温度请求允许最大充电电流。

当单体最高电压充电到 3.6 V 时,BMS 请求充电电流降到 5 A。

单体最高电压达到 3.7 V 时,停止充电,并把 SOC 修正为 100% 。

⑥地面充电控制策略。快充时动力电池系统与地面充电桩之间的交互信息及工作流程严格按照《电动汽车非车载传导式充电机与电池管理系统之间的通信协议》(GB/T 27930—2015)执行。受限于动力电池的充电能力,为了更好地实现快充功能,在快充过程中设计有加热功能。

a. 快充电结束条件为电池最高单体电压 $V_{max} \geq 3.7$ V。

b. 快充过程中不进行 SOC 修正。

c. 当电池最小温度 $T_{min} < 0$ ℃时,闭合加热继电器,开启加热功能。

⑦保温过程控制策略。车载充电完成之后,根据电池的温度判断是否需要保温。如果需要保温,进入保温过程。

a. 进入保温条件:电池温度 $T_{max} < 25$ ℃并且 $T_{min} < 10$ ℃。

b. 在保温过程中,如果 $T_{min} < 5$ ℃,BMS 向车载充电器请求加热需求电压 360 V,加热需求电流 5 A,并闭合加热继电器。

c. 保温过程中,当 $T_{min} \geq 8$ ℃时,断开加热继电器,停止加热。

d. 保温时间 6 h。如果进入保温过程达到 6 h,停止保温,退出保温过程。

⑧动力电池故障处理策略。动力电池系统在行车模式/车载充电模式/地面充电模式下诊断、上报和处理的故障,及处理措施和恢复条件。

2. 车辆安全设计

如图 1-3-14 所示,新能源汽车(纯电动汽车)主要从以下几个方面进行安全设计:

①碰撞保护。通过网络监测当车辆安全气囊引爆后,系统将自动切断正常高压。

②高压互锁。通过在高压连接器上设计监测低压开关,当低压开关被断开时先断开高压,防止触电。

③电源极性反接保护。意外接错电源正负极,系统将自动切断高压。

④开盖检测。在动力电池与部件的盖子上设立低压开关,在低压开关打开(盖子被打开)时,系统切断高压。

⑤主动泄放与被动泄放。通过主动与被动监测是否存在对车身的短路。若出现车身短路,自动快速将电池组电能泄放掉,避免电池发热燃烧。

图 1-3-14　车辆安全设计

此外,纯电动汽车高压系统的每一个高压回路均有保险作为过电流保护。动力电池总成内部增加了一定数量的熔断器盒接触器进行保护,动力电池的每根采样线也有单独的熔断器保护。即使发生碰撞短路,也可保证电池包等高压部件及线束不会短路损坏或起火,如图 1-3-15 所示。

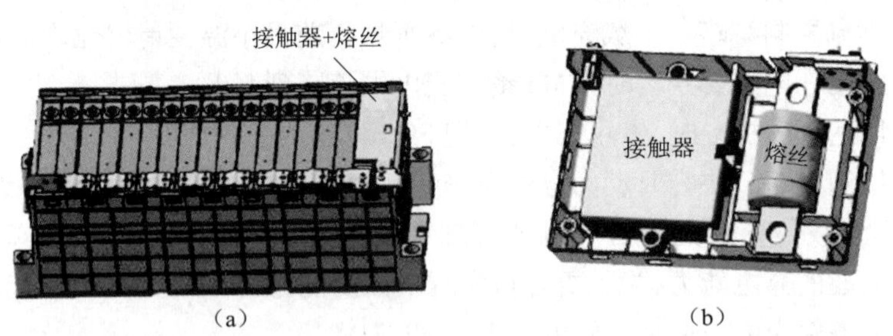

图 1-3-15　动力电池内部的接触器与熔丝

3. 高压维修安全

纯电动汽车对维修人员有特殊的安全操作要求,这包括图 1-3-16 所示的 4 个方面。

此外,系统设计的维修开关(service switch,SS),如图 1-3-17 所示,主要作用是当车辆在以下情况时直接断开高压回路,从而保证操作人员的安全。例如:

①检修所有高压模块产品。

②检修所有动力电池包四周的零部件。

③检修其他以需要拆卸或移动高压产品为前提的零部件。

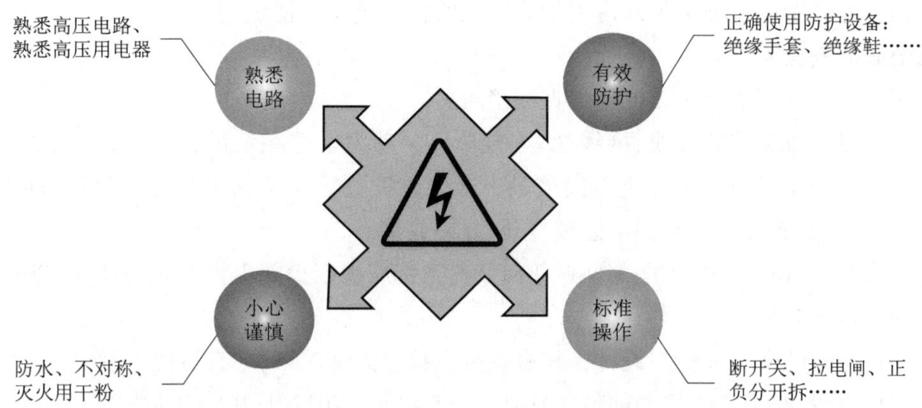

图 1-3-16　维修的高压系统安全须知

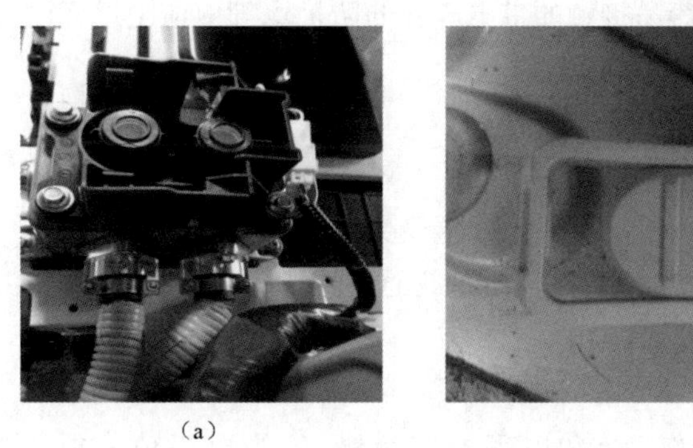

（a）　（b）

图 1-3-17　维修开关

扩展知识

新能源汽车安全要求的国家标准

混合动力或纯电动汽车应满足国家汽车相关标准的安全要求，下面所述为国标 GB/T 18384—2020 针对电动汽车安全要求的主要归纳，具体内容可直接参考国标信息。

1. 动力电池安全要求

①动力电池的绝缘电阻、爬电距离应符合 GB/T 18384—2020 的要求。

②应保证车辆在任何地方不得聚集由安装在车辆上的动力电池产生的危险气体。

③动力电池舱应尽可能与乘客舱隔开。动力电池舱应确保均匀散热和通风，使车辆在运行过程中或过程后，动力电池温度处于安全允许的范围内，动力电池排出的有害气体能安全地逸到大气中，不允许排到乘客舱。

④在发生意外事故或其他故障条件下，动力电池可能会释放出较多的有害物质，此时应使其危险降到最低限度，尤其要注意乘客舱。

⑤动力电池和动力电路系统应通过断路器和熔断器进行保护。该装置应能在车辆制造厂规定的过电流、与动力电池连接的电路出现短路的情况下，自动断开与动力电池的连接电路。该装置的响应时间应由车辆制造厂根据动力电池参数、动力电池和电路发生过电流或短路的防护方

式来确定。

⑥动力电池类型应清晰可见地注明动力电池的化学类型以便识别。

2. 触电防护安全要求

①防止与动力电路系统中带电部件直接接触。

②车辆不得含有暴露的导线、接线端、连接单元。动力电路系统的带电部件，应通过绝缘或使用盖、防护栏、金属网板等来防止直接接触。这些防护装置应牢固可靠，并耐机械冲击。在不使用工具或无意识的情况下，它们不能被打开、分离或移开。

③在乘客舱及行李箱中，带电部件在任何情况下都应由至少能提供 GB/T 4208—2017 IPXXD 防护等级的壳体来防护。

④发动机舱中的带电部件应设计为只有在有意接近的情况下，才有可能接触到。

⑤打开机盖后，与系统连接的部件应具有 GB/T 4208—2017 中 IPXXB 防护等级。

⑥车辆其他地方的带电部件，应提供 GB/T 4208—2017 中 IPXXB 防护等级。

⑦车辆标志、动力电池规定的、容易接触的带电部件的防护罩等应清楚地标注如图 1-1-19 所示的高压警告标记，高压标记应清晰牢固。

⑧高压配线线皮应统一由橙色或橙色套管构成。

⑨防止与动力电路系统中外露可导电部件的间接接触。

⑩所有电气的设计、安装应避免相互摩擦，防止绝缘失效。

⑪应通过绝缘的方法来防止间接接触，并且使车载的外露可导电部件连接在一起，达到电位均衡。

3. 绝缘电阻要求

混合动力电动汽车的高压电路系统和电平台应绝缘，绝缘电阻值的要求应符合 GB/T 18384—2020 规定。

4. 电位均衡要求

电位均衡应符合 GB/T 18384—2020 中的规定。

5. 动力电路系统和燃料供给系统要求

燃油系统设计的安装位置及管路应避开温度较高的热源以及动力电路系统等可能产生电弧的地方，尤其不能在一个密闭的空间内。

动力电路系统和燃油供给系统设计的安装位置及线路、管路走向应保证两个系统具有安全距离或保证有效隔离。

车辆在各种使用条件下，供油管路与其接头不允许有泄漏。一旦发生燃油泄漏时，设计上应保证绝不允许流到动力电池和高压电路系统。

对于使用汽/柴油之外燃料的车辆，燃料供给系统须满足其相应燃料车辆标准的安全要求。

6. 车辆碰撞的特殊要求

按照国家强制性标准的规定进行相关的碰撞试验，满足相关的要求。乘员保护进行碰撞试验时应满足下列要求：

①如果车载储能装置安装在乘客舱的外部，进行碰撞试验中和试验后，动力电池包及其部件（动力电池、蓄电池模块、电解液）不得穿入乘客舱内。

②如果车载储能装置安装在乘客舱内，车载储能装置的任何移动应确保乘客的安全。

③进行碰撞试验中和试验后均不能有电解液进入乘客舱。

④进行碰撞试验中和试验后储能装置不能出现爆炸、着火。

7. 第三方保护要求

进行碰撞试验时，动力电池包及其部件（动力电池、蓄电池模块、电解液）或超级电容器等储能装置不能由于碰撞而从车上甩出。

进行碰撞试验时，应防止造成动力电池的短路。

碰撞试验结束后，按照 GB/T 18384—2020 中的要求（不需进行准备阶段）进行绝缘电阻的测量，并满足绝缘电阻的要求。

8. 防水要求

应通过一个绝缘电阻值监测系统提供防水监控，或通过遮蔽电压设备（非高压部件本标准不做要求）防止其暴露在水中或依靠其他方式防水。如果车辆安装了绝缘电阻值监测系统，应符合 GB/T 18384—2020 的要求。

如果车辆未安装绝缘电阻值监测系统，应进行 GB/T 18384—2020 规定的试验，试验中和试验后车辆不会损坏，不会丧失行驶能力，并满足 GB/T 18384—2020 的要求。

9. 功能安全要求

（1）启动程序

应通过一个钥匙开关启动车辆。

对于需要外接充电的车辆，当车辆与外部电路（例如：电网、外部充电器）连接时，不能通过其自身的驱动系统使车辆移动。防止车辆在钥匙开启状态和换挡器在“行驶”和“倒退”位置时外接充电装置。而且，应提供必要的互锁装置：

①除非换挡器位置选择在“停车”或“空挡”，在任何其他位置时控制器都不能向车辆传输移动的最初动力。

②启动钥匙只有“点火开关”在“关”的状态，换挡器在“停车”的状态时才能够拔掉。

（2）行驶和停车

车辆应通过一个明显的信号装置提示驾驶员车辆可以起步行驶，这个信号装置可参照 GB/T 4094.2—2017 中规定的“运行准备就绪”信号装置。

当车辆处于停车，发动机不工作时，如果车辆仍处于“可行驶”状态，或只通过一个操作动作就可使车辆处于“可行驶”状态时，则应通过一个信号（声学或光学信号）明显地提醒驾驶员。“可行驶”状态：在这种状态，当踩下加速踏板时，车辆可能行驶。

如果车辆装有在紧急情况时（例如：某部件过热）可限制操作的装置，则应通过一个明显的信号通知车辆使用者。

当车辆在停车状态以及钥匙开关在“关”位置时，车辆不得自动启动发动机给动力电池充电。

（3）手动开关

应配备一个手动开关来断开车载动力电源（例如：动力电池）。当车辆因维修保养或故障，不能确保高压系统绝缘时，该开关能够切断高压动力电路系统。

（4）电气联接件

任何不期望的断开都不应导致车辆产生危险。当电流过大时，应使用一个电路保护器、切断装置或熔断器断开动力电路。

学习测试

1. 填空题

(1)新能源汽车安全隐患包括有________、动力电池________与燃烧,以及其他风险。

(2)在给车辆进行充电时,充满后再长时间充电,就会出现________。

(3)过充、过放、过电流会导致电池________。

(4)当动力系统的高压线________时,将会导致动力电池瞬间大电流放电。

(5)新能源汽车的维修安全主要是防止________。

2. 判断题

(1)我国民用电网中的安全电压多采用220 V。 ( )

(2)在给车辆进行充电时,充得越久越好。 ( )

(3)在断开电池的动力输出后,就可以接触高压部件。 ( )

(4)当高压系统出现短路等危险情况时,为保护乘员和关键零部件,需设计短路保护器。 ( )

(5)新能源汽车在充电时需要防止车辆移动以及避免快充、慢充、行驶模式之间的冲突。 ( )

3. 不定项选择题

(1)动力电池在以下状态下可能会存在风险?( )

A. 过充电　B. 过放电　C. 温度过高　D. 正常驱动车辆

(2)以下哪些情况下,高压系统将关闭高电压?( )

A. 起动车辆　B. 发生严重碰撞　C. 关闭点火开关　D. 发生漏电

(3)为防止维修人员触电,在车辆高压系统上会设置以下哪个部件用于解除高压?( )

A. 维修开关　B. 熔丝　C. 继电器　D. 点火开关

(4)高压车辆的连接器上设计的互锁开关用于?( )

A. 防止维修人员触电　B. 监测高压连接器是否被断开

C. 锁止开关,不让任何人打开　D. 以上都不对

项目二 高压安全与防护

维修带有高压新能源汽车需要做好自身安全防护，并严格按照规范操作流程操作。本项目主要包括以下3个任务：

任务1　认识安全电压与急救理论。

任务2　识别安全防护与应急处理。

任务3　识别高压系统中止与检验。

通过以上3个任务的学习，你将学习和了解到高压车辆的基本触电原理，以及如何采取正确的防护措施来避免触电事故的发生。

任务1　认识安全电压与急救理论

提出任务

你作为新能源汽车专业的学生，在刚进入工作岗位实习不到一个月的时间，突然有一天遇到了一位同事因违章操作规程导致了触电事故，此时你应该如何及时去帮助他？

任务目标

一、知识目标

1. 熟悉高压对人体伤害的基本理论。
2. 掌握人体触电的基本形式。
3. 掌握触电后的急救基本理论与方法。

二、能力目标

能够正确、及时执行触电事故的处理与急救。

相关知识

新能源汽车有高压存在，电又不可以被“看”“听”“闻”，人体感知器官不会告诉“注意高压”。无论是研发、生产，还是销售人员和售后技术人员，如果没有正确认识新能源汽车具有的高压风险，并正确处理涉及的高压工作区域的防护，都会导致严重的高压伤害。

一、用电安全及伤害

1. 安全电压

安全电压是指人体不戴任何防护装备时，触及带电体不受电击或电伤。考虑到空气的湿度和人体在不同工作环境下的电阻，基于安全考虑将车辆电压分为以下安全级别，即：

①A 级，认为是较为安全的电压等级，对于直流是小于或等于 60 V 的，对于在 150 Hz 频率以下的交流是低于 30 V 的，该电压下的维护人员不需要采取特殊的防电保护措施。

②B 级，对人体会产生伤害，被认为是高压。在该电压下必须采取必要的防护设备对维护人员进行保护。

通常当人体接触到 30 V 以上的交流电，或 60 V 以上的直流电时，人体就有可能会发生触电事故。人体的触电并不是指人体接触到了很高的电压，是因为过高的电压通过人体这个电阻后，会在人体内形成电流，从而导致人体的伤害。因此必须注意的是，伤害人体的不是电压，而是电流。

在电网中，一直认为 36 V 是一个人体安全电压。实际上在高压的新能源汽车中，这个电压值并不是科学的。主要原因是，一方面，人体的电阻会存在个体的差异，如图 2-1-1 所示，胖的和瘦的，男的和女的，其电阻值都不会一样；另一方面，人所处的工作环境，也会导致人体的电阻值发生变化，例如在潮湿的夏天和干燥的冬天，人体表现的电阻就不一样，环境越潮湿，人体的电阻就会越小。此外，还需要注意的是每个人对电流流过身体的反应也不一样，有一部分人可能能够承受更大的电流。

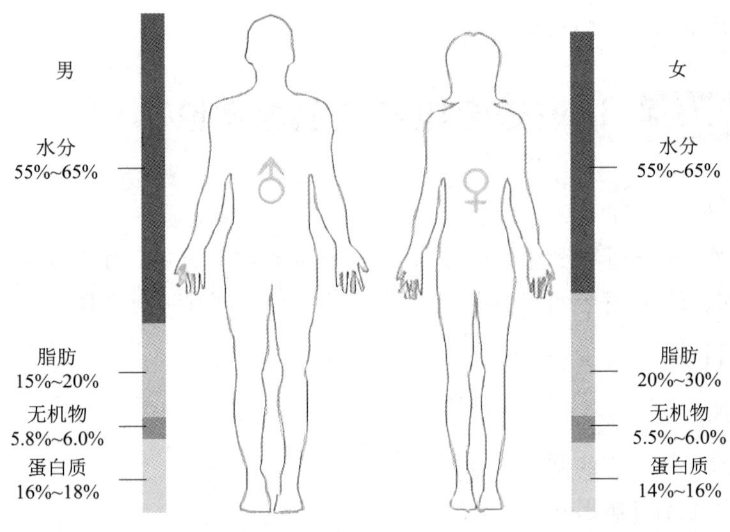

图 2-1-1　人体电阻的差异性

当电压高到一定值以后，会有相应的电流流过人体，如图 2-1-2 所示，在大约 5 mA 的电流通过人体时，就可视作是“电气事故”，会产生麻木感。人体内通过的电流达到大约 10 mA 时，到达了导出电流的极限，人体开始收缩，无法再导走电流，电流的滞留时间也相应增加。30 ~ 50 mA 交流电的长时间滞留会导致呼吸停止以及心室纤维性颤动。经过人体的电流到达大约 80 mA 时，被认为是“致命值”。

从图 2-1-2 可以看出，电流对人体的伤害基本上几毫安就够了。

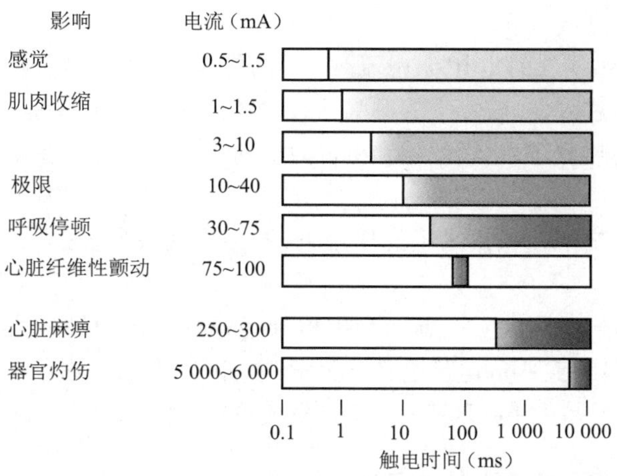

图 2-1-2　不同电流值对人体的伤害反应

此外，需要注意的是，人体之所以导电，主要的原因是血液含有电解液成分，电解成分导致了导电性。而人体的皮肤、肌肉也具有一定的导电能力。对于大多数人，整个身体的总电阻值是很低的，特别是有主动脉的地方（胸腔部位和躯干），而最大的危险发生在电流通过人体心脏时刺激心脏产生的异常颤振。

如图 2-1-3 所示，人体皮肤电阻值约为 100 kΩ 到 1 MΩ，但是阻值在有些情况下也可能降为零，尤其是当皮肤潮湿或者破损时，阻值会明显下降。

例如，当一个 288 V 直流电压穿过人体后，我们可以通过欧姆定律粗略计算出通过人体的电流：

$$人体电流\ I = U/R = 288\ \text{V}/1\ 080\ \Omega = 0.27\ \text{A}$$

0.27 A，也就是 270 mA，将这个电流值参照图 2-1-4 可以发现，这个电流值如果在心脏的滞留 10 ~ 15 ms 就会致命！

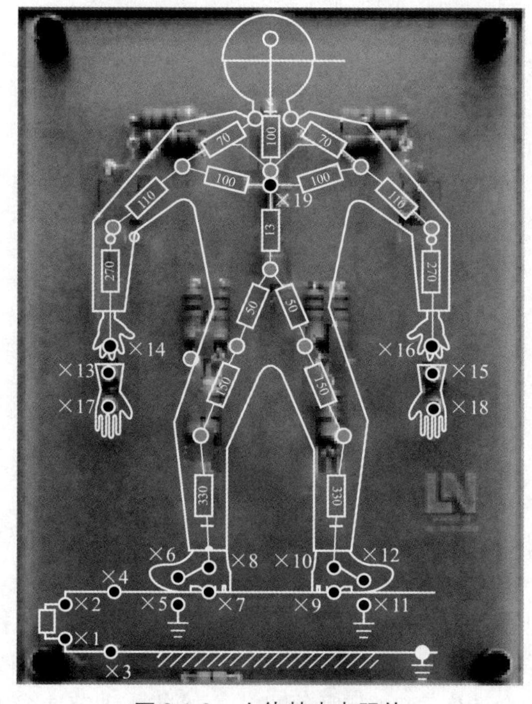

图 2-1-3　人体基本电阻值

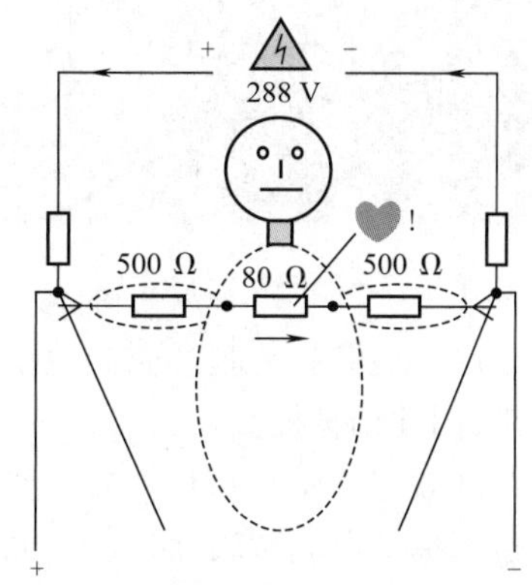

图 2-1-4　288 V 电压穿过人体产生的电流

2. 用电伤害

能够最终对人体产生伤害的是电流,电流对人体的伤害有三种形式:电击、电伤和电磁场伤害。

①电击是指电流通过人体,破坏人的心脏、肺及神经系统的正常功能。

②电伤是指电流的热效应、化学效应和机械效应对人体的伤害。主要指电弧烧伤、熔化金属溅出烫伤等。

③电磁场生理伤害是指在高频磁场的作用下,人会出现头晕、乏力、记忆力减退、失眠、多梦等神经系统的症状。

一般认为,电流通过人体的心脏、肺部和中枢神经系统的危险性较大,特别是电流通过心脏时,危险性最大。所以从手到脚的电流途径最为危险。因为沿该条途径有较多的电流通过心脏、肺部等重要器官;其次是从一只手到另一只手的电流途径,如图 2-1-5 所示。

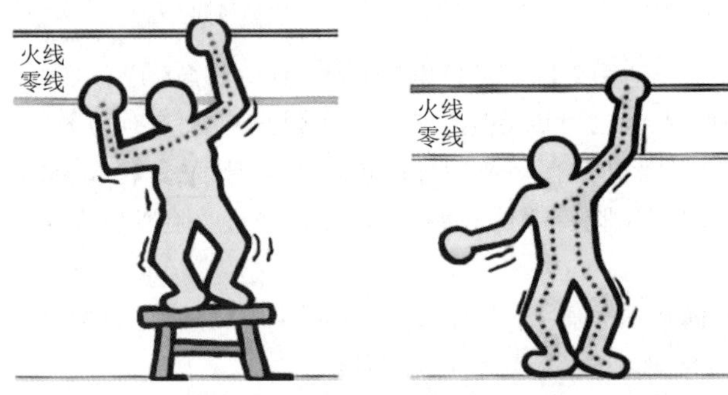

图 2-1-5　最危险的触电形式

此外,触电还容易因剧烈痉挛而摔倒,导致电流通过全身并造成摔伤、坠落等二次事故。

通常,产生最多的伤害是电击事故,其主要类型包括有:

①电击效应。电流低于导通限值时,会有相应的电击反应,从而容易因肢体不受控制和失去平衡而导致受伤,如图 2-1-6 所示。

②热效应。电流导入导出点会发生烧伤和焦化,也会发生内部烧伤。结果是导致肾脏负荷过大,甚至造成致命的伤害,如图 2-1-7 所示,煎鸡蛋就是类似电击产生的热效应形式。

图 2-1-6　电击效应伤害

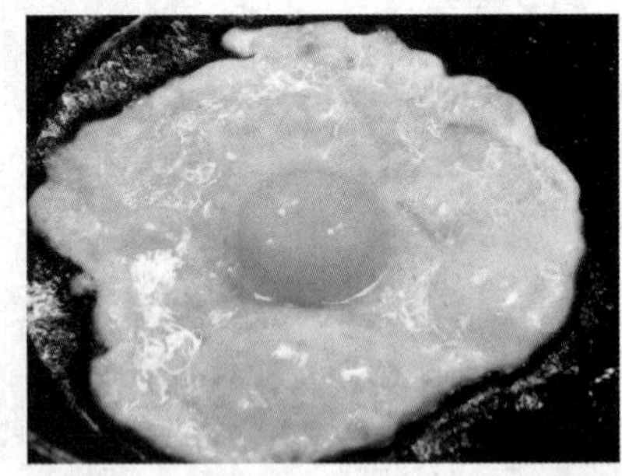

图 2-1-7　类似电击产生的热效应形式

③化学效应。血液和细胞液成为电解液并被电解。结果发生严重的中毒,中毒情况在几天后才能被发现,因此伤害极大。

④肌肉刺激效应。所有的身体功能和人体肌肉运动都是由大脑通过神经系统的电刺激来控制。如果通过人体的电流过高,肌肉开始抽搐,大脑再也无法控制肌肉组织。例如,握紧的拳头再也无法打开或者移动。如果电流经过了胸腔,肺会产生痉挛(呼吸停止),心脏的跳动节奏会被

中断(心室纤维化颤动,无法进行心脏的收缩扩张运动),图 2-1-8 所示为刺激效应的内部形式。

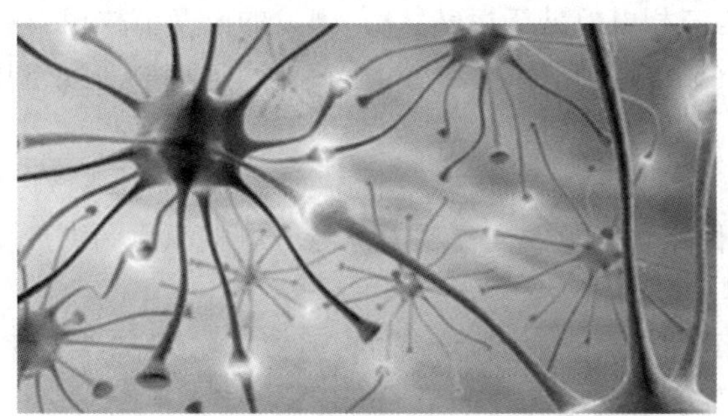

图 2-1-8　刺激效应的内部形式

⑤发生静态短路的热效应。工具急剧发热,会导致材料熔化,从而可能发生烧伤事故。

⑥由于短路引起火花。金属很快熔化,产生飞溅的火花,飞溅出来的金属颗粒温度超过 5 000 ℃。可能引起烧伤以及严重伤害眼睛。

⑦带电高压线路接通和断开时所产生的弧光。如图 2-1-9 所示,高压击穿空气产生电弧,光辐射可能造成电光性眼炎。

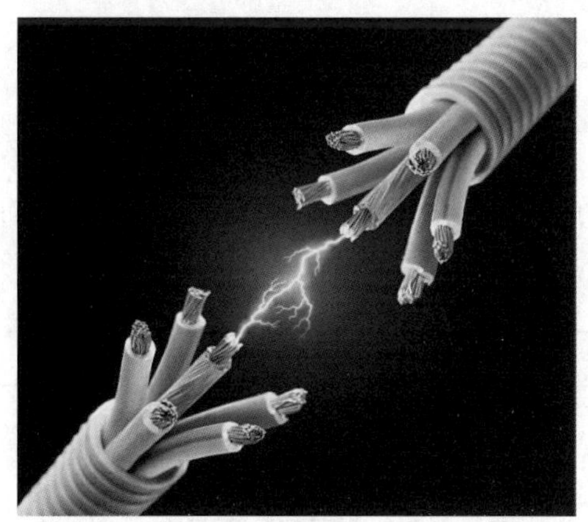

图 2-1-9　高压击穿空气产生电弧

3. 交流与直流触电伤害

直流与交流电压都会对人体产生伤害,但是交流电压对人体伤害的阈值却只有直流的一半。交流电压在人体内产生交流电,会促使肌肉组织和心脏产生颤动。交流电的频率越低,危险性越高。交流电会触发心室纤维性颤动,如果不进行急救很快就会致命。图 2-1-10 所示为交流与直流电的波形图。

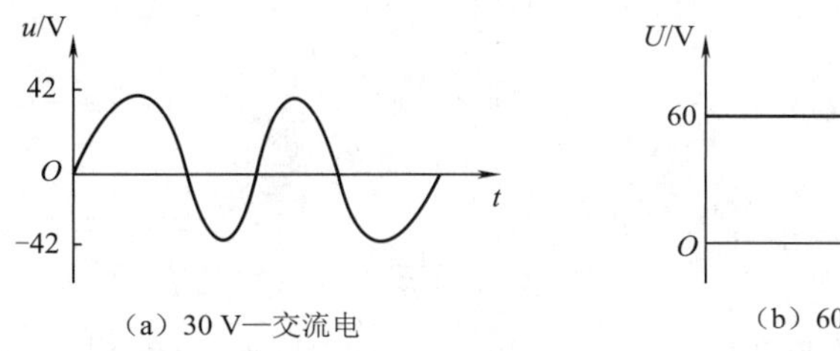

图 2-1-10　交流与直流电的波形示意

通常情况下,高压系统中的三相电机由三相交流电驱动。三相电机的输出功率和转速由电压大小和频率控制。因为三相电机处于运转状态,引发的电气事故相当危险。

如果规格中注明了交流电压,则该电压指的是行业内通用的有效电压。但是,实际的接触电压会高得多,这取决于交流电压的波形(正弦或者矩形)。

4. 人体触电方式

如上所述,能够对人体产生触电的前提是人体与触电电源之间形成了回路,有电流流经人体后才会导致触电。

新能源汽车的高压系统是与车身之间隔离的,因此,在如图 2-1-11 所示的情况下,人体是不会触电的,原因就在于人体没有与电源之间形成回路。

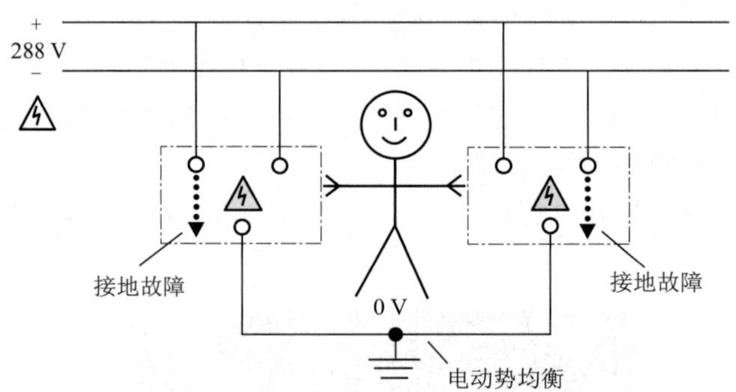

图 2-1-11　非触电情况

但是,当新能源汽车的高压部件发生对车身搭铁故障时,如图 2-1-12 所示,人体在同样的情况下就有可能发生触电事故。

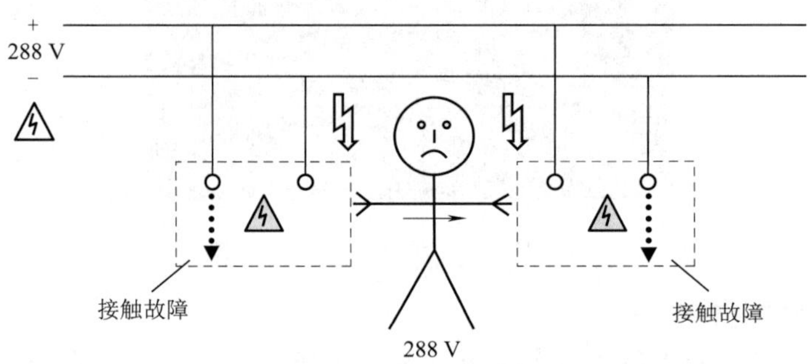

图 2-1-12　触电情况

维修工人在实际工作中,应该避免因为操作导致自己与电压系统形成回路,例如图 2-1-13 所示的这种触电方式是大多数维修人员能够理解的。但是在图 2-1-14 所示的两种间接触电形式却是很容易被维修工人所忽视的。

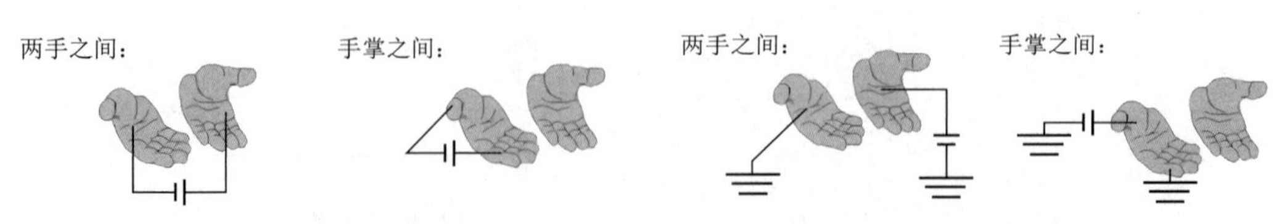

图 2-1-13　避免直接形成回路　　图 2-1-14　避免间接形成回路

二、急救处理

援救触电事故中受伤人员时，你自身的安全是第一位的，绝对不要去触碰仍然与电压有接触的人员。如果可能，马上将电气系统断电，或用不导电的物体（木板、扫帚把等）把事故受害者或者导电体与电压分离。图 2-1-15 为触电急救的基本内容。

图 2-1-16 为触电急救的基本流程。

1. 迅速脱离电源

人体触电以后，可能由于痉挛或失去知觉等原因而紧抓带电体，不能自己摆脱电源。抢救触电者的首要步骤就是使触电者尽快脱离电源。在新能源汽车中脱离电源的方法包括有带上绝缘手套将触电人员脱开，或者切断高压电源。总之，要因地制宜，灵活运用各种方法，快速切断电源，防止事故扩大。

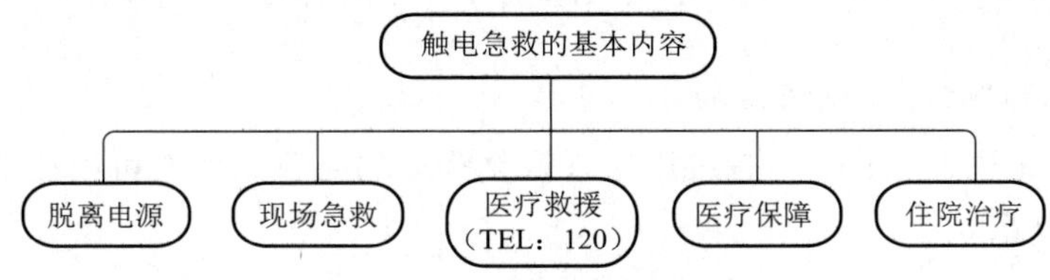

图 2-1-15　触电急救的基本内容

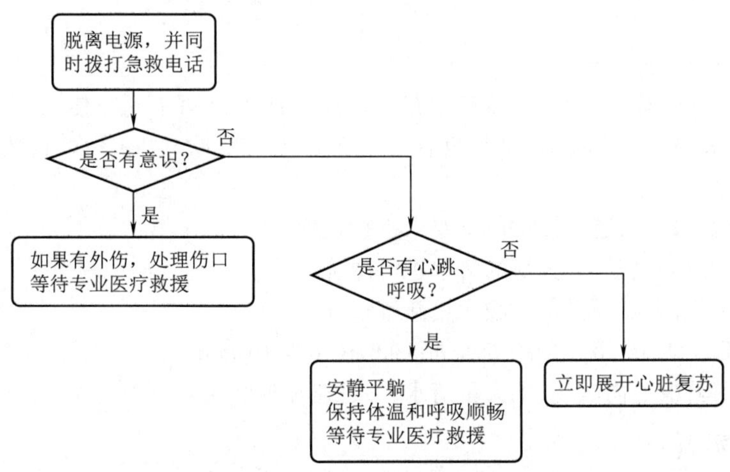

图 2-1-16　触电急救的基本流程

2. 现场急救

当触电者脱离电源后，应根据触电者的具体情况迅速对症救护，力争在触电后 1 min 内进行救治。国内外一些资料表明，触电后在 1 min 内进行救治的，90% 以上有良好的效果；而超过 12 min再开始救治的，基本无救活的可能。现场应用的主要方法是口对口人工呼吸和体外心脏按压法，严禁打强心针。

口对口人工呼吸法：是用人工的方法来代替肺的呼吸活动，使空气有节律地进入和排出肺脏，供给体内足够的氧气，充分排出二氧化碳，维持正常的通气功能。

体外心脏按压法：是指有节律地对心脏按压，用人工的方法代替心脏的自然收缩，使心脏恢复搏动功能，维持血液循环。

3. 触电急救方法

触电病人一般有以下4种症状,可分别给予正确的对症救治。

(1)神志尚清醒,但心慌力乏,四肢麻木

该类人员一般只需将其扶到清凉通风之处休息,让其自然慢慢恢复。但要派专人照料护理,因为有的病人在几小时后会发生病变而突然死亡。

(2)有心跳,但呼吸停止或极微弱

该类人员应该采用口对口人工呼吸法进行急救。人工呼吸法可按下述口诀进行,频率是每分约12次:

清理口腔防堵塞,鼻孔朝天头后仰;
贴嘴吹气胸扩张,放开口鼻换气畅。

(3)有呼吸,但心跳停止或极微弱

该类人员应该采用人工胸外心脏按压法来恢复病人的心跳。一般可以按下述口诀进行,频率是每分钟60~80次。

当胸一手掌,中指对凹膛;
掌根用力向下压,压下突然收。

(4)心跳、呼吸均已停止者

该类人员的危险性最大,抢救的难度也最大。应该把以上两法同时使用,亦即采用"人工氧合"的方法。最好是两人一起抢救,如果仅有一人抢救时,应先吹气2~3次,再按压心脏15次,如此反复交替进行。

如果发生电池事故时,还应该按以下要求进行处理:

①如果发生了皮肤接触,用大量的清水进行冲洗。

②如果吸入了气体,必须马上呼吸大量新鲜空气。

③如果接触到了眼睛,用大量的清水进行冲洗(至少10 min)。

④如果吞咽了蓄电池内溶物,喝大量清水,并且避免呕吐。

任务实施

一、工作准备

1. 防护装备

正常实训着装。

2. 车辆、台架、总成

无。

3. 专用工具、设备

无。

4. 手工工具

无。

5. 辅助材料

无。

二、实施步骤

本任务主要练习触电后突发事故下，如何正确执行急救。其基本的实习包括有：

①根据触电事故的情况，描述正确的触电急救流程。

②教师演示心肺复苏基本操作方法与注意事项。

③学生相互练习心肺复苏操作方法。

提示信息：

触电急救培训——心肺复苏

高压触电以后，会短时间让人体心脏骤停。恰当的、第一时间心肺复苏可以成功挽救 80% 以上的触电人员生命。

心肺复苏：是指对早期心跳呼吸骤停的患者，通过采取人工循环、人工呼吸、电除颤等方法帮助其恢复自主心跳和呼吸；它包括基本生命支持、高级生命支持、心脏骤停后的综合管理三个环节。

(1) 胸外按压

只要判断心脏骤停，应立即进行胸外按压，以维持重要脏器的功能。

①步骤 1。调整体位：患者仰卧位于硬质平面上。患者头、颈、躯干平直无扭曲，如图 2-1-17 所示。

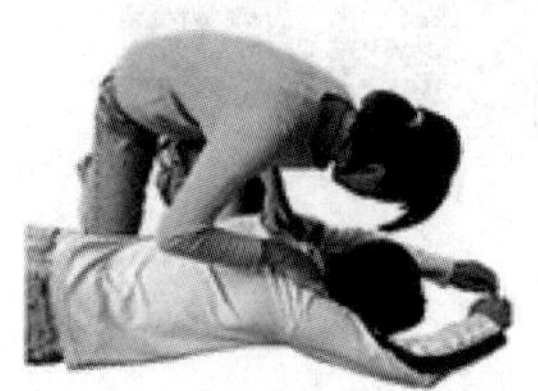
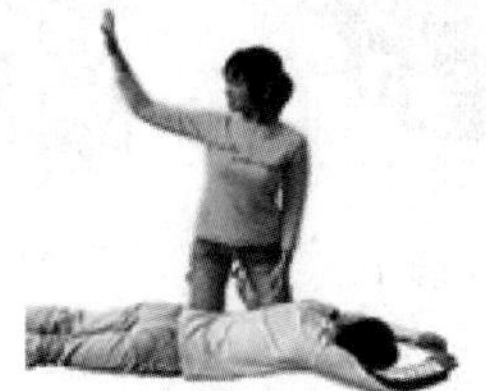
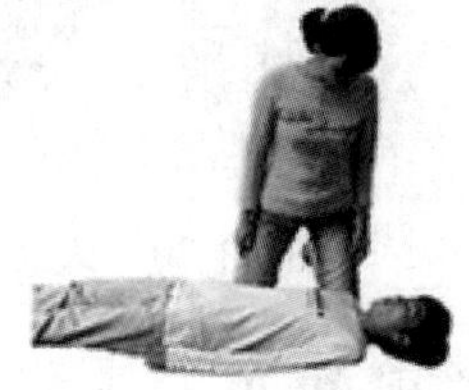

图 2-1-17　胸外按压步骤 1

②步骤 2。按压部位：胸骨中下 1/3 交界处或双乳头与前正中线交界处，如图 2-1-18 所示。

③步骤 3。按压方法：按压时上半身前倾，双肩正对患者胸骨上方，一只手的掌跟放在患者胸骨中下部，然后两手重叠，手指离开胸壁，双臂绷直，以髋关节为轴，借助上半身的重力垂直向下按压。每次抬起时掌根不要离开胸壁，并应随时注意有无肋骨或胸骨骨折，如图 2-1-19 所示。

注意：一手的掌根部放在按压区，另一手掌根重叠放于手背上，使第一只手的手指脱离胸壁，以掌跟向下按压。按压频率，至少 100 次/分。按压幅度，至少 5 cm 或者胸廓前后径的 1/3，压下与松开的时间基本相等，压下后应让胸廓充分回弹。

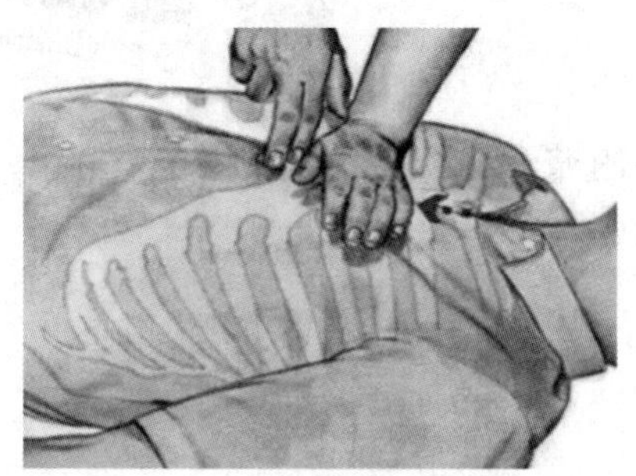

图 2-1-18　胸外按压步骤 2

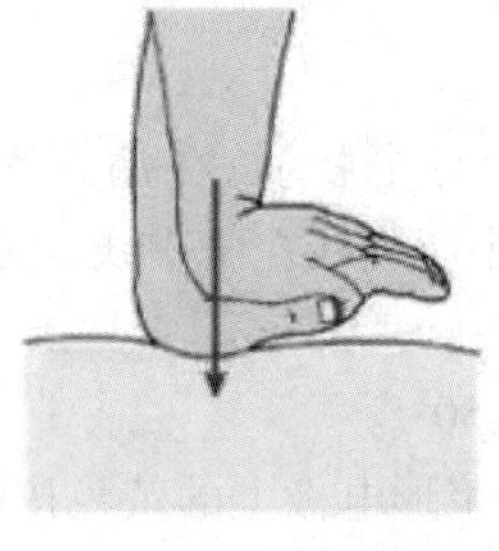
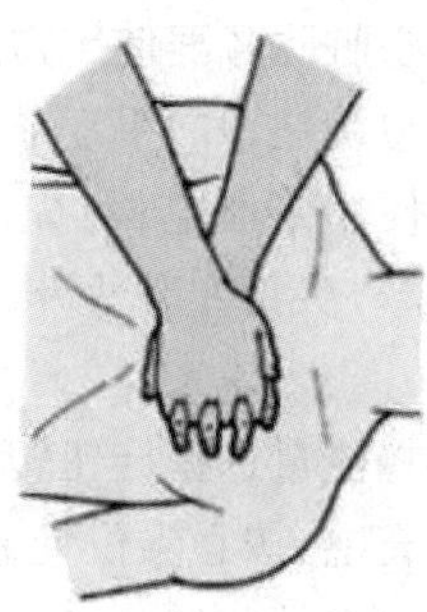

图 2-1-19　胸外按压步骤 3

④步骤4。按压职责更换:每2 min更换按压者,每次更换尽量在5 s内完成。

(2)开放气道与人工呼吸

去除气道内异物:开放气道应先去除气道内异物。如无颈部创伤,清除口腔中的异物和呕吐物时,可一手按压开下颌,另一手用食指将固体异物钩出,或用指套或手指缠纱布清除口腔中的液体分泌物。

①步骤1。仰头—抬颌法:用一只手按压伤病者的前额,使头部后仰,同时另一只手的食指及中指置于下颌骨骨性部分向上抬颌。使下颌尖、耳垂连线与地面垂直,如图2-1-20所示。

②步骤2。双下颌上提法(颈椎损伤时):将肘部支撑在患者所处的平面上,双手放置在患者头部两侧并握紧下颌角,同时用力向上托起下颌。如果需要进行人工呼吸,则将下颌持续上托,用拇指把口唇分开,用面颊贴紧患者的鼻孔进行口对口呼吸,如图2-1-21所示。

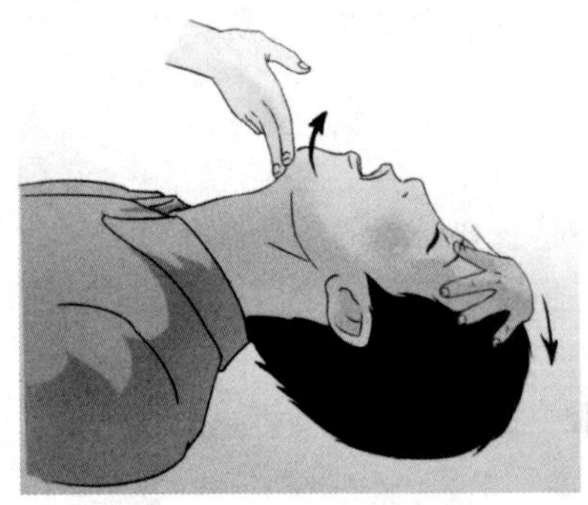

图2-1-20　人工呼吸步骤1

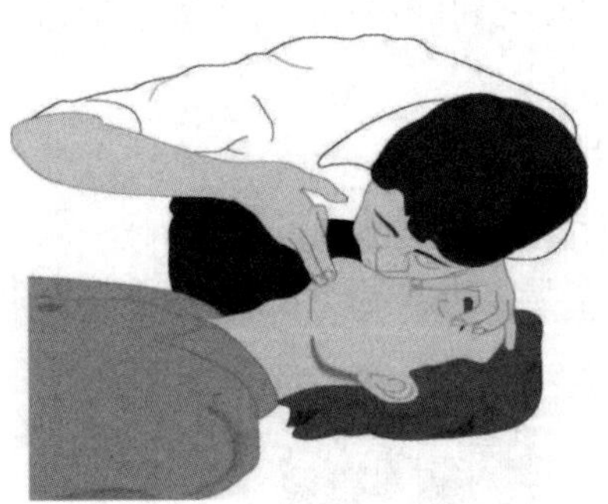

图2-1-21　人工呼吸步骤2

扩展知识

心脏除颤器的使用

心脏除颤器又称电复律机,如图2-1-22所示,主要由除颤充/放电电路、心电信号放大/显示电路、控制电路、心电图记录器、电源以及除颤电极板等组成,是目前临床上广泛使用的抢救设备之一。它用脉冲电流作用于心脏,实施电击治疗,消除心律失常,使心脏恢复窦性心律,它具有疗效高、作用快、操作简便以及与药物相比较为安全等优点。

图2-1-22　心脏除颤器

心脏除颤器的详细使用,可根据实际的配置型号,参考具体说明书来确定。

1. 心脏除颤器使用方法

①将旋钮转向手动通。

②使用浆形电极:先涂上导电物质,在病人胸上贴附浆形电极(位置于心尖部左乳头外,其中心应在左腋中线;心底部胸骨右缘2~4肋间)。

③将能量选择旋钮转到150 J。

④充电,按心尖位置上的浆形电极上的黄色按钮。

⑤电击,同时按心尖部及心底部橘红色浆形电极。

2. 心脏除颤器的使用注意事项

①每日检查机器及相配套的物品是否齐全，保持机器清洁。（一组负责）

②每月一日充电 12 h。

③每次使用后要将电极板擦干净。

④每次使用后要充电 12 h。

⑤除颤电流可能会损害操作人员或旁观的人。除颤时不要接触病人或接触连接到病人的设备，同时喊叫“让开！”。

学习测试

1. 填空题

（1）当人体接触到 25 V 以上的________，或 60 V 以上的________时，人体就有可能会发生触电事故。

（2）环境越潮湿，人体的电阻就会________。

（3）目前国际上对安全电压通行的认识是直流________以下，交流________以下。

（4）电流对人体的伤害有三种形式：电击、电伤和________伤害。

（5）维修工人在实际工作中，应该避免因为操作导致自己与电压系统形成________。

（6）现场急救主要方法是口对口________和________。

2. 判断题

（1）人体的触电是指人体接触到了很高的电压。（　　）

（2）能够最终对人体产生伤害的是电流。（　　）

（3）交流电压的频率越低，危险性越低。（　　）

（4）新能源汽车的高压系统是与车身之间隔离的。（　　）

（5）援救触电事故中受伤人员时，应尽可能马上将电气系统断电。（　　）

（6）现场急救时，如果病人心脏停止跳动，应立即打强心针。（　　）

3. 不定项选择题

（1）在新能源汽车中，人体的最安全电压通常是（　　）。

A. 交流 25 V 以下　　B. 直流 60 V 以下

C. 交流与直流均 36 V 以下　　D. 12 V 以下直流

（2）通常情况下，当人体的电流超过多少时就会产生肌肉颤动（　　）。

A. 2 mA　　B. 3 mA　　C. 5 mA　　D. 10 mA

（3）电流穿过人体后产生的伤害形式主要有（　　）。

A. 热效应　　B. 化学效应　　C. 电击效应　　D. 肌肉刺激效应

（4）针对高压触电的人员，首先应该执行的操作是（　　）。

A. 切断高压电源　　B. 心肺复苏　　C. 拨打 120　　D. 判断触电程度

任务 2 识别安全防护与应急处理

提出任务

新能源电动汽车维修车辆前，要求做好个人安全防护措施。个人防护装置（PPE）应视为是最后一道安全防线,其使用不应被轻视。操作中,确保采取所有必要的步骤,以永远不使用个人防护装置来保护人员的健康或安全为目标。个人防护装置有哪些?使用时注意事项有哪些?

任务目标

一、知识目标

1. 熟悉高压安全防护要求。
2. 掌握安全防护措施与注意事项。
3. 掌握新能源汽车应急处理方法。

二、能力目标

能够正确使用安全防护设备。

相关知识

新能源汽车具有高压,在制造、维护新能源汽车时存在高压触电的风险。

如图2-2-1所示,新能源汽车高压部件集中在动力电池组、高压导线、高压动力分配单元、用于驱动的逆变器、高压压缩机,以及高压PTC加热器。

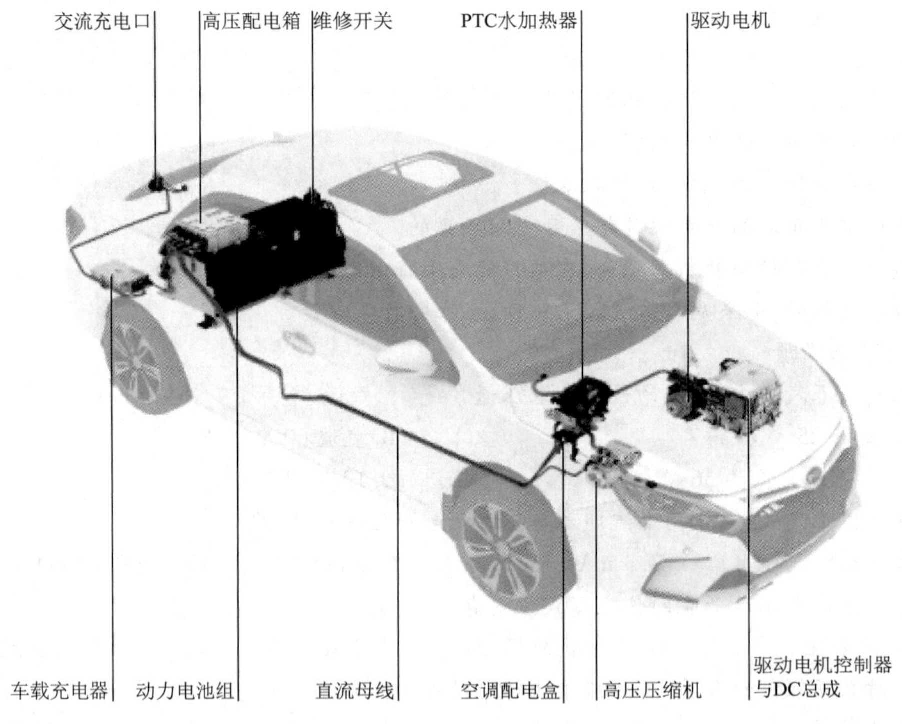

图2-2-1　新能源汽车(比亚迪秦)高压部件位置

但是与传统汽车相同的车辆底盘、车身电器等均不会有高压。因此,根据维护车辆的工作内容不同,只有在维护与维修新能源汽车的高压系统或部件时才有可能发生触电事故。例如传统的车辆保养、制动部件的更换、轮胎的更换均不会有高压风险。

一、安全防护

以下介绍在维护新能源汽车高压系统时需要采取的高压安全防护措施，这包括个人的安全防护、绝缘维修工具的使用以及对工作环境的选择和正确的操作流程与注意事项（在其他任务介绍）。

1. 做好个人安全防护

由于维修带有高压的车辆，因此维护人员必须做好防止被高压电击伤的安全防护。虽然现有混合动力汽车和纯电动汽车都设计有很好地防止意外触电功能，但是针对事故车辆及这些车辆的动力电池组总成是始终存在高压的。

防止触电的个人防护设备主要是绝缘手套、护目镜、绝缘鞋，以及非化纤材质的衣服，如图 2-2-2所示。

图 2-2-2　主要个人防护设备

（1）绝缘手套（见图 2-2-3）

新能源汽车以非常高的电压（高达 700 V）运行电气系统。有触电的实际风险，因此必须使用正确的个人防护装置（PPE）。必须使用被认可的手套。这将确保技术人员免受触电意外。手套等级可在手套袖口找出。除非只处理小设备和仅在有限空间内进行有限的活动，否则必须使用皮防护手套。在其他需要提供额外防护的场合，也应使用防护手套。

用于高压车辆维修用的绝缘手套通常有两种独立的性能，一要在进行任何有关高压组件或线路的操作时，使用橡胶制成的电工绝缘手套，并能够承受 1 000 V 以上的工作电压；二要具备抗碱性，当工作中接触来自高压动力电池组的钾氢氧化物等化学物质时，防止这些物质对人体组织伤害。

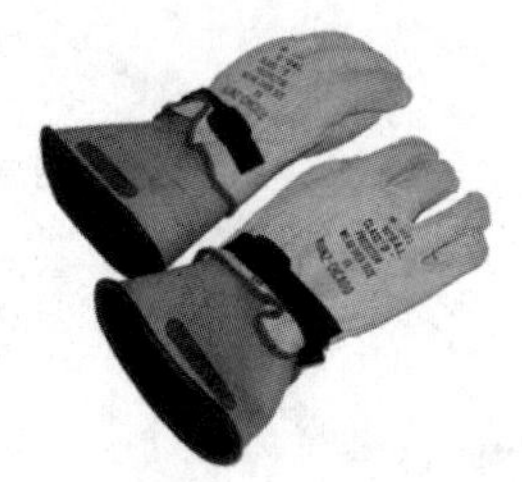

（a）皮防护手套应使用第 0 类橡胶手套

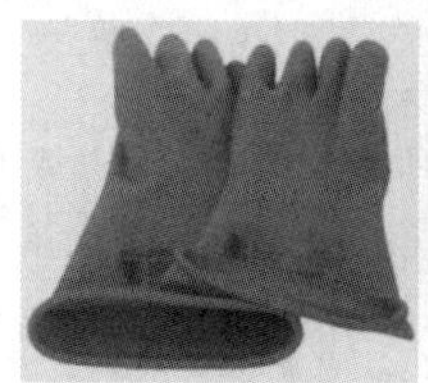

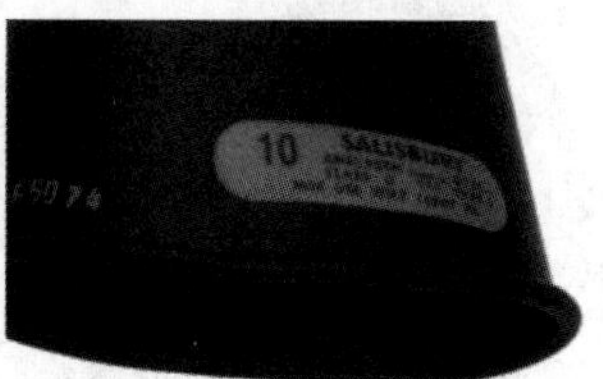

（b）手套等级和最后的检测日期应在手套袖口处容易识别

图 2-2-3　绝缘手套

在高压系统上作业时，必须始终戴上手套，直到完全确定高压电池已被隔离，电容器已断电。

所有车辆提供检测点，以检测电压是否已经消失。图 2-2-4 所示为检测第二代普锐斯（Prius）上的高压系统中的电压。

图 2-2-4　检测第二代普锐斯(Prius)上的高压系统中的电压

绝缘手套需要定期检验,而且在每次使用前必须自行进行泄漏检查,如图 2-2-5 所示。检查的方法是向手套内吹入一定的空气,观察手套是否有漏气的风险。

<table>
<tr><td></td><td>在使用手套前必须对手套进行检测,以防触电。检查手套上是否有针孔或切口,因为针孔或切口会降低手套的绝缘性。
向着手指方向卷起手套,查看手套内是否留有空气,或使用特殊设计的绝缘手套充气检查装备对手套进行检查。通过这些检查验证手套的完整性和安全性</td></tr>
<tr><td>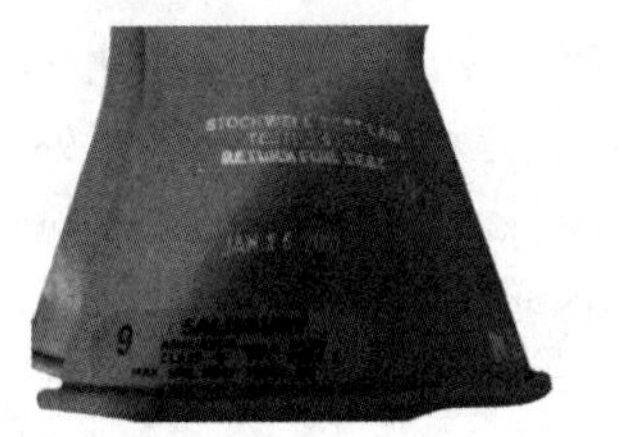</td><td>SOHA(职业安全与健康管理局)要求规定:高压手套每六个月由有资质的手套检验实验室进行检验。
建议车间里准备多双手套,以便在一些手套送出去进行检测时,始终有一些手套可供使用。
应在手套袖口靠近手套等级标签处盖印最后的检测日期</td></tr>
</table>

图 2-2-5　绝缘手套检测

图 2-2-6 所示为绝缘手套使用与检查流程图。

图 2-2-6　绝缘手套使用与检查流程

绝缘手套应统一编号,现场使用的绝缘手套最少应保持两副。

(2)安全防护眼镜/面罩

在高压环境下进行作业时,应始终穿戴护目用具。高压环境包括在关闭或接通车辆电源时检测是否有高压，或任何时候在动力电池上作业（甚至在车辆已经关闭的情况下进行作业）。戴上合适的眼部和脸部的防护，以防止电池液的飞溅。高压车辆维修用的护目镜应该具有侧面防护功能，防止维修过程中产生的电火花对眼睛的伤害。

安全防护眼镜或面罩应符合最新标准的规定。图 2-2-7 所示为安全防护眼镜/面罩。

护目用具应具有以下特性： 1. 安全防护眼镜或面罩应使用非导电塑料制造； 2. 应“周围包裹”，并包括侧面防护		

图 2-2-7 安全防护眼镜/面罩

（3）绝缘鞋（靴）（见图 2-2-8）

绝缘鞋（靴）的作用是使人体与地面绝缘，防止电流通过人体与大地之间构成通路，对人体造成电击伤害，把触电时的危险降低到最低程度。因为触电时电流是经接触点通过人体流入地面的，所以电气作业时不仅要戴绝缘手套，还要穿绝缘鞋（靴）。

绝缘鞋（靴）根据 DL/T 676—2012 标准进行生产，该产品具有透气性能好、防静电、耐磨、防滑等功能。

	在汽车行业中使用的工作鞋一般包括钢鞋头。但是，根据相关标准的要求，应使用被列为非传导性（DI）和电气危害（EH）的鞋子，以保护技术人员的安全。可使用适当额定等级的“套鞋”，将套鞋套在工作鞋的外面。 任何导电材料可能产生高压威胁

图 2-2-8 绝缘鞋（靴）

绝缘鞋（靴）也要定期进行检验，图 2-2-9 所示为绝缘鞋（靴）使用与检查流程图：

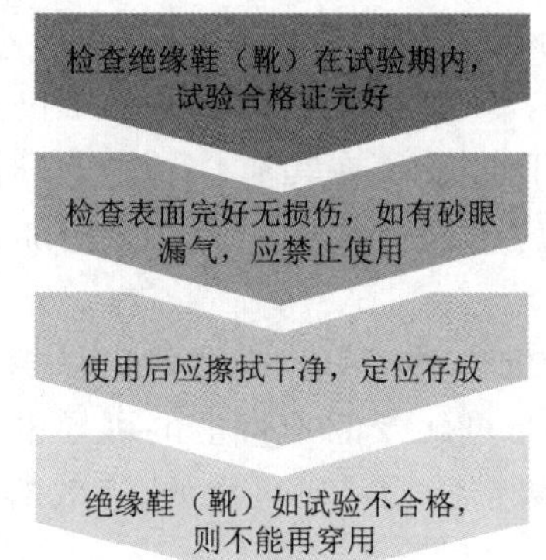

绝缘鞋（靴）应统一编号，现场使用的绝缘鞋（靴）最少应保持两双

图 2-2-9 绝缘鞋（靴）使用与检查流程图

(4)非化纤工作服

维修高压系统时,必须穿非化纤类的工作服,如图 2-2-10 所示。化纤类的工作服主要会产生静电,并且当发生火灾事故时,化纤会在高温环境下粘连人体皮肤,导致维护人员产生严重的二次伤害。

	由于在高压系统上或附近作业的技术人员不得携带任何导电材料,因此工作服也同样不得带有典型的"纽扣"紧固件,而是必须使用可牢尼龙搭扣(非导电)来扣上工作服。 技术人员也不应佩戴任何带电材料,例如:项链、金属手表和手链

图 2-2-10　非化纤工作服

2. 使用绝缘的维修工具

维护高压类车辆时,必须使用带有绝缘功能的工具,这些工具包括常用的套筒、开口扳手、螺丝刀、钳子、电工刀等,也包括专用仪表,如数字万用表等,如图 2-2-11 所示。

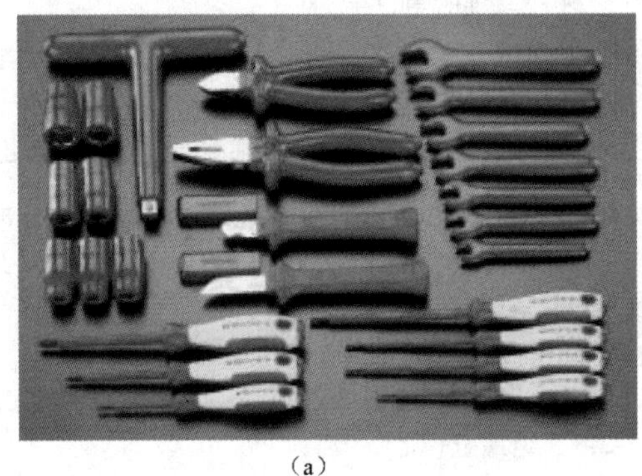

(a)

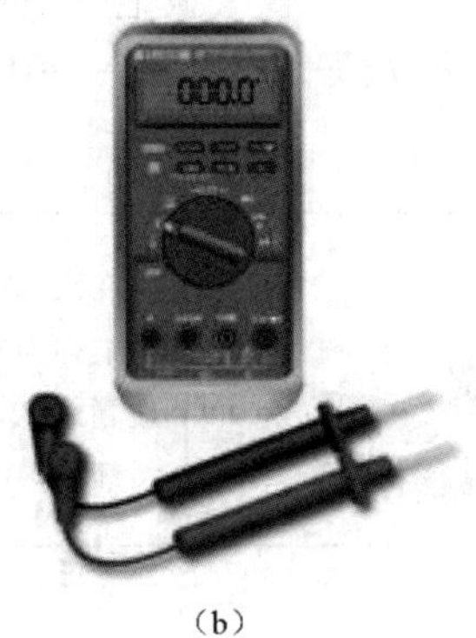

(b)

图 2-2-11　绝缘工具与专用仪表

使用绝缘工具可以有效防止意外触电事故的发生,我国的绝缘工具分为 3 个类型:

① Ⅰ类工具是指采用普通基本绝缘的电动工具。在防触电保护方面不仅依靠基本绝缘,而且还应附加一个安全预防措施,即对正常情况下不带电,而在其基本绝缘损坏时变为带电体的外露可导电部分作保护接零。为了可靠,保护接零应不少于两处,并且还要附加漏电保护,同时要求操作者使用绝缘防护用品。

② Ⅱ类工具是指采用双重绝缘或加强绝缘的电动工具。在防触电保护方面不仅依靠其基本绝缘,而且有将其正常情况下的带电部分与可触及的不带电的可导电部分作双重绝缘或加强绝缘隔离措施,相当于将操作者个人绝缘防护用品以可靠的、有效的方式设计与制作工具。

③ Ⅲ类工具是指采用安全特低电压供电的电动工具。在防触电保护方面依靠安全隔离变压器供电。

在高压新能源汽车维修时,要求工具具有Ⅱ类以上的工具类型。

3. 其他防护用具（见图 2-2-12）

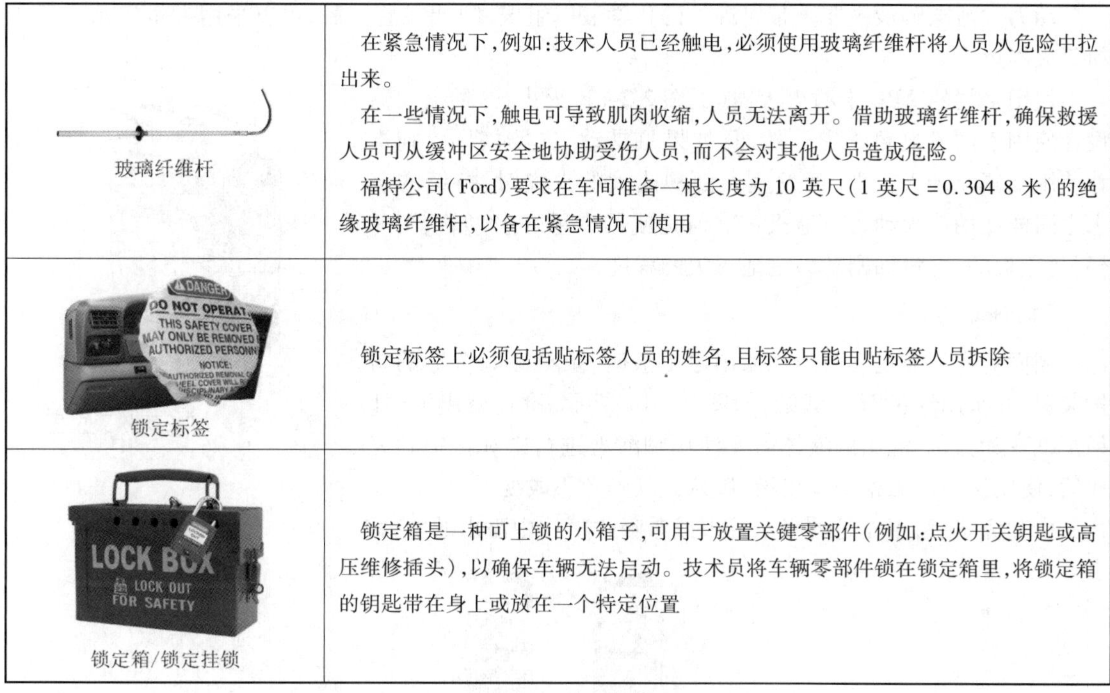

玻璃纤维杆	在紧急情况下，例如：技术人员已经触电，必须使用玻璃纤维杆将人员从危险中拉出来。 在一些情况下，触电可导致肌肉收缩，人员无法离开。借助玻璃纤维杆，确保救援人员可从缓冲区安全地协助受伤人员，而不会对其他人员造成危险。 福特公司（Ford）要求在车间准备一根长度为 10 英尺（1 英尺 =0.304 8 米）的绝缘玻璃纤维杆，以备在紧急情况下使用
锁定标签	锁定标签上必须包括贴标签人员的姓名，且标签只能由贴标签人员拆除
锁定箱/锁定挂锁	锁定箱是一种可上锁的小箱子，可用于放置关键零部件（例如：点火开关钥匙或高压维修插头），以确保车辆无法启动。技术员将车辆零部件锁在锁定箱里，将锁定箱的钥匙带在身上或放在一个特定位置

图 2-2-12 其他防护用具

（1）应急处理

新能源汽车的应急处理需求常见的有：

①救援：当新能源汽车被撞或乘员需要解救时，当心别弄断高压线。

②火灾：当新能源汽车着火时，应该当“电火”来处理并用干粉灭火器灭火。

③泄漏：当动力电池水溢出时，要采取特别措施。

④牵引车辆：处理新能源汽车路上抛锚。

⑤跨接启动：当车辆因 12 V 电源故障无法启动时。

（2）救援

在对高压车辆进行救援时，千万不要因为纯电动汽车或混合动力汽车运行比较安静就误以为它就处于停机状态。对于混合动力汽车，当车辆处于“READY”模式时（Y 灯亮），发动机会自动启动停机，所以在检查或维修发动机舱时，记住要先看看“READY”指示灯是否已经熄灭了。

在处理维修车辆前，首先用挡块挡住车轮进行驻车制动，挂“P”挡并确认“P”挡指示灯亮，然后按“POWER”按钮并确认“READY”熄灭，断开 12 V 备用蓄电池；最后拔掉维修开关或者 HV 熔丝。

需要注意的是，在对纯电动汽车或混合动力汽车操作时，急救组要知道橙黄色电缆代表高压。并在断开动力电池，接触电缆前也要等待 5 min，即等电容充分放电完毕。

此外，解救时若高压电缆被撞断，系统一般会在人员触电前被切断，因为车辆上的绝缘监测功能会不断地监测高压电缆到金属底盘的漏电情况。此外撞车时，气囊展开，高压电源也会自动切断，即使气囊不展开，转换器里面的减速传感器若超过其限位，也会切断高压电。

(3)火灾

动力电池电解液主要由带腐蚀性的化学液体组成,因此在着火后,可以采用大量的水或者干粉灭火器灭火。

使用常规的ABC干粉灭火器(见图2-2-13)灭火,这种灭火器设计使用于油或电路火灾。然而,如果只是动力电池着火,则推荐使用二氧化碳灭火器,而发生大面积或大的火灾时,持续的浇水也同样适用熄灭动力电池火灾。但是使用少量的水,如只用一桶,是危险的,这将加剧动力电池火灾的程度。

图2-2-13　ABC干粉灭火器

(4)泄漏

当面对有可能是动力电池溢出电解液时,及早穿好合适的防护装置,并采用红色石蕊试纸,如图2-2-14所示,检查溢出液,如果试纸变为蓝色,溢出的液体需要使用硼酸液进行中和。中和完成后,使用试纸再去检查溢出液,确认试纸颜色不改变。

中和完毕后,用充足的吸水毛巾或布吸收事故中溢出的电解液。

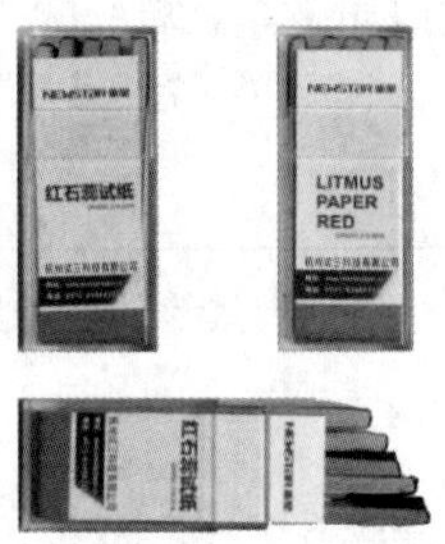

图2-2-14　红色石蕊试纸

(5)牵引车辆

由于新能源汽车的驱动系统连接电机,若牵引车辆时车辆前轮转动将产生电能,因此对于这类车辆的牵引,必须严格遵守制造厂商的要求,否则可能损坏车辆的三相驱动电机或变速单元。

无论是混合动力汽车还是纯电动汽车,正确的牵引方法是使全车平放在卡车上,然后牵引车辆到指定的位置,如图2-2-15(a)所示。

但是,如果是前轮驱动的车辆,也可以采用前轮离地的方式进行车辆的牵引,如图2-2-15(b)所示。

图2-2-15　正确的牵引车辆方式

(6)跨接启动

无论是纯电动汽车还是混合动力汽车,其全车控制模块的供电都是通过12 V蓄电池来完成的。也就是说,在新能源汽车中,除了动力电池外,所有的车辆还会配置有12 V低压蓄电池,图 2-2-16所示是丰田普锐斯的 12 V 低压蓄电池。

由于 12 V 蓄电池用来给所有 ECU(electronic control unit)供电,若没有该电源,ECU 不能工作,车辆也没法驱动。如果纯电动汽车或混合动力汽车没有启动,则 12 V 辅助电池可以跨接启动,以丰田普锐斯为例,具体的操作方法如下:

①找到 12 V 蓄电池跨接端子。例如,如图 2-2-17 所示,丰田普锐斯发动机罩下面的 12 V 跨接启动端子有一个"+"标志的红色塑料盖,打开盖子可以找到用于跨接的端子。

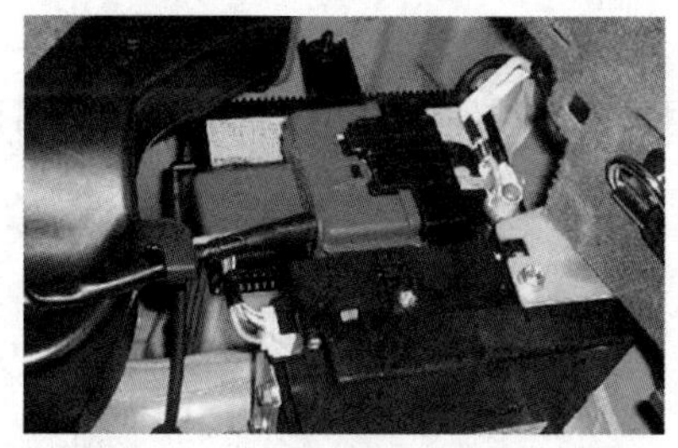

图 2-2-16 丰田普锐斯的 12 V 蓄电池

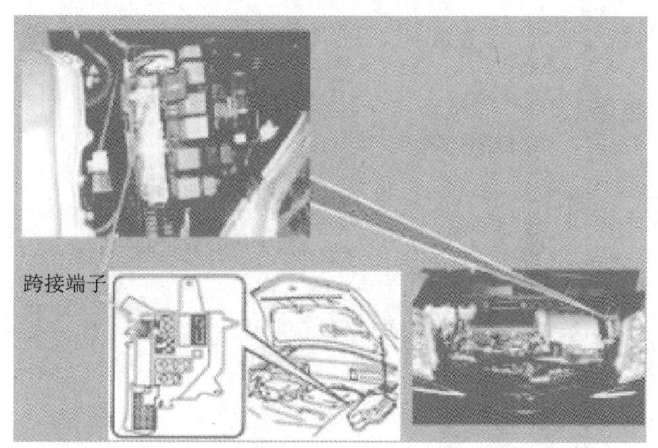

图 2-2-17 丰田普锐斯 12 V 蓄电池跨接启动端子

注意:动力电池组无法跨接启动。

②连接跨接电线时,应按照如下优先顺序进行连接:端子 A→端子 B→端子 C→端子 D。图 2-2-18为跨界启动效果图。

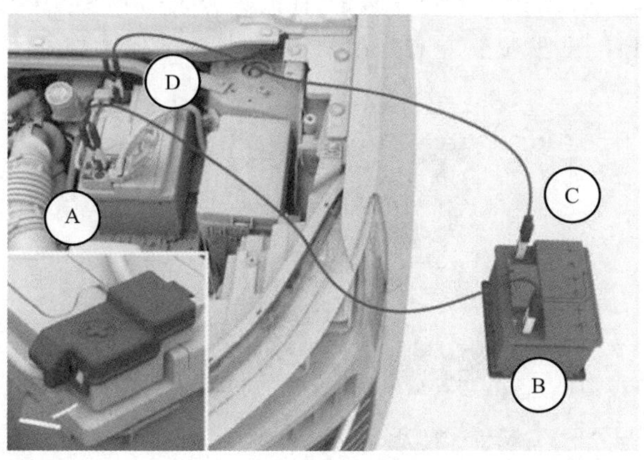

图 2-2-18 跨接启动效果图

任务实施

一、工作准备

1. 防护装备

绝缘防护装备。

2. 车辆、台架、总成

无。

3. 专用工具、设备

ABC 灭火器。

4. 手工工具

无。

5. 辅助材料

无。

二、实施步骤

本任务主要包括两个操作内容:

1. 根据实训场地个人安全防护设备的类型，练习使用个人安全防护设备，并学会如何正确自检安全防护设备

这些个人安全防护设备包括:

①绝缘鞋。

②绝缘手套。

③护目镜。

2. 练习使用 ABC 干粉灭火器，学会正确认知 ABC 干粉灭火器，并正确使用干粉灭火器

使用步骤:

①在灭火时,将干粉灭火器提到起火地点,首先提起干粉灭火器上下摆动,使干粉灭火器内的干粉变的松散。

②然后按照图 2-2-19 所示,拔掉铅封保险销,在离火势 5 ~ 7 m 处,一只手拿喷管对准火势,另一只手压压把,并用力压下压把,喷管左右摆动,干粉在气体的压力作用下由喷嘴喷出,形成浓云般的粉雾使火熄灭。

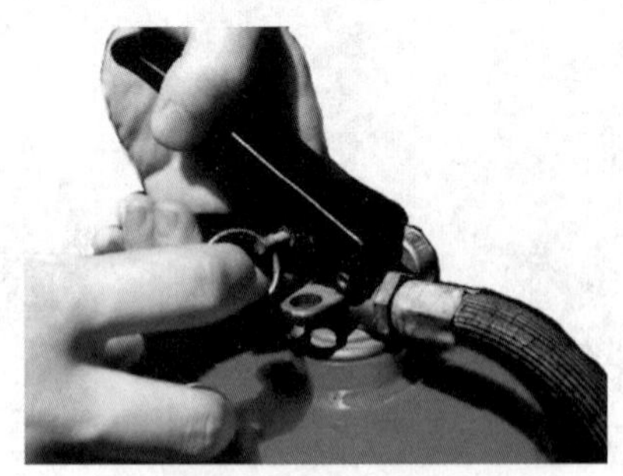

图 2-2-19　拔掉铅封保险销

③最后扑救地面油火时,如照图 2-2-20 所示,要平射,左右摆动、使干粉掩盖火势面积,根据火势情况,漫步向火势靠近,使火势彻底扑灭。

（a）

（b）

图 2-2-20　正确灭火姿势

注意事项：

①因射程和喷射时间有限，灭火时要选准距离和角度尽量接近火源，掌握好灭火方向和角度。

②干粉几乎没有冷却作用，要防止复燃。

扩展知识

一、绝缘

所谓绝缘，就是使用不导电的物质将带电体隔离或包裹起来，是能够对触电起保护作用的一种安全措施。良好的绝缘是保证电气设备与线路安全运行，防止人身触电事故发生的最基本和最可靠的手段。

绝缘通常可分为气体绝缘、液体绝缘和固体绝缘三类，如图 2-2-21 所示。在实际应用中，固体绝缘仍被广泛使用，且为可靠的一种绝缘形式。

（a）固体绝缘手套

（b）绝缘油液（如车辆上的绝缘防冻液）

（c）高压线之间的特定距离绝缘

图 2-2-21　三种绝缘的基本形式

在高压作用下，绝缘物质可能被击穿而丧失其绝缘性能。在上述三种绝缘物质中，气体绝缘物质与液体绝缘物质被击穿后，一旦外界因素（强电场）去除即可自行恢复其固有的电气绝缘性能。而固体绝缘物质被击穿以后，则不可逆地完全丧失了其电气绝缘性能。因此，电气线路与设备的绝缘选择必须与电压等级相匹配，而且须与使用环境及运行条件相适应，以保证绝缘的安全作用。

此外，由于腐蚀性气体、蒸汽、潮气、导电性粉尘以及机械损伤等原因，均可能使绝缘物质的绝缘性能降低甚至破坏。而且，日光、风雨等环境因素的长期作用，也可以使绝缘物质老化而逐渐失去其绝缘性能。各种线路与设备在不同条件下所应具备的绝缘电阻大致如下：

一般情况下，低压线路与设备，其绝缘电阻不应低于0.5 MΩ；运行中的低压线路与设备，其绝缘电阻不应低于1 000 Ω；在潮湿场合下的设备与线路，其绝缘电阻不应低于500 Ω，控制线路的绝缘电阻一般不应低于1 MΩ，而高压线路与设备的绝缘电阻一般不应低于1 000 MΩ。

二、绝缘用具

电气安全用具是保证操作者安全地进行电气工作必不可少的工具。电气安全用具包括绝缘安全用具和一般防护用具。

高压设备的绝缘安全用具有绝缘手套、绝缘鞋（靴）、绝缘垫及绝缘台等。一般防护用具包括临时接地线、隔离板、遮拦、各种安全工作牌、安全腰带等。

各种安全用具的检查及实验标准：

①绝缘手套：每次使用前检查，三个月擦一次；试验周期为6～12个月。

②绝缘靴和绝缘鞋：每次使用前检查，户外用的，用后除污；户内用的三个月擦一次；试验周期为6个月。图2-2-22所示为安全工器具试验合格证。

安全工器具试验合格证

名称：__________ 编号：__________

试验日期：____年____月____日

下次试验日期：____年____月____日

试验人：______________________

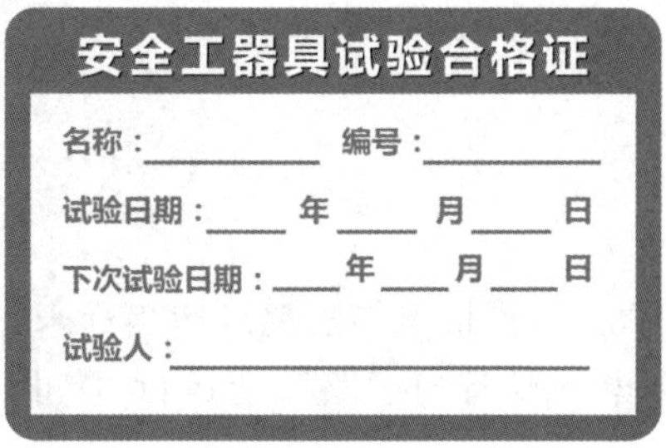

图2-2-22　安全工器具试验合格证

学习测试

1. 填空题

（1）防止触电的个人防护设备主要是________、________、绝缘鞋，以及________的衣服。

（2）绝缘手套检查的方法是向手套内吹入一定的空气，观察手套是否有________的风险。

（3）护目镜应该具有________功能，防止维修过程中产生的________对眼睛的伤害。

（4）使用绝缘工具可以有效防止意外________事故的发生，我国的绝缘工具分为________类型。

（5）撞车时气囊展开，高压电源会________。

（6）牵引新能源汽车车辆时，必须严格遵守制造厂商的要求，否则可能损坏车辆的________或变速单元。

2. 判断题

（1）新能源汽车保养、制动部件的更换、轮胎的更换也有高压风险。　（　　）

（2）电气作业时不仅要戴绝缘手套，还要穿绝缘鞋（靴）。　（　　）

（3）维修高压系统时，必须穿化纤类的工作服。　（　　）

（4）在高压新能源汽车维修时，要求工具具有Ⅱ类以上的工具类型。　（　　）

（5）前轮驱动的车辆，可以采用前轮离地的方式进行车辆的牵引。　（　　）

3. 不定项选择题

（1）高压车辆高压电缆的颜色是？（　　）

A. 蓝色　B. 红色　C. 橙色　D. 黑色

(2)处理高压车辆常备的安全装备有？(　　)

A. 绝缘手套　B. 防护眼镜　C. 电棒　D. 金属球

(3)高压车辆着火时，采用的灭火器类型是？(　　)

A. ABC 干粉灭火器　B. 水雾灭火　C. 二氧化碳灭火器　D. 泡沫灭火器

(4)高压车辆应急救援时，主要面对的危险有？(　　)

A. 高压　B. 腐蚀　C. 火灾　D. 噪声

(5)高压车辆道路救援时，下列操作正确的是？(　　)

A. 可以采用 12 V 电源进行跨接启动　B. 前驱车辆可以采用 4 轮着地拖着走

C. 不允许任何人接近事故车辆　D. 无论什么情况，首先应该解除高压系统

任务 3　识别高压系统中止与检验

提出任务

你被安排去维修一辆新能源纯电动汽车的逆变器。你的主管告诉你，在拆卸动力电池组前，必须执行高压系统中止，并完成高压禁用确认后才可以执行维修。这些任务你能完成吗？

任务目标

一、知识目标

1. 熟悉新能源汽车高压部件电压的存在形式。
2. 掌握高压系统中止与检验的操作步骤与注意事项。

二、能力目标

能够正确执行车辆的高压中止与检验操作。

相关知识

由于新能源汽车具有高压，因此在维护与维修新能源汽车前，必须首先按照高压操作规程执行系统高压的中止操作。中止系统高压以后，可以在一定程度上确保汽车高压系统及各部件不再具有高压，从而保证维护人员的安全。

维护车辆时，需要根据高压存在的形式来区别对待。例如，在纯电动汽车的动力电池中会一直存在高压，因此无论什么时候对动力电池进行维修，都需要佩戴个人安全防护设备。当执行了正确的高压中止程序以后，例如逆变器、电动压缩机等系统就不再具有高压了，此时对这些部件的维修就不存在被高压击伤的危险了。

一、新能源汽车的高压存在形式

新能源汽车的高压系统集中在车辆的驱动系统、空调与暖风系统，12 V 电源系统以及带有插电功能的充电系统。根据高压存在的时间进行分类，新能源汽车高压系统的高压主要有以下三种存在形式，如图 2-3-1 所示。

①持续存在。

②运行期间存在。

③充电期间存在。

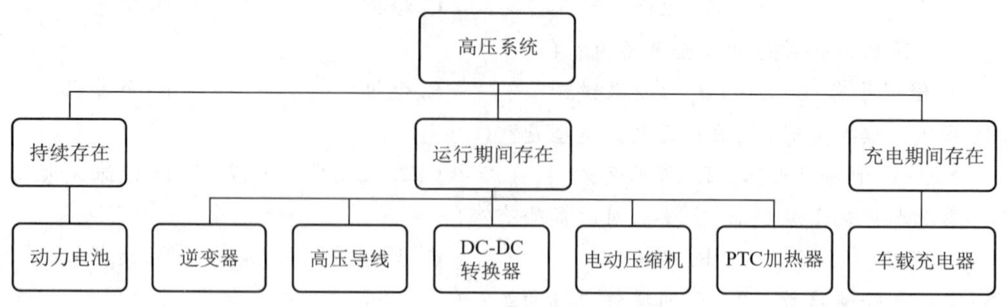

图 2-3-1　高压系统存在形式

1. 持续存在形式

新能源汽车的动力电池持续存在高压，即使当车辆停止运行期间，由于动力电池始终存储了电能，因此当满足动力电池的放电条件后，该部件将继续对外放电，如图 2-3-2 所示为纯电动汽车动力电池。

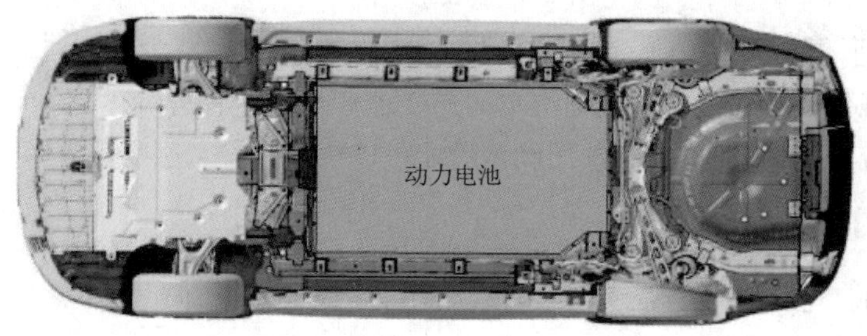

图 2-3-2　纯电动汽车动力电池

2. 运行期间存在形式

运行期间存在高压的部件，是指当点火开关处于 ON、RUN 或其他运行状态下，部件存在高压，混合动力汽车逆变器如图 2-3-3 所示。

运行期间存在高压的系统或部件有两种类型：

一种是只要点火开关处于 ON 或 RUN 状态下就会存在高压，这类部件包括有逆变器、DC-DC 转换器和连接的高压导线。

另一种是虽然点火开关处于 ON 位置，但是由于该系统所执行的功能没有被接通，此时相关的部件仍然不会接通有高压。如图 2-3-4 所示，位于纯电动汽车中的电动压缩机和 PTC 加热器，该压缩机的特点是一半是涡卷压缩机，另一半是三相高压驱动的电机。在驾驶员没有运行车辆的空调或暖风功能时，这些部件的上面是不会有高压的。

图 2-3-3　混合动力汽车逆变器

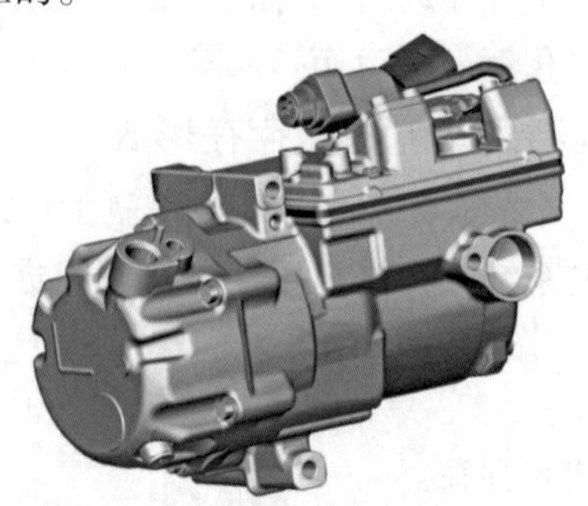

图 2-3-4　典型的高压电动压缩机

3. 充电期间存在

充电期间存在高压主要指的是插电式混合动力汽车和纯电动汽车，此类车辆的车载充电器的导线只有在车辆连接外部220 V电网充电期间才会具有高压。图2-3-5所示为江淮IEV车载充电器。

需要注意的是，有些车辆的车载充电器和动力电池设计有独立的空调式冷却系统，当在车辆充电期间，由于动力电池可能产生很高的热量，因此车载空调会运行来降低动力电池的温度，此时车辆的电动压缩机也会在充电期间运行，也会有高压。

图2-3-5　江淮IEV车载充电器

二、车辆高压的接通与关闭

在新能源汽车中，除动力电池外，其他部件都是由整车控制单元或混合动力控制单元通过接触器控制高压的接通与关闭的，这与家庭用电设备的供电一样。动力电池类似家里的来自外部电网的供电配电箱，无论家里的总闸是否打开与关闭，其总是有电的；而接触器所起的作用就是家里总电源的总闸，不同的是家里的总闸是人来控制的，新能源汽车的接触器是由计算机来控制的，图2-3-6所示为家用电网供电配电箱与总闸。

接触器即为一个大功率的继电器，它用于控制高压导线正负极导线之间的接通与断开。接触器通常被布置在动力电池组总成内部或者是独立在一个BDU(配电箱)中。在丰田普锐斯动力电池总成端部布置有多个接触器，如图2-3-7所示，其内部接触器如果断开，整车仅动力电池上会存在高压，位于接触器下游的高压系统部件将没有高压。

图2-3-6　家用电网供电配电箱与总闸

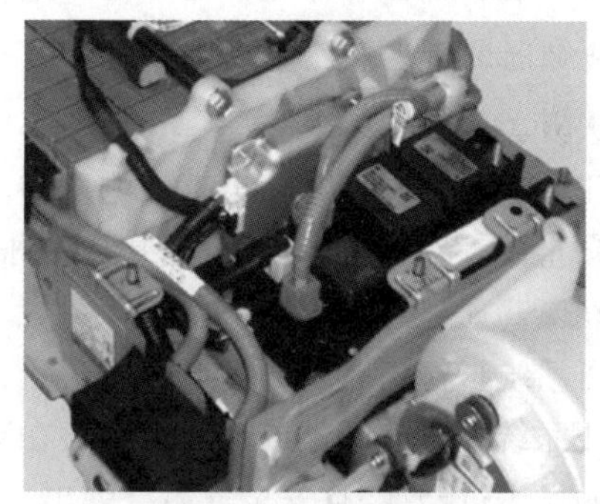

图2-3-7　丰田普锐斯内部接触器实物图

如图2-3-8所示，当控制单元通过接触器切断位于动力电池与高压系统用电部件的连接后，整车除动力电池外，其他高压用电设备上就不再有高压，是安全的。

图2-3-8　接触器连接形式

当前，无论是纯电动汽车还是混合动力汽车，控制单元控制接触器的接通与关闭的条件与原理如图2-3-9所示。

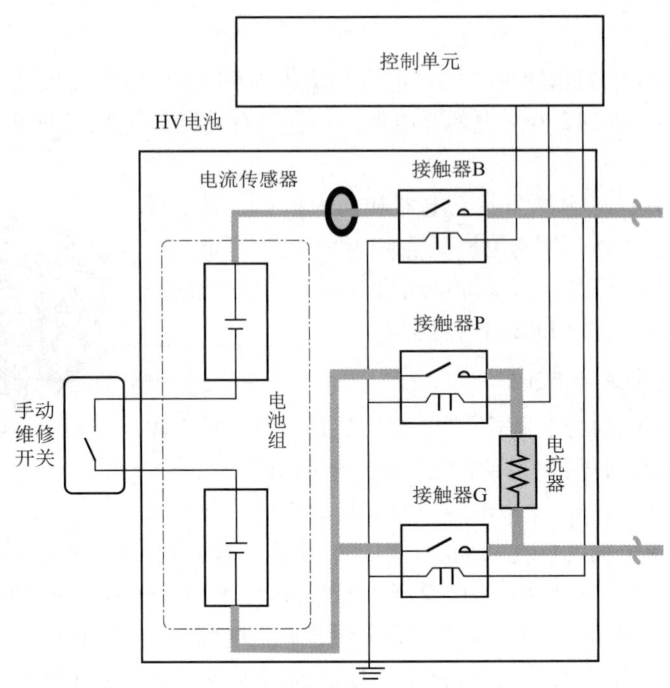

图 2-3-9　丰田普锐斯内部接触器原理图

(1)接触器接通条件

①点火开关 ON。

②高压系统自检没有存在漏电等故障。

(2)接触器断开条件

①点火开关 OFF。

②高压系统检测到存在安全事件的发生。

系统自检到存在安全事件,主要是系统根据自身设定的检验程序,在以下情况下,会因异常情况自动切断高压,避免人员触电:

a. 高压系统自检到高压部件上的互锁开关断开,如图 2-3-10 所示。

b. 高压系统自检到部件或高压电缆存在对车辆绝缘电阻过低。

c. 车辆发生过碰撞,且安全气囊已弹出。

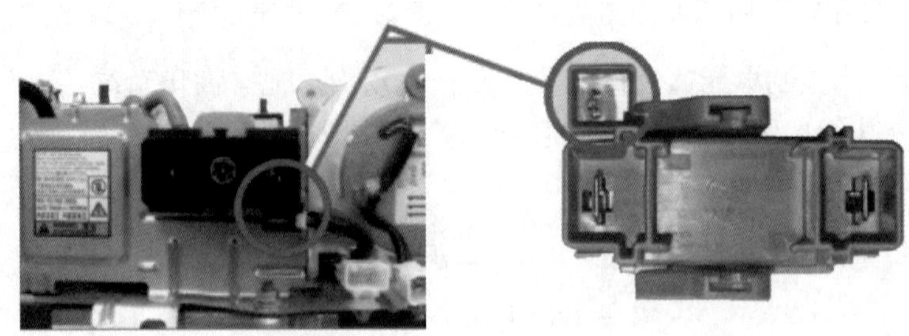

图 2-3-10　高压部件上的互锁开关

三、手动切断动力电池高压

在动力电池上，按照国家新能源汽车安全标准都会设计有一个串联的手动维修开关，用于人工切断整个动力电池的回路，图 2-3-11 所示为丰田普锐斯动力电池手动维修开关。

当该开关被断开后，整车的高压部件将不再具有高压，同时动力电池的总输出正负极端口也不再有高压。

需要注意的是，即使手动开关被断开，动力电池内的电池及其连接电路在串联的位置仍然还具有高压。

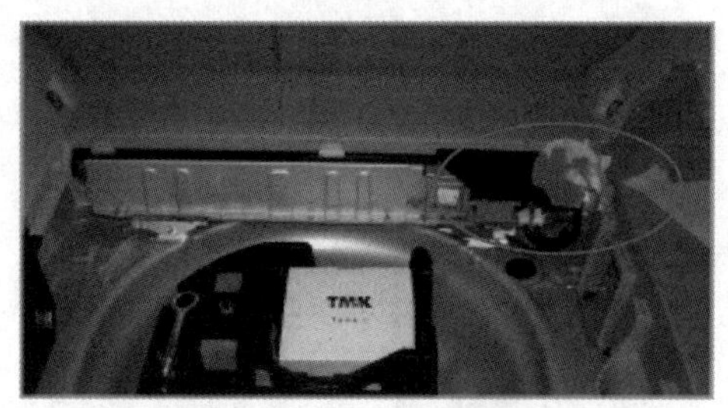

图 2-3-11　丰田普锐斯动力电池手动维修开关（橙色）

此外，手动维修开关由于能够物理上直接切断动力电池的高压回路，因此汽车制造厂商都会将该开关设计有特殊的锁止结构，避免人为意外触发或者行驶中因为振动等因素断开。图 2-3-12所示为通用纯电动汽车手动维修开关断开方法。

需要注意的是，手动维修开关的断开方法一般会标记在开关上面，或者在车主的用户手册中。

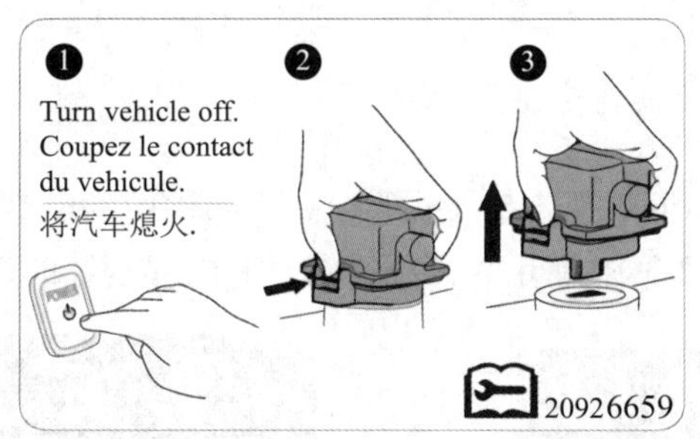

图 2-3-12　通用纯电动汽车手动维修开关断开方法

四、高压系统的中止与检验

在维修带有高压的新能源汽车前，务必执行高压的中止和检验操作，避免因意外发生高压触电。

高压系统的中止与检验操作步骤主要分为以下 2 个部分：

①高压的中止。

②高压的检验。

1. 高压的中止

高压中止主要是通过正确的操作步骤来关闭车辆高压系统。正常情况下，执行高压中止后，车辆除了动力电池外，其他部件应该都不具有高压。

高压中止的基本步骤有：

(1) 关闭点火开关

关闭点火开关后，将钥匙放到一个安全的区域，通常应该远离被维护的汽车。

注意：如果使用按钮启动，请按图 2-3-13 所示，把钥匙拿到离车至少 5 m 远的地方，防止汽车意外启动。

(2)断开辅助电池负极端子

找到12 V蓄电池,移开乘客侧装饰,断开电池的负极,并固定接地线,以防止端子移动回电池负极端子,如图2-3-14所示。

图2-3-13　移出钥匙

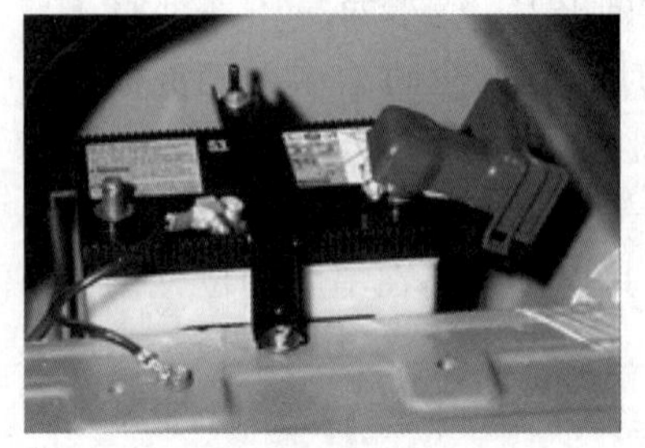

图2-3-14　断开蓄电池负极端子并固定

(3)拆除手动维修开关

如图2-3-15所示,找到手动维修开关并断开。当处理橙色高压组件和线路时,确保带着绝缘橡胶手套。

将拆下的手动维修开关放在口袋中以防止其他人将它安装回车上,并将裸露的手动维修开关槽使用绝缘胶布封住。

(4)等待5 min

拆下手动维修开关后,必须要等待5 min,使得高压部件中的电容器完成放电,才可以继续对车辆进行高压检验操作。图2-3-16所示为高压系统具有内部电容的逆变器。

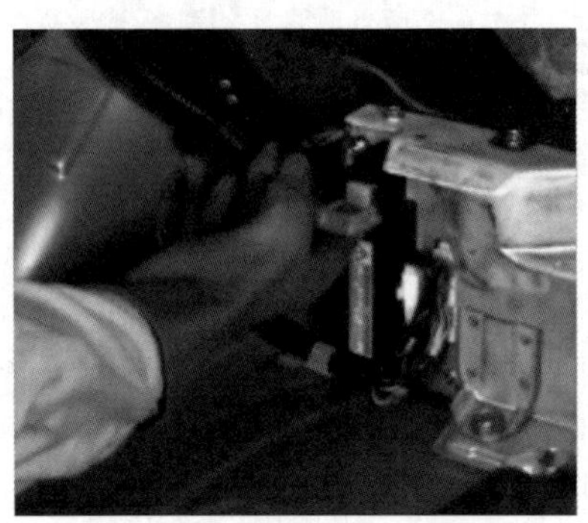

图2-3-15　断开手动维修开关

图2-3-16　高压系统具有内部电容的逆变器

2. 高压的检验

高压的检验是利用数字万用表再次确认高压中止以后,核实具体维修的部件上确实已不再有高压,该步骤符合高压的检验操作标准。

使用数字万用表测量高压部件连接器的各个高压端子。在执行高压中止以后,每个端子对车身的电压应该小于3 V,且端子正负极之间的电压也应该小于3 V。

如果任一被测量的电压超过3 V,说明系统内部存在高压粘接情况,需要有经过特殊培训的工程师来进行处理。

警示!在检验高压端子期间,必须佩戴好个人安全防护设备。

任务实施

一、工作准备

1. 防护装备

个人安全绝缘防护装备。

2. 车辆、台架、总成

荣威纯电动汽车、丰田普锐斯混合动力汽车、比亚迪 E6、或其他纯电动汽车以及混合动力汽车。

3. 专用工具、设备

万用表、放电工具、绝缘胶带。

4. 手工工具

绝缘拆装工具。

5. 辅助材料

无。

二、实施步骤

本任务主要操作正确执行新能源汽车的高压系统中止与检验，具体实训车辆可根据实训中心现有车辆来操作。

1. 实操前准备

①检查个人安全防护设备，确保绝缘手套等防护设备在有效检验期内并可用。

②检查车辆，确保实训车辆没有高压隐患。

警示！该实操具有一定的高压安全危险，学生务必按照教师的指导操作。

警示！执行该操作时，必须有两名经过对应车型培训，且具有高压电工证的教师执行。

2. 实操步骤

①根据对应车型维修手册或参考信息，执行车辆高压中止。

②根据对应车型维修手册或参考信息，执行车辆高压中止检验。

(1)荣威 E50 纯电动汽车高压维修操作步骤

注意事项：

①在维修作业时对高压部件母端应使用绝缘胶带缠绕，防止高压触电或短路。

②维修作业前必须佩带高压绝缘手套。

③禁止带电作业。

高压组成部分：

所有高压电线为橙色。

警告标签：高压部件上侧会贴有标签。

防护措施：

①防高压手套：适用于电工作业的绝缘橡胶手套。

②安全防护镜：防止电解液溢出。

③高压绝缘鞋：主要适用于高压电力设备方面电工作业时的辅助安全用具。在 1 kV 以下可作为基本安全用具。

④灭火器：动力电池使用二氧化碳灭火器。不能使用少量的水灭火，但可以使用大量并持续

的水进行灭火。

⑤吸水毛巾布：在溢出电解液中和后，使用吸水毛巾吸收多余的电解液。

⑥胶布：使用绝缘胶布覆盖所有的高压电线或端子。如果在维修塞被拔出后，使用绝缘胶布包住维修塞槽。

⑦维修工作台：必须要使用工作面带有绝缘橡胶的工作台。

(2)北汽新能源纯电动汽车拆装DC-DC转换器前高压中止与检验实施步骤

①将车钥匙置于OFF挡，等待高压电容放电5 min。

警告：正常情况下，在钥匙开关关闭后，高压系统还存在高压。这是因为电机控制器中高压电容的存在造成的，需要经过一段时间的等待，高压电容中的电才能被完全释放。

②拔下钥匙，打开前机盖，支起前机盖，将翼子板铺好避免损坏车辆。

③断开12 V蓄电池负极电缆，如图2-3-17所示。

④检查绝缘手套是否漏气。

警告：应佩戴0级绝缘手套。

⑤断开动力电池高压线束插口，进行高压断电。

提示：断开高压维修开关。

警告：高压断电必须由电气资质人员操作并放置高压警告标记牌，如图2-3-18所示。

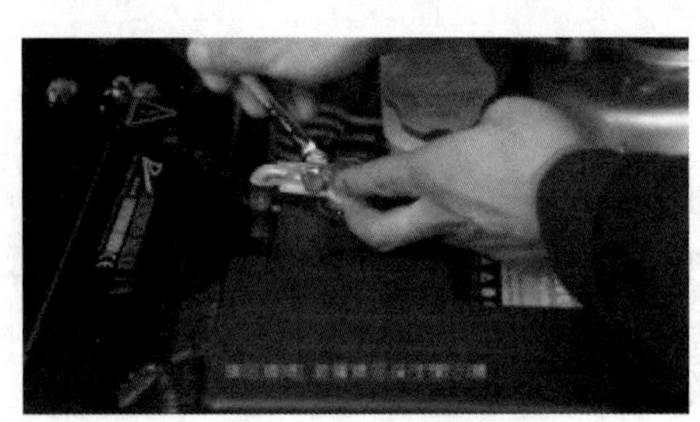

图2-3-17　断开12 V蓄电池负极

图2-3-18　放置高压警告标记牌

⑥使用专用万用表对所维修部位进行电压测量，如果所测量值大于0 V时应使用专用放电棒对该部位进行放电。当电压完全消失后方可进行下一步。

使用放电工具放电，如图2-3-19所示。

图2-3-19　放电

用万用表测量电压确认无电，如图2-3-20所示。

图 2-3-20　万用表测量电压确认无电

注意：

a. 一定要确认处于无电状态，可通过测量 12 V 蓄电池电压的方式核实数字万用表是否正常。

b. 测试高压控制盒或 PDU（power distribution unit）动力电池端（采用 PDU 的车型）的端子电压、端子的搭铁电压时，每个动力电池插口正负极电压以及正负极对地电压，数值均不应大于 3 V。若测试结果大于 3 V，则电池组总成内部可能出现接触器卡滞或高压系统绝缘失效。

⑦进行其他的拆装步骤，如图 2-3-21 所示。

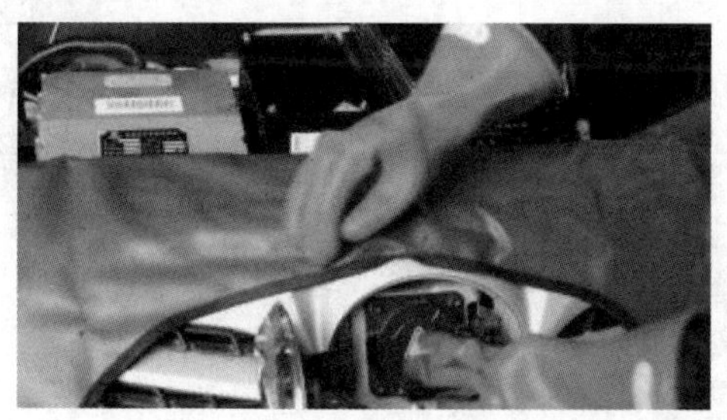

图 2-3-21　其他的拆装步骤

（3）丰田普锐斯高压中止与高压检验操作步骤

以逆变器为例，高压中止操作步骤：

①关闭点火开关，如图 2-3-22 所示，并移开钥匙至车外。再次启动车辆以确认车辆没有钥匙且无法启动。

②断开 12 V 蓄电池负极，如图 2-3-23 所示。

图 2-3-22　关闭点火开关

辅助电池位置

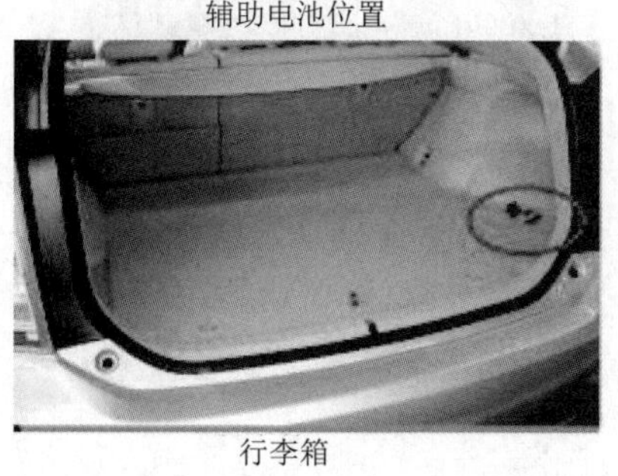

行李箱

（a）

辅助电池（密封型）

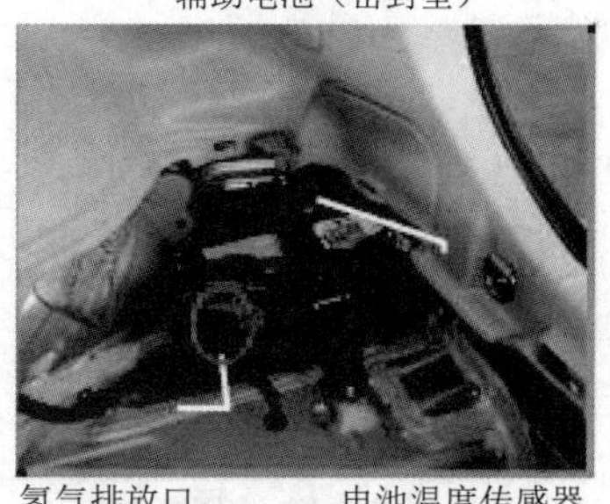

氢气排放口　　电池温度传感器

（b）

图 2-3-23　断开 12 V 蓄电池负极

③检查绝缘手套。在使用绝缘手套前，请确认纹、磨损以及其他损伤，如图 2-3-24 所示。

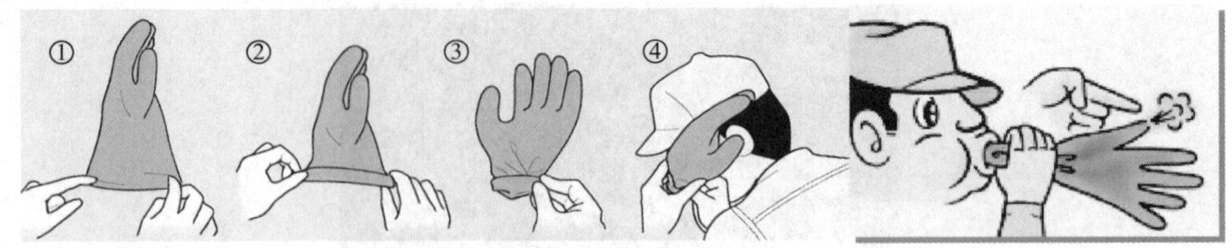

图 2-3-24　检查绝缘手套

绝缘手套的检查流程：

a. 侧位放置手套。

b. 卷起手套边缘，然后松开 2 到 3 次。

c. 折叠一半开口去封住手套。

d. 确认无空气泄漏。

④拆除维修开关，并保存在自己口袋中。维修开关的拆卸步骤，如图 2-3-25、图 2-3-26 所示。

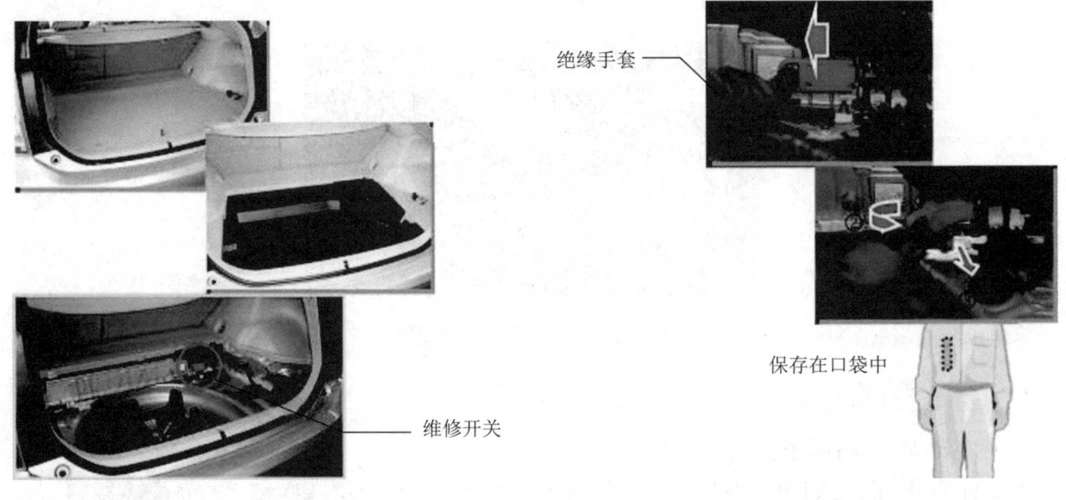

图 2-3-25　维修开关拆卸步骤 1　　图 2-3-26　维修开关拆卸步骤 2

⑤在拆除维修开关后，等待 5 min 或更长以便让高压电容放电，如图 2-3-27 所示。

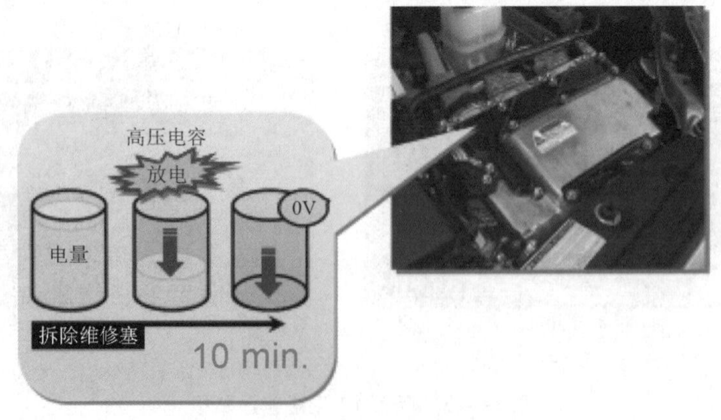

图 2-3-27　高压电容放电

以拆卸车辆逆变器为例，高压检验操作步骤：

①断开逆变器与动力电池之间的高压连接器，并使用数字万用表(绝缘等级大于 1 000 V)，测量连接器各个高压端子电压均为 0 V(量程：750 V 或更大)，如图 2-3-28 所示。

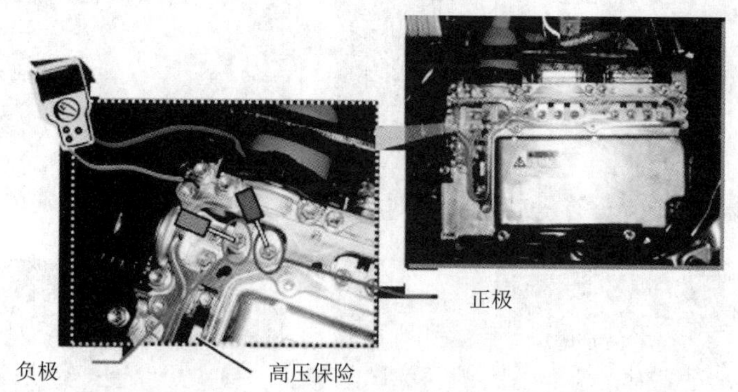

图 2-3-28　测量连接器各个高压端子电压

②用绝缘乙烯胶带包裹被断开的高压连接器端子，如图 2-3-29 所示。

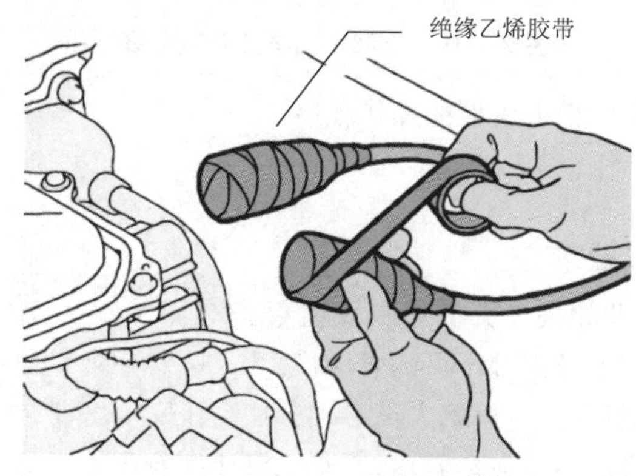

图 2-3-29　用绝缘乙烯胶带包裹

(4)比亚迪 E6 手动维修开关的位置与断开方法

比亚迪 E6 的手动维修开关位于中央扶手箱的下部，如图 2-3-30 所示。在拆卸该手动维修开关前，必须先拆下扶手箱上的饰板。

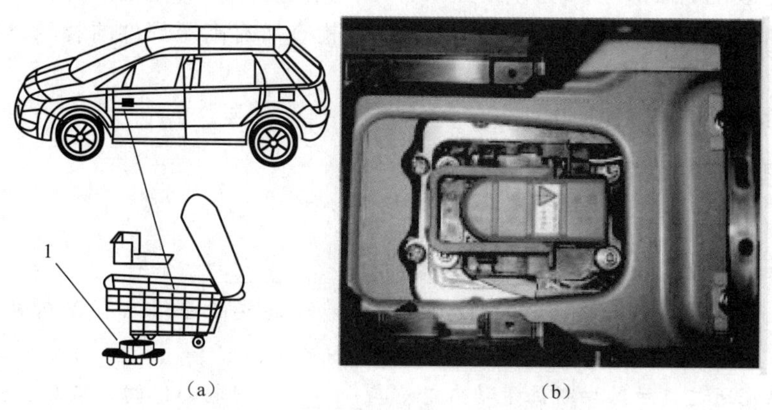

图 2-3-30　比亚迪 E6 手动维修开关位置

拆卸手动维修开关步骤，如图 2-3-31 所示。

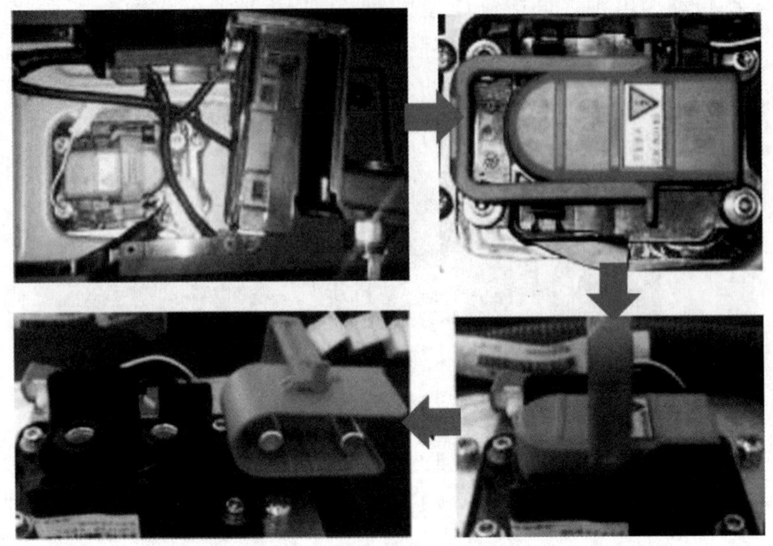

图 2-3-31　拆卸手动维修开关步骤

高压检验程序参照上文丰田普锐斯的操作程序。

扩展知识

高压安全防范的基本要求

①对车辆进行维修时，非相关人员不允许随意接触车辆。

②对贴有高压警告标记的部件都不可随意触摸。

③如果需要拆解相关高压部件，拆解人员必须参加高压安全培训，熟悉高压系统。

④操作人员还需参加高压电事故急救培训（如由红十字会组织）。

⑤对高压部件进行操作时，操作人员需要穿戴好劳保用品，同时还必须使用绝缘手套。

⑥对外露高压系统部件进行操作时，必须使用万用表进行测量，明确是否存在高压，确保没有高压的情况下再进行操作。万用表需要定期标定，内阻不低于 10 MΩ。

⑦驾驶结束后，关闭车辆，如果需要对高压系统进行拆解，则需要等待 5 min 后再进行。

⑧当拆解或装配电器部件时，必须断开 12 V 蓄电池电源和动力电池上的手动维修开关。

⑨在高压部件拆装后，重新接通高压之前，需要检查所有高压部件的装配、连接，确保其可靠性。

⑩所有高压部件都应该保证接地良好。

学习测试

1. 填空题

（1）新能源汽车高压存在形式有________、________、________三种。

（2）插电式混合动力和纯电动汽车的________以及连接的导线只有在充电期间才会具有高压。

（3）控制单元通过接触器切断位于动力电池与________用电部件的连接后，整车除动力电池外，其他高压用电设备上就不再有高压。

(4)按照国家新能源汽车安全标准都会设计有一个串联的________。

(5)在维修带有高压的新能源汽车前,务必执行高压的________和________操作。

2. 判断题

(1)新能源汽车的动力电池持续存在高压。 ( )

(2)逆变器在运行期间会存在高压。 ( )

(3)点火开关 ON 时,高压压缩机会存在高压。 ( )

(4)手动开关被断开,动力电池内的电池及其连接电路仍然在串联的位置还具有高压。( )

(5)拆下维修开关后,就可以继续对车辆进行高压检验操作。 ( )

3. 不定项选择题

(1)高压新能源汽车高压存在的主要类型有?( )

A. 直流高压　　B. 交流高压　　C. 变频高压　　D. 以上都不对

(2)新能源汽车高压存在的形式有?( )

A. 一直存在　　B. 点火开关打开时存在

C. 充电期间存在　　D. 一直不存在

(3)手动维修开关用于?( )

A. 切断动力电池中连接回路　　B. 维修车辆底盘用

C. 切断驱动电机电源　　D. 手动维修充电器用

(4)对高压车辆维修前,需要执行?( )

A. 高压中止与检验　　B. 关闭点火开关

C. 断开 12 V 蓄电池负极　　D. 检验被维修部

项目三 新能源汽车维修工具及检测设备的使用

本项目主要学习新能源汽车维修工具及检测设备的使用，分为2个任务：

任务1　识别新能源汽车维修工具及检测设备。

任务2　使用常用新能源汽车维修工具及检测设备。

通过2个任务学习，掌握新能源汽车电路检修时常用维修工具及检测设备的使用方法。

任务1　识别新能源汽车维修工具及检测设备

提出任务

你所在的维修站需要组建新能源汽车专业维修车间，你的主管让你做一份新能源汽车维修工具及检测设备配置清单，你能完成这个任务吗？

任务目标

一、知识目标

掌握新能源汽车维修工具及检测设备的类型和作用。

二、能力目标

能够识别新能源汽车维修工具及检测设备。

相关知识

一、新能源汽车维修工具及检测设备

除了传统的维修工具和检测设备外，新能源汽车因为存在高压电路，有专用的维修工具及检测设备。常用的新能源汽车维修工具及检测设备见表3-1-1。

本任务只介绍拆装工具、检测仪表和诊断仪器，防护用品在其他相关任务中介绍。

表 3-1-1　常用的新能源汽车维修工具及检测设备

序号	类型	工具设备名称	规格要求	单位	数量	备注
1	拆装工具	绝缘工具套装	高压维修绝缘工具，耐压 1 000 V	套		
2	检测仪表	数字万用表	符合 CAT Ⅲ要求	个		如 FLUKE 系列万用表
3		数字电流钳	符合 CAT Ⅲ要求	台		如 FLUKE 321
4		高压绝缘测试仪	符合 CAT Ⅲ要求	台		FLUKE1587
5	诊断仪器	专用车型诊断仪	对应车型	套		如北汽 BDS、比亚迪 ED400、ED1000
6	防护用品	绝缘台	耐压≥10 kV	台		
7		绝缘手套	耐压≥10 kV	副		
8		绝缘靴	耐压≥10 kV	双		
9		护目面罩(护目镜)	耐压≥10 kV	副		

二、拆装工具

1. 绝缘和绝缘材料

(1)绝缘的概念

绝缘是指用绝缘材料把带电体封闭起来，借以隔离带电体或不同电位的导体，使电流能按一定的通路流通。

(2)绝缘的必要性

良好的绝缘是保证设备和线路运行的必要条件，也是防止触电事故的重要措施。

(3)绝缘材料的作用

绝缘材料除了上述作用外还起着其他作用：散热冷却、机械支撑和固定、储能、灭弧、防潮、防霉以及保护导体等。

(4)绝缘拆装工具

用于高压的绝缘工具给在高压零部件上或附近作业的人员提供了额外的安全保护。若车辆已安全断电和经正确测试确认在系统中无残余电压，则不必使用绝缘工具。绝缘工具是采用绝缘材料进行加工并适用于电气系统拆装等操作的工具。新能源汽车涉及高压的部分零部件的拆装必须使用绝缘拆装工具。绝缘拆装工具必须装有耐压 1 000 V 以上的绝缘柄。图 3-1-1 所示为绝缘拆装工具。

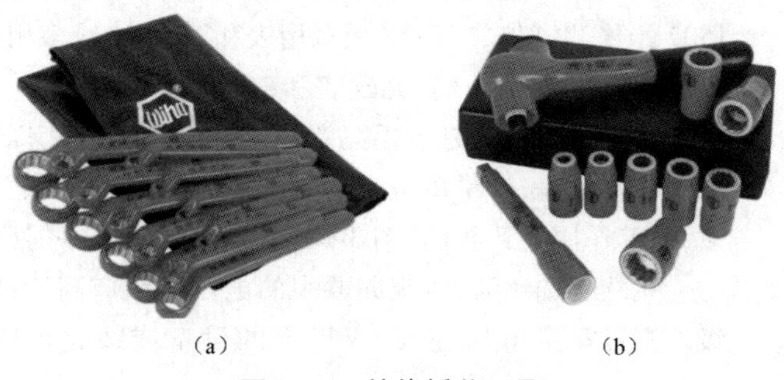

(a)　　(b)

图 3-1-1　绝缘拆装工具

三、检测仪表

新能源汽车维修中使用的检测仪表有数字万用表、绝缘电阻测试仪(如手摇兆欧表,高压绝缘测试仪)等。

1. 数字万用表

数字万用表应符合 CAT Ⅲ安全级别的要求,如图 3-1-2 所示。

1. 关闭高压——按照“高压断开程序”程序进行。确保电容器已放电,可完全安全地在汽车上进行作业。
2. 使用诊断故障代码和电路图,缩小和识别可能的故障区域(电池电缆、电机电缆)。
3. 断开需检测的电缆,若可能,电缆两端均断开,不要从车辆上拆下电缆。
4. 按下“开/关”按钮,打开装置。
5. 将箭头移至 1 kV 符号。
6. 将测头连接到电缆的一端,电缆另一端连接到车辆的接地点。
7. 按住测试按钮。有 1 000 V 脉冲通过测头。注意:可能需要按下“测试”按钮两次,第一次,测试仪内的电容器需要充电以产生 1 000 V 电压。
8. 按住测试按钮,直到可听到声频信号,其显示器上显示电阻值为止

图 3-1-2　数字万用表 CAT Ⅲ安全级别

2. 绝缘电阻测试仪

新能源汽车的运行情况非常复杂,在运行过程中难免会出现部件间的相互碰撞、摩擦、挤压,导致高压电路与车辆底盘之间的绝缘性能下降。电源正负极引线将通过绝缘层和底盘构成漏电回路。当高压电路和底盘之间发生多点绝缘性能下降时,还会导致漏电回路的热积累效应,可能造成车辆的电气火灾。因此,高压电气系统相对车辆底盘的电气绝缘性能实时检测是新能源汽车电气安全技术的核心内容。电气绝缘性能检测时需要使用专用的绝缘测试仪器,测量高压电缆及零部件对车身绝缘电阻是否位于规定值范围内。

图 3-1-3　各种类型的绝缘电阻测试仪

最常用的绝缘电阻测试仪是兆欧表,但是其他类型的仪器也可以用来检查不同绝缘类型的完整性。这类仪器中,一些测试仪器是多功能的,除了绝缘电阻测试外,还可以用来进行其他的测量。利用数字万用表(DMM)、兆欧表、绝缘测试多用表或耐压测试仪都可以完成绝大多数的绝缘测试。所有这些仪器具有不同的名称,但都可以被称为绝缘电阻测试仪。如图 3-1-3 所示,前排(从左到右)为 FLUKE 1503 绝缘测试仪、1507 绝缘测试仪、1577 绝缘多用表和 1587 绝缘多用表;后排(从左到右)为 FLUKE 1550B 5 kV 兆欧表和 1520 兆欧表。

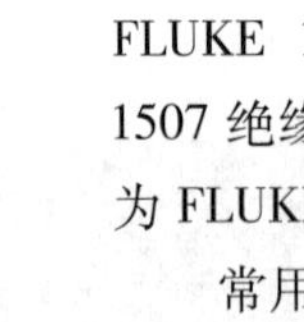

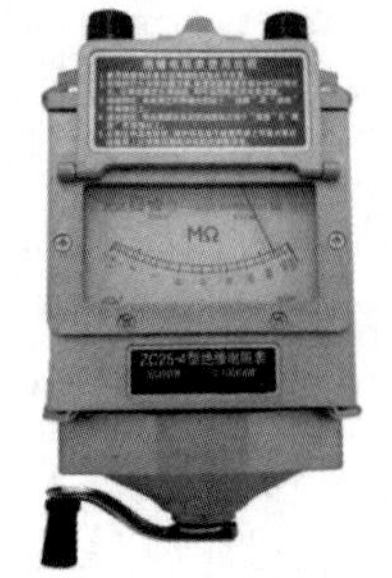

图 3-1-4　手摇兆欧表

常用的兆欧表是手摇兆欧表,俗称摇表,是用来测量大电阻和绝缘电阻的检测仪表,计量单位是兆欧(MΩ),故称兆欧表。兆欧表的种类有很多,但其作用大致相同,图 3-1-4 所示是常见的手摇兆欧表。

兆欧表选用时,规定兆欧表的电压等级应高于被测物的绝缘电压等级。测量额定电压在500 V以下的设备或线路的绝缘电阻时,可选用

500 V或1 000 V兆欧表；测量额定电压在500 V以上的设备或线路的绝缘电阻时，应选用1 000～2 500 V兆欧表；测量绝缘子时，应选用2 500～5 000 V兆欧表。一般情况下，测量低压电气设备绝缘电阻时可选用0～200 MΩ量程的兆欧表。

不论是500 V还是2 500 V的兆欧表，只要在指针不为零的情况下，匀速摇（约120 r/min），指针就会稳定在表盘的某个位置，根据表盘的显示数值和空格，就可以正确读出所测线路的绝缘电阻。

3. 数字电流钳

在新能源汽车维修与诊断时，经常会需要测量导线中的电流。由于驱动系统的导线（如逆变器与电机之间）存在较大的交变电流，必须使用钳型电流表进行间接测量。

目前常用的钳型电流表，如FLUKE 317等，如图3-1-5所示。

钳口大小：37 mm
交流电流：40 A、600 A
直流电流：40 A、600 A
交流电压：600 V
直流电压：600 V
电阻量程：400~4 000 Ω
通断测量：≤30 Ω
安全等级：CAT Ⅲ 600 V
工作温度：0~50 °C
产品配件：测试导线、表笔
便携包、用户手册

图3-1-5　FLUKE 317钳型电流表

其工作部分主要由一只电流表和穿心式电流互感器组成。穿心式电流互感器铁芯制成活动开口，且成钳形，故名钳形电流表。是一种不需断开电路就可直接测量电路交流电流的携带式仪表。

钳形电流表是建立在电流互感器工作原理基础上的一种不需断开电路就可直接测量电路交流电流的携带式仪表。当放松扳手，铁芯闭合后，根据互感器的原理而在其二次绕组上产生感应电流，从而指示出被测电流的数值。当握紧钳形电流表扳手时，电流互感器的铁芯张开，被测电流的导线进入钳口内部作为电流互感器的一次绕组。

FLUKE 317钳形表产品特性如下：

①独特的40 A小量程、高准确度电流测试，达到0.01 A高分辨率以及1.6%的高精度测量。

②钳头纤薄，体型轻便，更加适合在狭窄空间内使用。

③大型的背光显示，便于在黑暗的环境下使用。

④起动电流功能，可以测量诸如电机和照明等设备的起动电流。

⑤电流频率测量。

⑥精确度高于0.01 A和0.1 V。

⑦1 000 A交流/直流电流测量范围。

⑧600 V交流/直流电压测量。

⑨4 000 Ω电阻测量范围。

四、绝缘工作垫

在汽车上进行作业时,或在工作台上的动力电池上作业时,绝缘工作垫(见图3-1-6)用于隔离带电的高压零部件。将电池放置在工作垫上。若可能,在木制长凳上进行作业。

图3-1-6　绝缘工作垫

五、故障诊断仪器

汽车电控系统诊断仪器用于对应车型的故障诊断,也称解码器、故障扫描仪等。不同车型采用的诊断仪器不同。诊断仪器应能与被检测车辆的控制模块(计算机)通信。

1. 北汽新能源诊断仪器

北汽新能源汽车采用BDS故障诊断系统(BAIC BJEV diagnostic system),将诊断软件安装在计算机终端上,通过通信电缆(诊断盒子)与车载OBD(on-board diagnostics)诊断座连接,与车辆的控制模块通信进行故障诊断(见图3-1-7)。以下介绍BDS安装及相关知识。

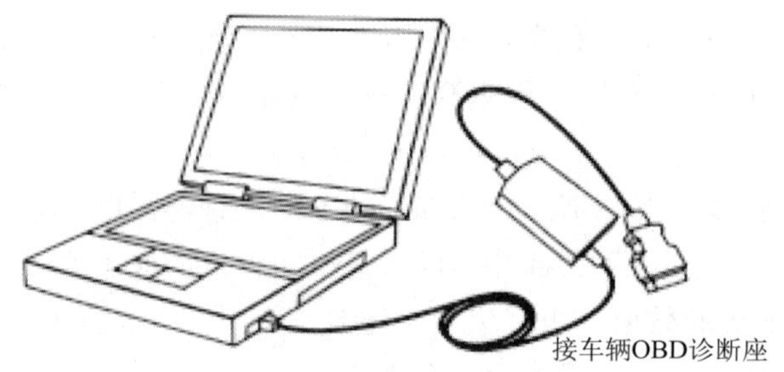

图3-1-7　BDS连接方式

(1)软件运行环境

①硬件要求:笔记本电脑,台式机,PAD,系统盘空间不小于5 G,内存不小于1 G。

②操作系统:WINDOWS XP SP3,WINDOWS 7和WINDOWS 8,暂不支持WINDOWS RT。

③网络要求:本软件需要在线激活和网络下载,务必保证连接internet正常。

④安装条件:Windows登入账户必须是管理员身份。

(2)软件下载与安装

在北汽指定的网址进行软件下载与软件安装后,将安装文件“BDS setup. exe”复制到所要安装的计算机中,双击即可选择软件安装。

具体操作根据计算机“安装向导”的提示进行，如图 3-1-8 所示。

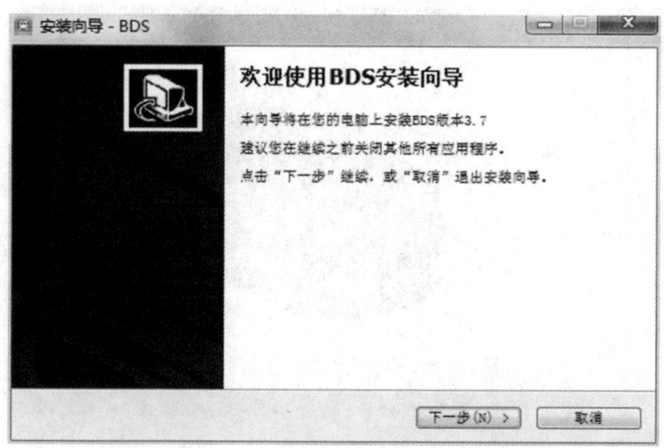

图 3-1-8　BDS“安装向导”开始界面

安装结束后（见图 3-1-9），按【结束】键，进入 BDS 诊断系统启动界面，如图 3-1-10所示。

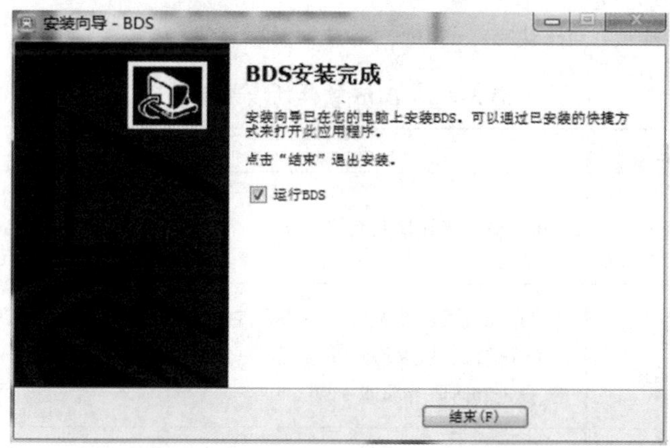

图 3-1-9　BDS“安装向导”结束界面

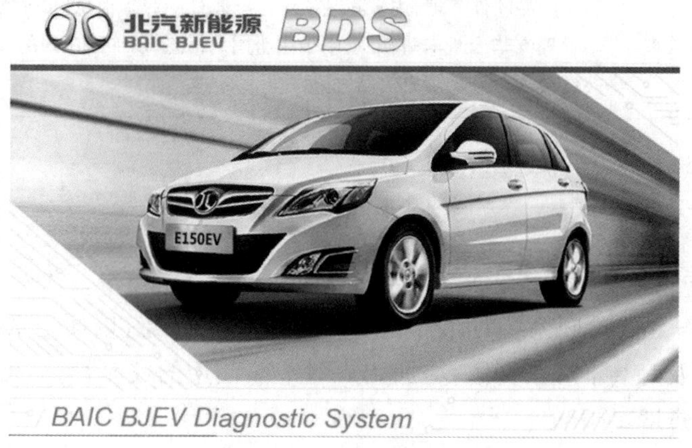

图 3-1-10　BDS 启动界面

软件装载成功后，进入 BDS 主界面，如图 3-1-11 所示。

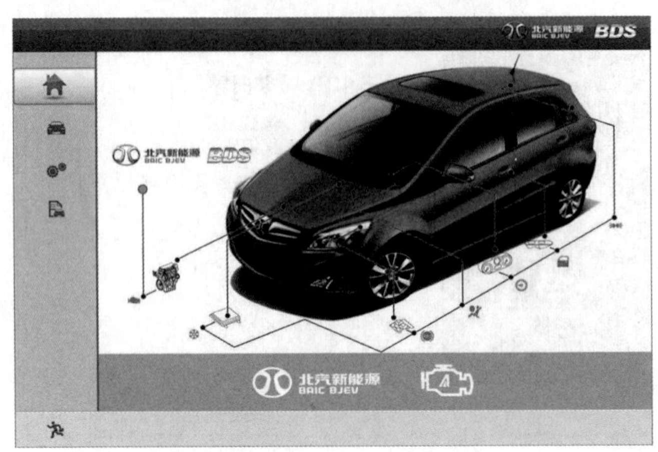

图 3-1-11　BDS 主界面

(3)软件功能使用说明

BDS 软件功能说明见表 3-1-2。

表 3-1-2　BDS 软件功能说明表

功能图标	功能名称	功能描述
	主界面	BDS 汽车无线诊断系统主界面，介绍和描述产品性能和品牌
	汽车无线诊断系统	汽车无线诊断系统的核心功能，它提供了简易而专业的汽车综合诊断功能，包括读 ECU 信息，故障码分析，数据流分析，数据流冻结帧，元件执行，计算机编程、匹配、设定和防盗等功能
	系统设定	汽车无线诊断系统的系统设定功能，它提供多种功能操作模式，连接方式，公英制单位切换和语言选择等功能，从而丰富用户体验
	软件管理	产品软件管理，用于甄别汽车诊断软件的版本信息，以便客户升级软件；用于客户管理汽车诊断车型软件；用于注册用户信息，以加强用户的安全性，以及客户打印测试报告时显示用户信息
	系统退出	安全退出 BDS 系统

(4)产品激活与注册

第一次使用 BDS 无线诊断系统时，必须填写完整的用户信息，以便记录用户基本信息，建立用户与厂家联系，以及时共享厂家资源；增加用户对产品使用的安全性，方便客户投诉和反馈建议，从而达到客户满意度。

如图 3-1-12 所示，产品未注册时，BDS 系统中不包括车型软件，用户需先激活产品，即可以下载相关软件。

在激活产品或进行软件升级时，都是采用 USB 模式。因此，需确定 USB 连接和网络是否正常工作。

激活操作请根据计算机提示进行。

图 3-1-12　BDS 注册界面

(5)软件升级

进行软件升级时，需采用 USB 模式。因此，需确定 USB 连接和网络是否正常。升级操作请根据电脑提示进行。

(6)车型诊断操作

请将诊断盒子连接到汽车的 OBD 诊断座，连接完后，电源指示灯会亮。固定的 SSID 为 UCANDAS，如果你的 Wi-Fi 自动连接没有成功，请手动设置 Wi-Fi 连接到 UCANDAS。Wi-Fi 连接成功后，无线图标会点亮，如图 3-1-13 所示。

启动 BDS 系统软件，点击汽车诊断图标，如图 3-1-14 所示。

选择你需要的车型图标，点击软件版本，进入对应车型诊断程序，如图 3-1-15 所示。

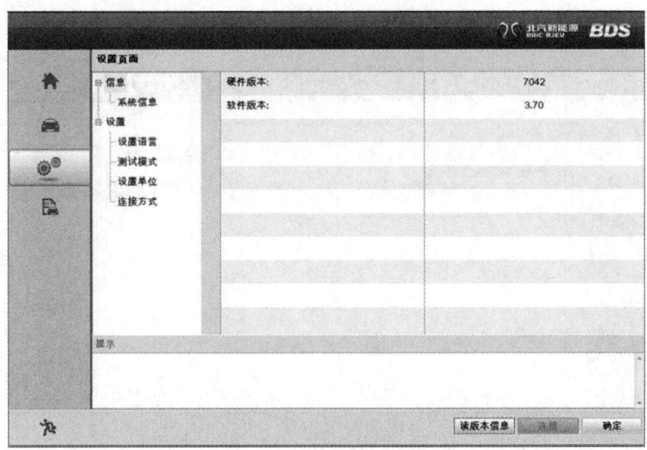

图 3-1-13　BDS 连接界面

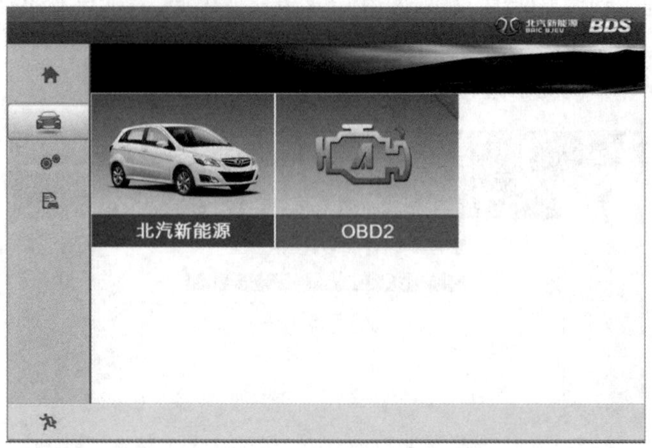

图 3-1-14　BDS 诊断主界面

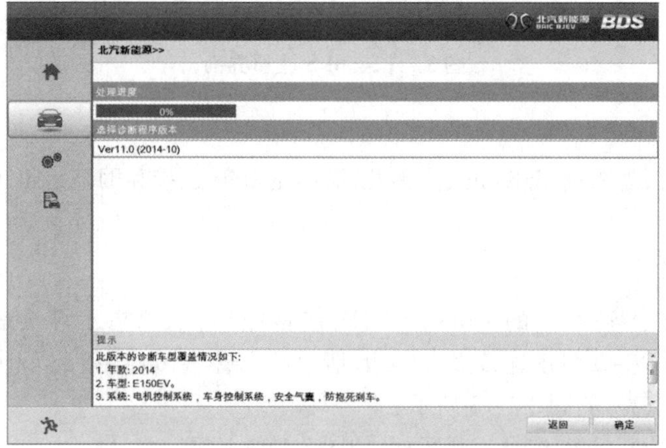

图 3-1-15　BDS 进入车型诊断程序界面

按【确定】键,进入车型诊断,如图 3-1-16 ~ 图 3-1-18 所示。

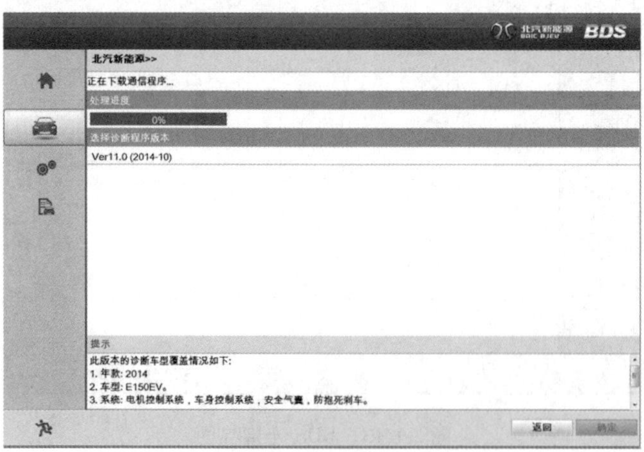

图 3-1-16　BDS 进入车型诊断界面

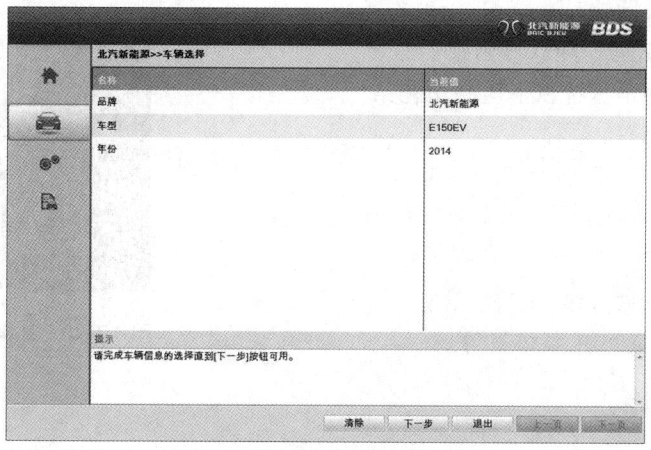

图 3-1-17　BDS 车辆信息选择界面

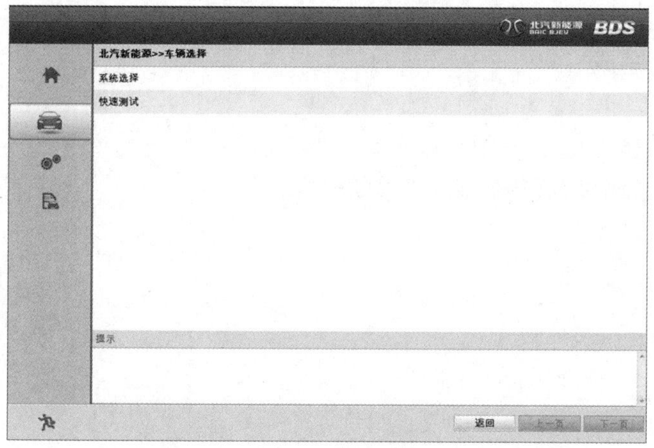

图 3-1-18　BDS 进入车辆选择界面

进入 BDS 车辆系统选择界面,如图 3-1-19 所示。根据选择的系统,进行需要的功能选择。

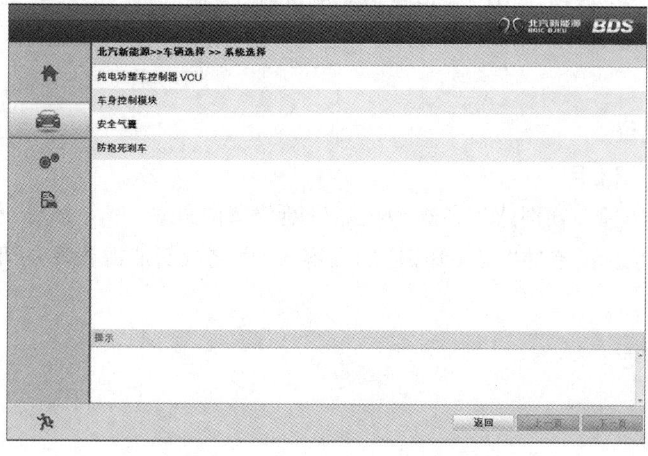

图 3-1-19　BDS 车辆系统选择界面

2. 比亚迪诊断仪器

图 3-1-20 为比亚迪 ED400 诊断仪器。

汽车诊断仪器通常具备以下检测功能：

①读取清除故障码。

②数据流读取。

③执行元件动作测试。

④系统基本设定。

⑤控制模块的软件升级、编程、编码。

⑥其他功能：如 ABS 总泵排气等。

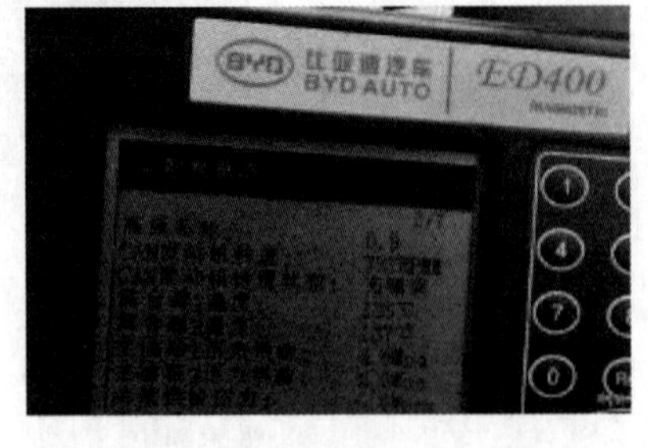

图 3-1-20　比亚迪 ED400 诊断仪器

任务实施

一、工作准备

1. 防护装备

常规实训着装。

2. 车辆、台架、总成

无。

3. 专用工具、设备

绝缘拆装工具、检测仪表、各车型故障诊断仪器。

4. 手工工具

无。

5. 辅助材料

无。

二、实施步骤

1. 拆装工具认知

根据实训室的配备，分别认识各种绝缘拆装工具的外观、型号、规格和用途。

2. 检测仪表认知

根据实训室的配备，分别认识以下检测仪表的外观、型号、规格和用途。

①数字万用表。

②钳型电流表。

③高压绝缘测试仪。

3. 诊断仪器认知和使用

①根据实训室的配备，分别认识各车型故障诊断仪器的外观、型号、规格和用途。

②根据实训室的配备，参照“相关知识”的内容，使用北汽新能源汽车的 BDS 诊断仪器进行故障码读取。

学习拓展

一、CAT 等级

1. 什么是 CAT 等级

根据国际电子电工委员会 IEC1010－1 的定义，我们把电工工作的区域分为四个等级，分别称

作 CAT Ⅰ、CAT Ⅱ、CAT Ⅲ和 CAT Ⅳ。CAT 等级是向下单向兼容的，也就是说，一块 CAT Ⅳ的万用表在 CAT Ⅰ、CAT Ⅱ和 CAT Ⅲ下使用是完全安全的，但是一块 CAT Ⅰ的万用表在 CAT Ⅱ，CAT Ⅲ，CAT Ⅳ的环境下使用就不能保证安全了。

2. CAT 等级对用户意味着什么

CAT 等级意味着对客户的人身安全承诺。它不仅仅是耐高压等级。CAT 等级严格规定了电气工作人员在不同级别的电气环境中可能遇到的电气设备的类型，以及在这样的区域中工作所使用的测量工具必须要遵循的安全标准。对于万用表、钳型表、过程校准仪表等手持表来说，他们所标注的 CAT 等级表明了他们各自所归属的最高的“安全区域”，CAT 后面的电压数值则表示了他们能够受到电压冲击的上限。

例如一个 CAT Ⅲ 600 V 的万用表，表示这样一个万用表可以在 CAT Ⅰ，Ⅱ和Ⅲ区域安全使用，在这三个区域里如果表受到最高 600 V 的电压冲击，表不会对人体安全产生威胁。但是这款表在 CAT Ⅳ域使用的时候，或者说受到 700 V 的高压冲击的时候，就不能保证同样的安全了。万用表可能发生爆炸、燃烧，威胁到你的安全。

3. CAT 是怎么做的

万用表、钳型表、过程校准仪表在说明书和表体上标称了它的 CAT 等级和耐压值，并且整个表体的电子、机械、保护电路、耐压设计都严格遵守 CAT 等级的要求。这样的仪表经过上万次的安全测试，保证符合这个标称，100% 保证在标称的 CAT 环境下使用的安全性，100% 保证能够承受所标称的高压冲击，且不会对人体产生任何伤害。所以说，当你看到了 CAT 和耐高压标记的时候，你就获得了对你做出的人身安全承诺。

4. 你以后该怎么做

请了解并熟悉你的电气工作环境所属的 CAT 安全等级和耐压等级，并选择与其 CAT 等级和耐压等级对应的手持仪表。

二、高压电池维修工具

在更换混合动力、纯电动汽车动力电池组内部的某组电池后，需要对更换的这组电池执行性能匹配，来保证新的电池组和整个电池包性能一致。以 GM 汽车为例，动力电池性能平衡需要使用专用的电池维修与诊断工具来辅助完成。图 3-1-21 所示为动力电池维修与诊断工具，该工具支持动力电池的放电、电池单元维修等操作，并支持电池组数据的检测和通过 USB 进行车型软件的升级。

图 3-1-21　动力电池维修与诊断工具

学习测试

1. 填空题

(1) 绝缘是指用________把带电体封闭起来，借以隔离带电体或不同电位的导体，使电流能按一定的通路流通。新能源汽车涉及高压的部分零部件拆装时必须使用________。

(2) 新能源汽车维修中使用的检测仪表有________、________以及高压绝缘测试仪等。

(3) 手摇兆欧表是用来测量________和________的检测仪表。

(4)高压电气系统相对车辆底盘的________实时检测是电动汽车电气安全技术的核心内容。

(5)CAT 等级是测量工具必须要遵循的________。

2. 判断题

(1)绝缘拆装工具只要有塑料柄就能使用。 ( )

(2)兆欧表的电压等级应低于被测物的绝缘电压等级。 ( )

(3)高压绝缘测试仪器用于测量高压电缆及零部件对车身的绝缘电阻是否位于规定值范围内。 ( )

(4)不同车型采用的诊断仪器都相同。 ( )

(5)动力电池组内部的某组电池损坏了,更换以后就能使用。 ( )

3. 单项选择题

(1)以下不是万用表通常具备的检测功能的是( )。

A. 电压测量 B. 导通性测量

C. 频率测量 D. 数据流读取

(2)测量额定电压在 500 V 以下的设备或线路的绝缘电阻时,可选用( )兆欧表。

A. 200 V 或 500 V B. 500 V 或 1 000 V

C. 1 000 V 或 1 500 V D. 以上都不正确

(3)汽车诊断仪器通常具备的检测功能:( )。

A. 读取清除故障码 B. 读取数据流

C. 执行元件动作测试 D. 以上都正确

任务 2 使用常用新能源汽车维修工具及检测设备

提出任务

你所在的维修站采购一批新能源汽车维修工具及检测设备,你的主管让你对这些工具设备进行检查和测试,你能完成这个任务吗?

任务目标

一、知识目标

1. 熟悉绝缘拆装工具的使用条件与注意事项。
2. 掌握数字钳型电流表的使用方法。
3. 掌握绝缘电阻测试仪的使用方法。

二、能力目标

能够正确使用新能源汽车维修工具及检测设备。

相关知识

一、绝缘拆装工具的使用

新能源汽车存在高压,因此在对高压系统部件进行维修时必须使用绝缘拆装工具,如图 3-2-1 所示。

绝缘工具的使用方法与普通工具相同，但是有以下特别需要的注意事项：

①应有专门的工具室存放，室内应通风良好，清洁、干燥。

②如发现绝缘工具损伤或受潮，应及时进行检修和干燥处理，试验合格后方可使用。

③绝缘工具必须按规定定期进行绝缘性能的试验，不符合试验要求的，禁止使用。

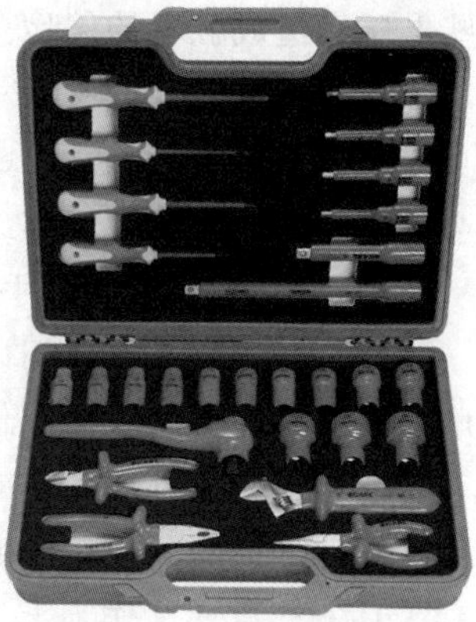

图 3-2-1　绝缘拆装工具

二、数字电流钳的电流测量

以 FLUKE 317 电流钳为例，在测量电流时，可以按以下步骤进行：

①估算电流大小，选择正确档位与电流类型。

例如，如果需要测量三相电机的一相电流，如图 3-2-2 所示，选择交流电流档。

②打开电流钳，将被测量线路放入电流钳口之中。

注意：测量时电流钳应该保持钳口闭合，否则将测量出不正确的电流，如图 3-2-3 所示。

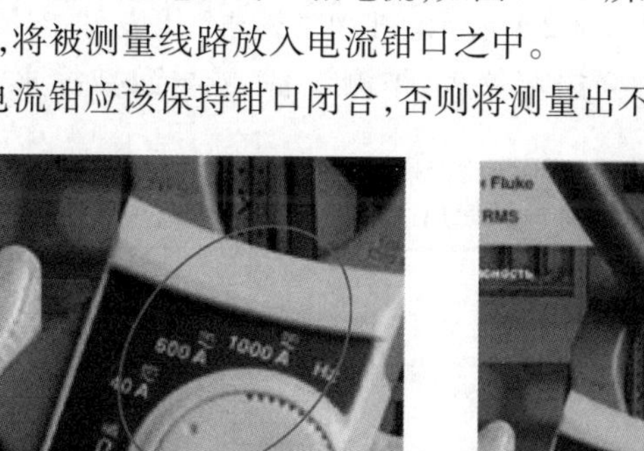

图 3-2-2　档位选择

图 3-2-3　钳口闭合测试

③启动被测量装置，读取电流值。

④如需测量一个变化的电流，应在上步的基础上按下“MAX”键后再启动电流钳。

测量变化的电流如图 3-2-4 所示。

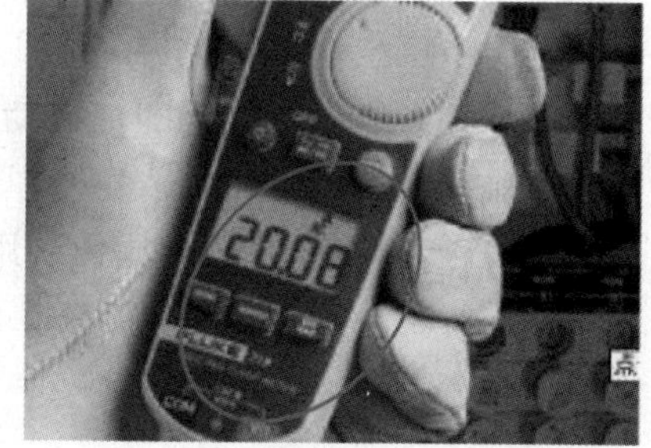

图 3-2-4　测量变化的电流

三、数字式绝缘电阻测试仪的使用

以下以应用广泛的 FLUKE 1587 数字式绝缘电阻测试仪为例，介绍其使用方法。

1. 仪表使用注意事项

为了避免触电或人身伤害，请根据以下指南操作：

①请严格按仪表使用手册操作，否则可能会破坏仪表提供的保护措施。

②如果仪表或测试导线已经损坏，或者仪表无法正常操作，则请勿使用。若有疑问，请将仪表送修。

③在将仪表与被测电路连接之前，始终记住选用正确的端子、开关位置和量程档。

④用仪表测量已知电压来验证仪表操作是否正常。

⑤端子之间或任何一个端子与接地点之间施加的电压不能超过仪表上标明的额定值。

⑥电压在 $30V_{acrms}$（交流有效值），$42V_{ac}$（交流）峰值或 $60V_{dc}$（直流）以上时应格外小心。这

些电压有造成触电的危险。

⑦出现电池低电量指示符时，应尽快更换电池。

⑧测试电阻、连通性、二极管或电容以前，必须先切断电源，并将所有的高压电容器放电。

⑨切勿在爆炸性气体或蒸汽附近使用仪表。

⑩使用测试导线时，手指应保持在保护装置后面。

⑪打开机壳或电池门以前，必须先把测试导线从仪表上拆下。不能在未安装好仪表顶盖或电池门打开的情况下使用仪表。

⑫在危险的处所工作时，必须遵循当地及国家主管部门的安全要求。

⑬在危险的区域工作时，应依照当地或国家主管部门的要求，使用适当的保护设备。

⑭不要单独工作。

⑮仅使用指定的替换熔丝来更换熔断的熔丝，否则仪表保护措施可能会遭到破坏。

⑯使用前先检查测试导线的连通性。如果读数高或有噪声，则不要使用。

仪表以及使用手册的安全符号见表3-2-1所示。其中“警告”代表可能导致人身伤害或死亡的危险情况和行为；“小心”代表可能会损坏仪表、被测设备，或导致数据永久性丢失的情况和行为。

表3-2-1　仪表及使用手册的安全符号

符号	说明	符号	说明
～	AC(交流)	⏚	接地点
⎓	DC(直流)	（熔丝符号）	熔丝
（触电警告符号）	警告：有造成触电的危险	▣	双重绝缘
（电池符号）	电池(在显示屏上出现时表示电池低电量)	⚠	重要信息，请参阅手册

2. 仪表功能介绍

(1)旋转开关功能

选择任意测量功能档即可启动仪表。仪表为该功能档提供了一个标准显示屏(量程、测量单位、组合键等)。用蓝色按钮选择其他任何旋转开关功能档(用蓝色字母标记)。仪表旋转开关选择的功能档如图3-2-5所示，对应的选择功能介绍见表3-2-2。

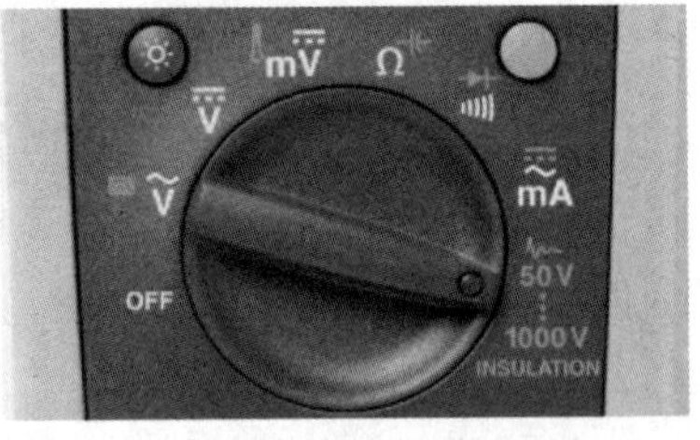

图3-2-5　仪表旋转开关选择的功能档

表3-2-2　仪表旋转开关的选择功能介绍

开关位置	测量功能
$\tilde{V}$	AC(交流)电压介于30.0 mV～1 000 V
LO (仅1587型)	AC(交流)电压及800 Hz“低通”滤波器

续表

开关位置	测量功能
$\overline{\text{V}}$	DC(直流)电压介于 1 mV ~ 1 000 V
m$\overline{\text{V}}$	DC mV(直流毫伏)介于 0.1 ~ 600 mV
(仅 1587 型)	温度介于 -40 ~ +537 ℃(-40 ~ +998 ℉) 摄氏度为默认测量单位,关闭仪表后,您所选择的温度测量参数仍会保留在内存中
Ω	Ohms(欧[姆])介于 0.1 Ω ~ 50 MΩ
(仅 1587 型)	电容介于 1 ~ 9 999 μF
)))))	连通性测试,蜂鸣器在电阻小于 25 Ω 时启动,在大于 100 Ω 时关闭
(仅 1587 型)	二极管测试,该功能档没有量程规定,超过 6.6 V 以上时显示 0 L
mA	ACmA(交流毫安)介于 3.00 ~ 400 mA(600 mA 过载最长持续 2 min) DCmA(交流毫安)介于 0.01 ~ 400 mA(600 mA 过载最长持续 2 min)
INSULATION	Ohms(欧[姆])介于 0.01 MΩ ~ 2 GΩ,1587 型选用 50、100、250、500(默认)和 1 000 V 电源进行绝缘测试,1577 型选用 500(默认)和 1 000 V 电源进行绝缘测试,关闭仪表后,最后一次选择的高压设置值仍会保留在内存中,在绝缘测试时,按蓝色按钮可激活仪表的“平稳化”功能

(2)按钮功能

使用仪表按钮来激活可扩充旋转开关所选功能的特性。仪表按钮功能如图 3-2-6 所示,对应的功能介绍见表 3-2-3。

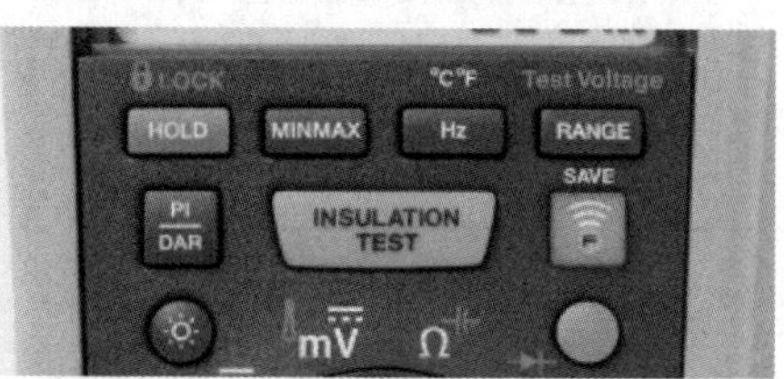

图 3-2-6　仪表按钮功能

表 3-2-3　仪表按钮的功能介绍

按钮	说明
HOLD	该按钮可冻结显示值,再按一次释放显示屏,当读数改变时,显示屏会自动更新,仪表发出蜂鸣声。在 MIN、MAX、AVG(最小值、最大值、平均值)或 Hz(赫兹)模式下,该按钮控制显示保持。在 INSULATION TEST(绝缘测试)模式下,该按钮用来确定下一次按仪表或远程探头上的 INSULATION TEST 键时启动测试锁的时间,测试锁的作用是把按钮按住,直到再按一次 HOLD 或 INSULATION TEST 键来开锁

续表

按钮	说明
MINMAX	按此按钮开始记录最大值、最小值和平均值。持续按此按钮可显示最大值、最小值和平均值。按住此按钮取消 MIN、MAX、AVG(最大值、最小值、平均值)
Hz (仅 1587 型)	激活频率测量
RANGE	将量程模式从 Auto Ranging(自动量程模式,默认)改为 Manual Ranging(手动量程)模式。按住该按钮可返回 Auto Ranging(自动量程)模式
☼	打开或关闭背光灯,背光灯在 10 min 后熄灭
INSULATION TEST	当旋转开关处于 INSULATION(绝缘)位置时,启动绝缘测试,使仪表供应(输出)高压并测量绝缘电阻
○	蓝色按钮,其功能相当于 shift 键,按此按钮可使用旋转开关上有蓝色标记的功能

(3)显示屏的介绍

仪表显示屏指示符如图 3-2-7 所示,对应的信息介绍见表 3-2-4。

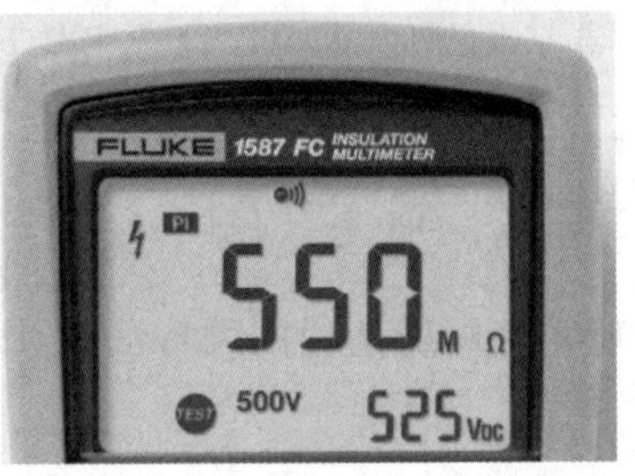

图 3-2-7 仪表显示屏指示符

表 3-2-4 仪表显示屏信息介绍

开关位置	测量功能
	电池低电量。表示应及时更换电池,当显示此符号时,背光灯按钮被禁止以延长电池寿命。警告:为了避免因读数出错导致触电或人身伤害,当显示电池低电量指示符时,应尽快更换电池
LOCK	表示下一次按下仪表或远程探头上的 INSULATION TEST 键时,测试锁将被投入使用,测试锁的作用是将按钮按住,直到再按一次按 HOLD 或 INSULATION TEST 键
- >	负号,或大于符号
ϟ	危险电压警告,表示在输入端检测到 30 V 或更高电压(交流或直流取决于旋转开关的位置)当在 $\tilde{V}$ $\bar{V}$ m$\bar{V}$ 开关位置上,OL 显示在显示屏上,以及 bAtt 显示在显示屏上时,同样会出现该指示符,当绝缘测试正在进行,或处于 Hz 模式时,此符号也会出现

续表

开关位置	测量功能
(平稳化符号)	平稳化功能被启用。平稳化功能是利用数字过滤消除快速变化的输入值的显示波动，仅1587型仪表的绝缘测试可使用平稳化功能，有关平稳化功能的更详细信息，请参阅开机通电选项
LO	表示选择了AC(交流)电压的低通滤波功能
HOLD（自动保持） HOLD	表示Auto Hold(自动保持)功能已启用 表示Display Hold(显示保持)功能已启用
MIN MAX MAX MIN AVG	表示已经使用 MINMAX 按钮选择了最小读数、最大读数或平均数
)))))	已选择连通性测试功能
(二极管符号) (仅1587型)	已选择二极管测试功能
nF、μF、℃，℉、AC、DC，Hz、kHz、Ω，kΩ、MΩ、GΩ	测量单位
0.0.0.0	主显示
V_{DC}	伏[特](V)
1000	辅显示
Auto Range ManualRange 610000 mV	显示当前使用的量程档
2500V 1000V	绝缘测试所用的电源电压额定值:50、100、250、500(默认)或1 000 V(1587型)。500 V(默认)和1 000 V量程档(1577型)
TEST	绝缘测试指示符，当施加绝缘测试电压时该符号会显示在显示屏上
batt	出现在主显示位置，表示电池电量过低，不足以可靠运行，更换电池之前仪表不能使用。当主显示位置出现此符号时，(电池符号)也会显示
bat	出现在辅显示位置，表示电池电量过低，不足以运行绝缘测试，在更换电池之前，INSULATION TEST 按钮被禁用，如把旋转开关转到其他任何功能档，该信息消失
OL	表示超出量程范围的数，当检测到开路的热电偶时，也会出现此符号
LEAd	测试导线警告，当您将开关调至或移开 mA 位置时，该信息将会短暂显示在显示屏上，并且仪表发出一声蜂鸣声
diSc	仪表不能将电容放电
EPPr Err	EEProm数据无效，请将仪表送修
CAL Err	校准数据无效，请校准仪表

(4)仪表输入端子的介绍

仪表的输入端子如图 3-2-8 所示,对应的端子功能介绍见表 3-2-5。

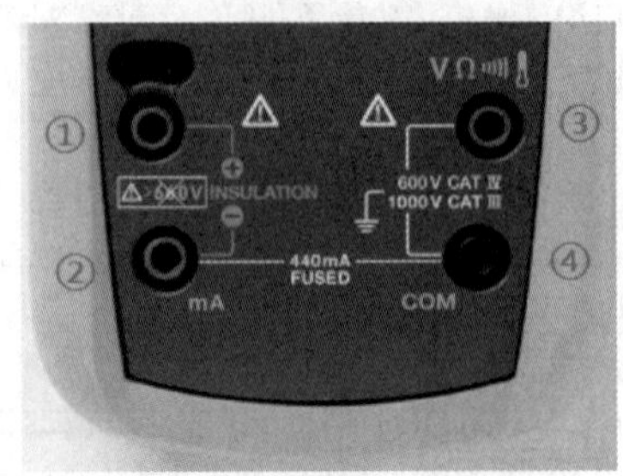

图 3-2-8　仪表输入端子

表 3-2-5　仪表输入端子功能介绍

按钮	说明
①	+用于绝缘测试的输入端子
②	-用于绝缘测试的输入端子。用于 400 mA 以内的 AC(交流)和 DC(直流)毫安测量,以及电流频率测量
③	用于电压、连通性、电阻、二极管、电容、电压频率及温度(仅 1587 型)测量的输入端子
④	用于绝缘测试以外的所有测量的公共(返回)端子

3. 仪表基本测量操作步骤

在将测试导线与电路或设备连接时,在连接带电导线之前先连接公共(COM)测试导线;当拆下测试导线时,要先断开带电的测试导线,再断开公共测试导线。

(1)测量交流和直流电压

交流和直流电压的测量方法如图 3-2-9 所示。

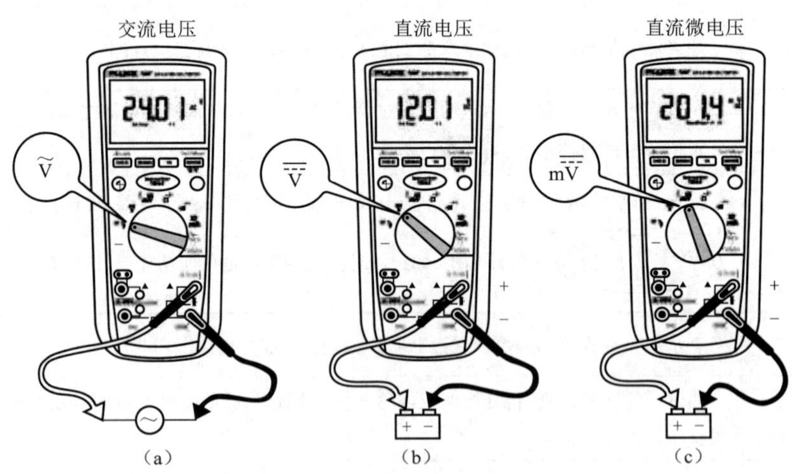

图 3-2-9　交流和直流电压测量方法

(2)测量温度

仪表可以测量设备随附的 K 型热电偶的温度,按“RANGE”键可以在摄氏度(℃)和华氏度

(℉)之间切换。为了避免损坏仪表或其他设备,尽管仪表的额定值为 -40 ~ 537 ℃,仪表所带的K型热电偶的额定值却为260 ℃。要测量该量程以外的温度,请使用额定值更高的热电偶。

温度的测量方法如图3-2-10所示。

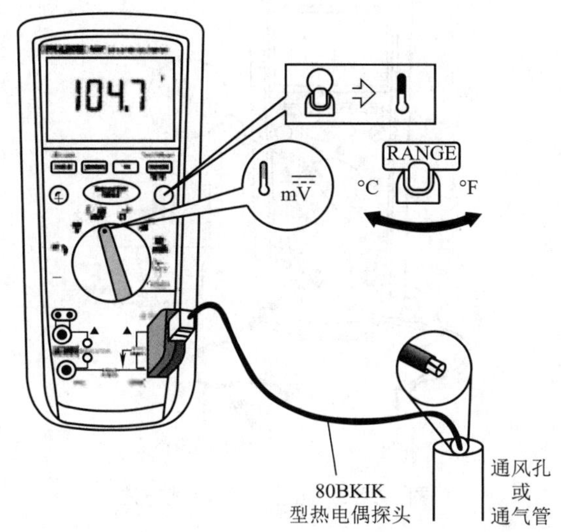

图3-2-10　温度的测量方法

(3)测量电阻

电阻的测量方法如图3-2-11所示。

(4)测量电容

电容的测量方法如图3-2-12所示。

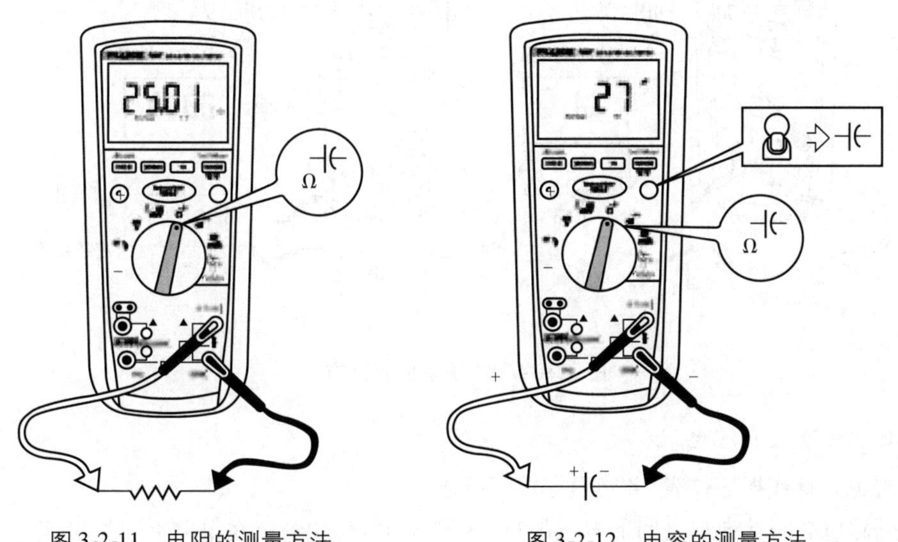

图3-2-11　电阻的测量方法　　图3-2-12　电容的测量方法

(5)连通性测试

连通性测试是利用蜂鸣器的声音来表示电路导通。当检测到短路(电阻值25 Ω以下),蜂鸣器发出蜂鸣声。为了避免仪表或被测试设备损坏,测试连通性以前,必须先切断电路电源并把所有高压电容器放电。

连通性的测试方法如图 3-2-13 所示。

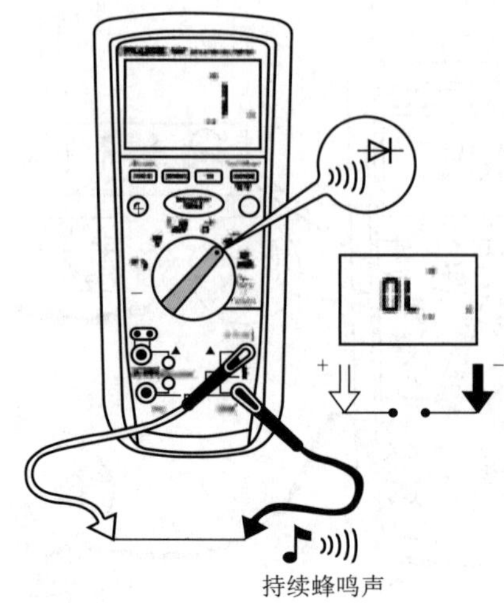

图 3-2-13　连通性的测试方法

(6)二极管测试

二极管的测试方法如图 3-2-14 所示。

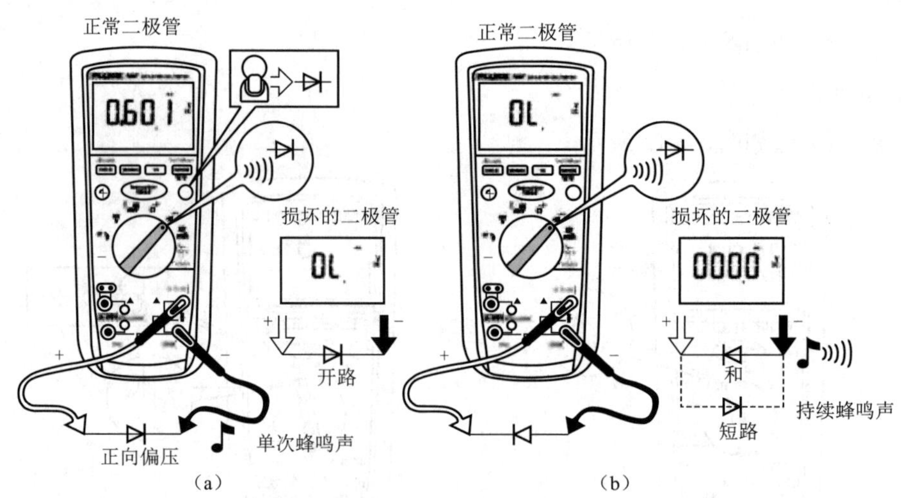

图 3-2-14　二极管的测试方法

(7)测量交流或直流电流

为了避免人身或损坏仪表,务必遵守以下要求:

①当开路电势至接地点之间的电压超过 1 000 V 时,切勿尝试在电路上测量电流。

②测量电流之前,先检查仪表的熔丝。

③测量时应使用正确的端子、开关位置和量程。

④当导线插在电流端子的时候,切勿把探头与任何电路并联。

电流测量方法如下:关闭(OFF)被测电路的电源,断开电路,将仪表以串联的方式接入,再启动(ON)被测电路的电源,如图 3-2-15 所示。

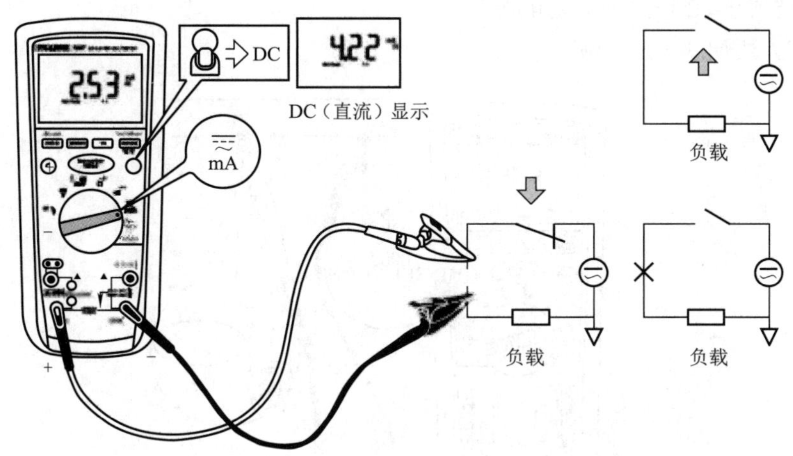

图 3-2-15　直流或交流电流测量方法

(8)测量频率

频率测量方法如图 3-2-16 所示。

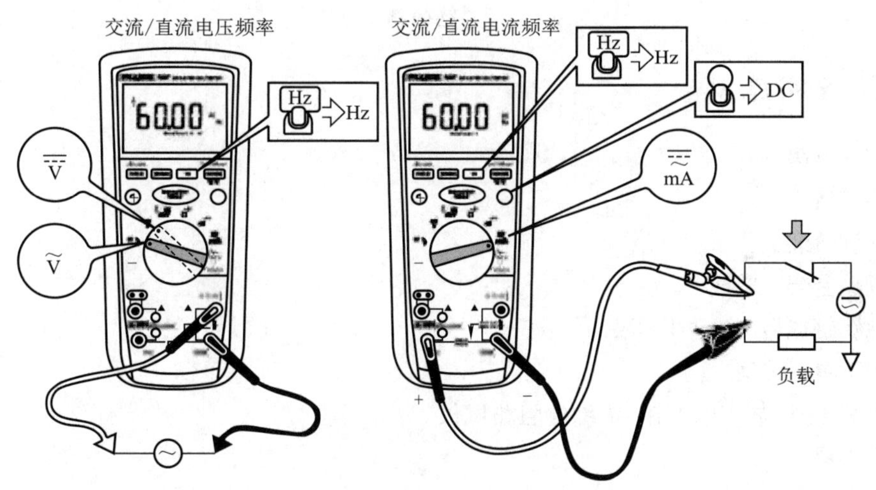

图 3-2-16　频率测量方法

(9)绝缘测试

绝缘测试只能在不通电的电路上进行。测试之前先检查熔丝。绝缘测试步骤如下:

①将测试探头插入“+”和“-”端子。

②将旋钮转至“INSULATION(绝缘)”位置。当开关调至该位置时,仪表将启动电池负载检查。如果电池未通过测试,显示屏下部将出现“电池”符号,在更换电池前不能进行绝缘测试。

③按“RANGE”选择电压。

④将探头与待测的电路连接。仪表会自动检查电路是否通电。

⑤主显示位置显示“----”直到按下 INSULATION TEST 键,此时将获取一个有效的绝缘电阻读数。

⑥如果电路电源超过 30 V(交流或直流),主显示区显示超过 30 V 以上警告的同时,显示高压符号,测试被禁止,必须立即关闭电源。

绝缘测试方法如图 3-2-17 所示。

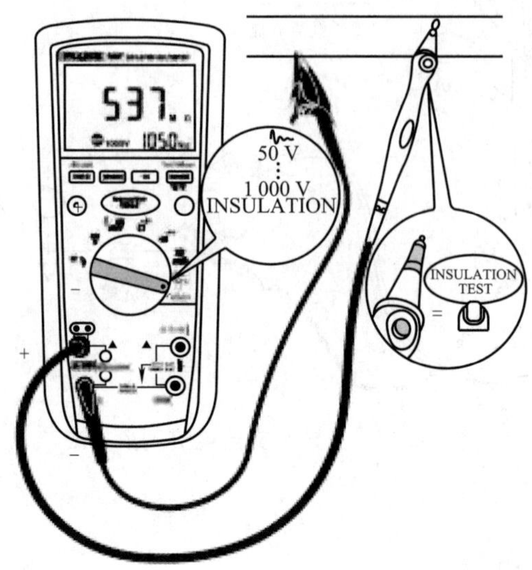

图 3-2-17　绝缘测试方法

任务实施

一、工作准备

1. 防护装备

常规实训着装。

2. 车辆、台架、总成

新能源车辆或台架,型号不限。

3. 专用工具、设备

绝缘拆装工具、数字电流钳、绝缘电阻测试仪。

4. 手工工具

无。

5. 辅助材料

无。

二、实施步骤

1. 绝缘拆装工具的使用

根据实训室的配备,使用绝缘拆装工具拆装新能源汽车的相关部件。

2. 数字电流钳的使用

根据实训室的配备,使用数字电流钳进行以下测试:

①测量交流和直流电流。

②测量电动机起动电流。

③测量发电机发电电流。

3. 数字绝缘电阻测试仪的使用

根据实训室的配备,使用高压绝缘测试仪进行如下绝缘电阻测试:

①动力电池外观绝缘电阻。

②高压导线绝缘电阻。

③电机三相电缆绝缘电阻。

学习拓展

1. 绝缘电阻测试仪的使用

以下主要以兆欧表为例,介绍绝缘电阻测试仪的使用方法。

(1)兆欧表接线柱的功能说明

如图 3-2-18 所示,兆欧表有三个接线柱,上端两个较大的接线柱上分别标有“接地”(E)和“线路”(L),在下方较小的一个接线柱上标有“保护环”(或“屏蔽”)(G)。

图 3-2-18　兆欧表接线柱功能

①E 端。接地端,接被测设备的接地部分或外壳。

②L 端。接线端,接被测设备的导体部分。

③G 端。保护环,主要用于电力电缆绝缘电阻的测量。

(2)绝缘电阻的测量方法

①线路对地的绝缘电阻。将兆欧表的“接地”接线柱(即 E 接线柱)可靠地接地(一般接到某一接地体上),将“线路”接线柱(即 L 接线柱)接到被测线路上,如图 3-2-19(a)所示。连接好后,顺时针摇动兆欧表,转速逐渐加快,保持在约 120 r/min 后匀速摇动。当转速稳定,表的指针也稳定后,指针所指示的数值即为被测物的绝缘电阻值。

实际使用中,E、L 两个接线柱也可以任意连接,即 E 可以与被测物相连接,L 可以与接地体连接(即接地),但 G 接线柱决不能接错。

②测量电动机的绝缘电阻。将兆欧表 E 接线柱接机壳(即接地),L 接线柱接到电动机某一相的绕组上,如图 3-2-19(b)所示,测出的绝缘电阻值就是某一相的对地绝缘电阻值。

③测量电缆的绝缘电阻。测量电缆的导电线芯与电缆外壳的绝缘电阻时,将接线柱 E 与电缆外壳相连接,接线柱 L 与线芯连接,同时将接线柱 G 与电缆壳、芯之间的绝缘层相连接,如图 3-2-19(c)所示。

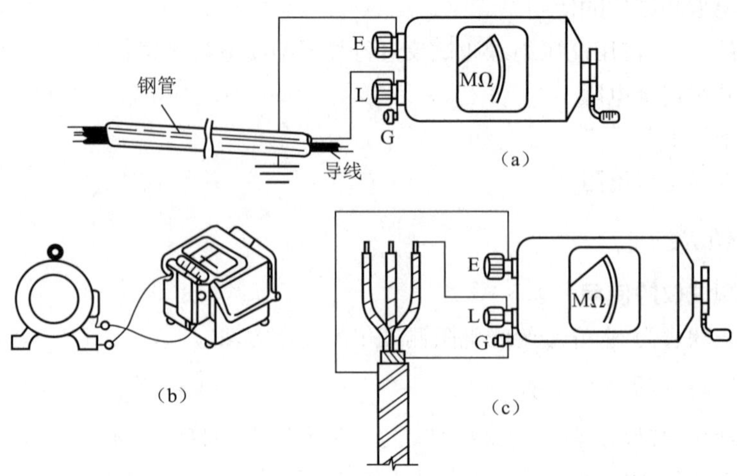

图 3-2-19　兆欧表的接线方法

(3)兆欧表使用注意事项

①使用前应作开路和短路试验。使 L、E 两接线柱处在断开状态,摇动兆欧表,指针应指向"∞";将 L 和 E 两个接线柱短接,慢慢地转动,指针应指向在"0"处。这两项都满足要求,说明兆欧表是好的。

②测量电气设备的绝缘电阻时,必须先切断电源,然后将设备进行放电,以保证人身安全和测量准确。

③兆欧表测量时应放在水平位置,并用力按住兆欧表,防止在摇动中晃动,摇动的转速为 120 r/min。

④引接线应采用多股软线,且要有良好的绝缘性能,两根引线切忌绞在一起,以免造成测量数据的不准确。

⑤测量完后应立即对被测物放电,在兆欧表的摇把未停止转动和被测物未放电前,不可用手去触及被测物的测量部分或拆除导线,以防触电。(不能将兆欧表的 L 端和 E 端直接短接放电)

2. FLUKE 1503 绝缘测试仪的使用

图 3-2-20 所示是 FLUKE 1503 绝缘测试仪。使用方法可以参照 FLUKE 1587 的绝缘测试方法。

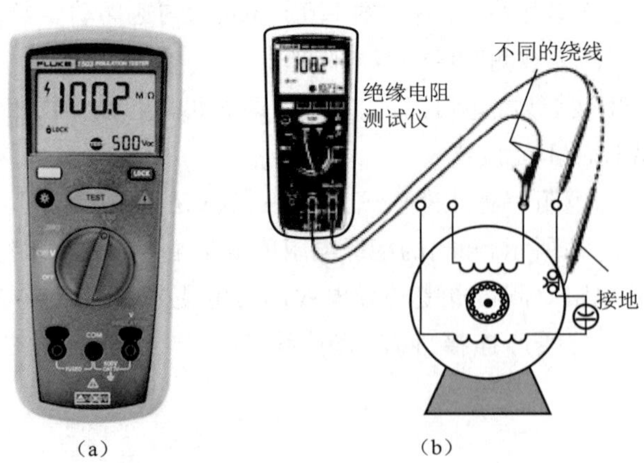

图 3-2-20　FLUKE 1503 绝缘电阻测试仪

3. 宝马 EOS 诊断仪

宝马汽车采用的 EOS 诊断仪，组成如图 3-2-21 所示。

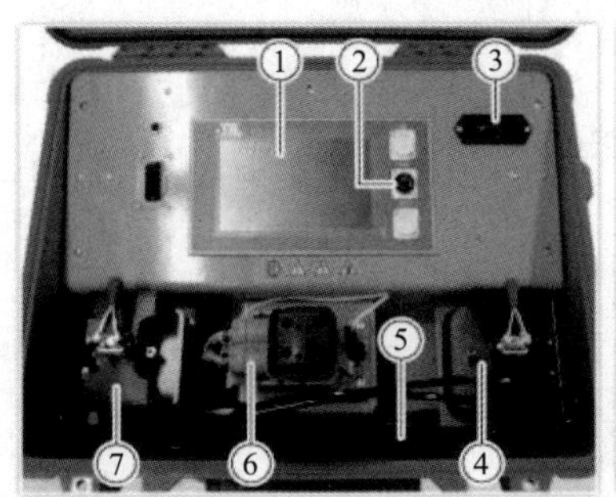

索引	说明
1	用于操作的触摸屏
2	用于更新的 USB 接口
3	网络电缆和主开关接口
4	I01 加压钟形罩
5	连接电缆
6	高压插头
7	I12 加压钟形罩
8	用于高压测试的继电器盒
9	网络电缆

图 3-2-21　EOS 测试仪

学习测试

1. 填空题

(1)新能源汽车维修时，必须正确地选择________工具。

(2)拆卸涉及高压的部件前，使用万用表测量确认电器两端电压为________。

(3)测试电阻、连通性、二极管或电容以前，必须先________电源，并将所有的高压电容器________。

(4)在用仪表测试导线与电路或设备的连接时，在连接带电导线之前先________测试导线。

(5)连通性测试是利用蜂鸣器的声音来表示________。

2. 判断题

(1)既然使用了绝缘拆装工具，就没有必要切断维修开关。　(　　)

(2)用仪表测量已知电压来验证仪表操作是否正常。　(　　)

(3)按仪表“RANGE”键可以在摄氏度(℃)和华氏度(℉)之间切换。　(　　)

(4)测量电流之前，先检查仪表的熔丝。　(　　)

(5)绝缘测试只能在通电的电路上进行。　(　　)

(6)兆欧表测量完成时，应将兆欧表的 L 端和 E 端直接短接放电。　(　　)

3. 单项选择题

(1)绝缘工具使用前,必须注意的事项是(　　)。

A. 正确地选择、检查及使用绝缘手套、防护目镜、防护服

B. 去除所有金属物品

C. 设立高压警告标记,确保工作区域的安全性

D. 以上都正确

(2)仪表以及使用手册上,“警告”代表(　　)。

A. 可能损坏仪表

B. 可能导致人身伤害或死亡的危险情况和行为

C. 可能造成数据丢失

D. 可能损坏被测元件

(3)仪表上的“AC”表示(　　)。

A. 平均值　　B. 直流　　C. 交流　　D. 电压

(4)兆欧表的“L 端”表示(　　)。

A. 接地端,接被测设备的接地部分或外壳

B. 接线端,接被测设备的导体部分

C. 保护环,主要用于电力电缆绝缘电阻的测量

D. 公共端

(5)FLUKE 1503 是(　　)。

A. 绝缘测试仪　　B. 万用表　　C. 故障诊断仪　　D. 绝缘拆装工具

(6)ED400 是(　　)品牌使用的诊断仪。

A. 北汽新能源　　B. 江淮汽车　　C. 荣威汽车　　D. 比亚迪汽车

(7)以下不能进行绝缘电阻测试的是(　　)。

A. 数字式万用表　　B. 兆欧表

C. 高压绝缘测试仪　　D. 故障诊断仪

项目四 新能源汽车电路基础知识

本项目主要学习新能源汽车电路的基础知识,分为 2 个任务:

任务 1　识别新能源汽车电路基础元件。

任务 2　识读新能源汽车电路图。

通过 2 个任务学习,能识别新能源汽车电路基础元件,以及读懂新能源汽车的电路图。

任务 1　识别新能源汽车电路基础元件

提出任务

一辆纯电动汽车,事故修复后需要检查全车的电器元件,你的主管让你去检查,并提醒你注意高压,你能完成这个任务吗?

任务目标

一、知识目标

1. 掌握新能源汽车低压电路基础元件的位置、功用和类型。
2. 掌握新能源汽车高压电路基础元件的位置、功用和类型。

二、能力目标

1. 能够识别新能源汽车低压电路基础元件。
2. 能够识别新能源汽车高压电路基础元件。

相关知识

要进行新能源汽车电路的检修,首先要能识别基础的电器元件。新能源汽车电器分为低压电器和高压电器两部分,以下分别以吉利帝豪 EV450 纯电动汽车和荣威 Ei6 混合动力汽车为例,介绍新能源汽车电路元件的识别。

一、吉利帝豪 EV450 纯电动汽车电路元件的识别

1. 主要高压部件性能参数

吉利帝豪 EV450 纯电动汽车高压部件性能参数，如图 4-1-1 所示，标明了整车主要配置（电器元件）的整体性能参数。

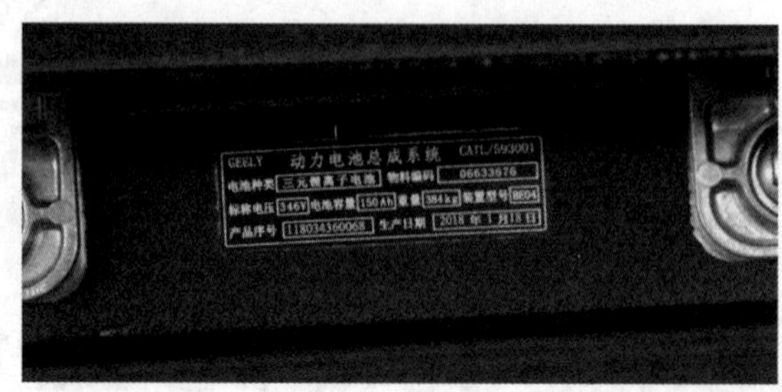

图 4-1-1　吉利帝豪 EV450 纯电动汽车高压部件性能参数

2. 整车结构

吉利帝豪 EV450 纯电动汽车整车结构图如图 4-1-2 所示，主要电器元件在整车中的相对位置。

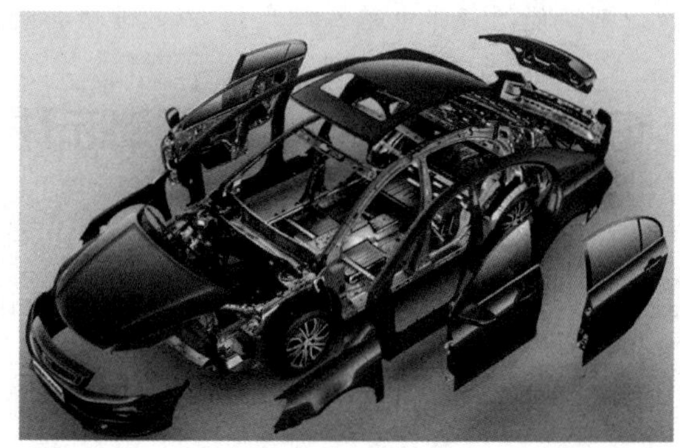

图 4-1-2　吉利帝豪 EV450 纯电动汽车整车结构

3. 主要部件识别

吉利帝豪 EV450 纯电动汽车前机舱的布置分为上下两层，下层是驱动电机及减速器，上层的零部件及管线通过集成安装支架固定在车身纵梁上。图 4-1-3 所示是前机舱上层主要部件位置，图 4-1-4 所示是前机舱下层主要部件位置。

图 4-1-3　吉利帝豪 EV450 纯电动汽车前机舱上层主要部件位置

图 4-1-4　吉利帝豪 EV450 纯电动汽车前机舱下层主要部件位置

(1)动力电池

吉利帝豪 EV450 纯电动汽车动力电池位置如图 4-1-5 所示。

图4-1-5　吉利帝豪 EV450 纯电动汽车动力电池位置

(2)驱动电机及控制器

吉利帝豪 EV450 纯电动汽车的驱动电机和控制器如图 4-1-6 所示。

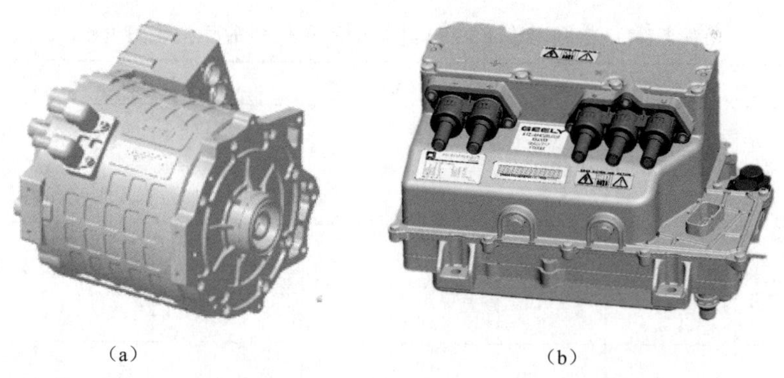

(a)　　(b)

图 4-1-6　吉利帝豪 EV450 纯电动汽车驱动电机和控制器

(3)车载充电器

与其他早期车型不同的是,吉利帝豪 EV450 纯电动汽车采用的车载充电器集高压控制盒为一体,实现更加集中和高效的控制。车载充电器总成如图 4-1-7 所示。

(4)仪表台

吉利帝豪 EV450 纯电动汽车的仪表台及仪表各指示灯等信息如图 4-1-8 所示。

吉利帝豪 EV450 纯电动汽车仪表故障指示灯介绍见表 4-1-1。

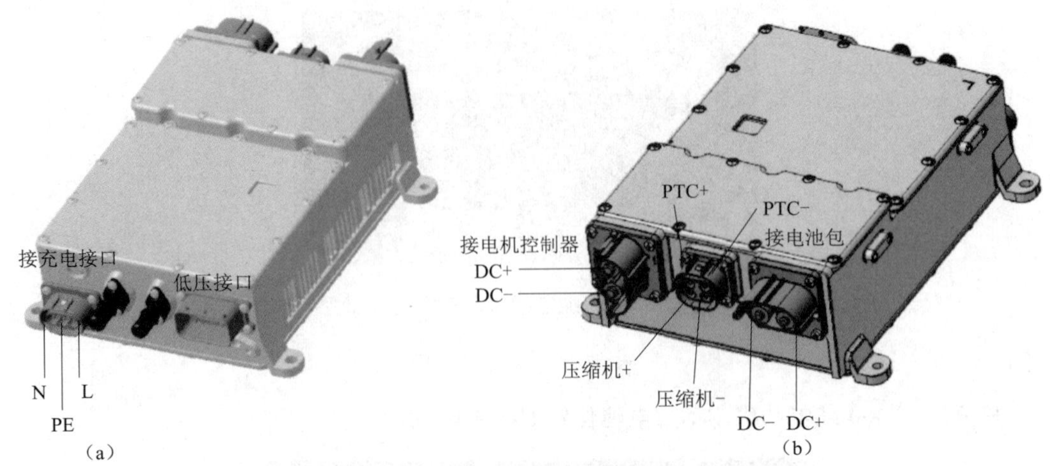

图 4-1-7　吉利帝豪 EV450 纯电动汽车的车载充电器总成

图 4-1-8　吉利帝豪 EV450 纯电动汽车的仪表台及仪表各指示灯

表 4-1-1　吉利帝豪 EV450 纯电动汽车仪表故障指示灯介绍

序号	名称	显示位置	符号	颜色	显示文字	点亮条件	处理方式
1	安全带未系	表盘		红色	请系安全带	当车辆处于 ON 状态，驾驶员安全带未系或者乘客安全带未系且乘客座位有人或重物时	
2	安全气囊	表盘		红色		当车辆处于 ON 状态，且安全气囊发生故障时	请检查安全气囊模块
3	车身防盗	表盘		红色		车身防盗开启后	
4	蓄电池报警灯	显示屏		红色	蓄电池故障	蓄电池电压高/低故障或者DC-DC 故障	
5	门开报警	表盘		红色		驾驶门/乘客门/行李箱任一门开时	

续表

序号	名称	显示位置	符号	颜色	显示文字	点亮条件	处理方式
6	ABS	表盘	ABS	黄色		车辆 ABS 系统发生故障时	
7	前雾灯	表盘		绿色		前雾灯打开	
8	后雾灯	表盘		黄色		后雾灯打开	
9	前照灯远光	表盘		蓝色		远光灯打开	
10	左转向	表盘		绿色		左转向打开	
11	右转向	表盘		绿色		右转向打开	
12	EBD	表盘		红色	EBD 故障	车辆 EBD 系统发生故障时	
13	制动液位				请添加制动液	车辆制动液位低时	添加制动液
	制动系统故障				制动系统故障	车辆制动系统发生故障时	
14	手刹制动	表盘		红色		手刹拉起时	
15	充电提示灯	显示屏		黄色	请尽快充电	充电提醒：电量小于 30% 时指示灯点亮； 在电量低于 5% 时，提示“请尽快充电”	
16	系统故障	显示屏		红色		仪表与整车失去通信时，指示灯持续闪烁；车辆出现一级故障时，指示灯持续点亮	
				黄色		车辆出现二级故障时，指示灯持续点亮	
17	充电指示灯	表盘		红色	请连接充电枪	充电枪线缆接触不好时，显示“请连接充电枪”	
18	REDAY 指示灯	显示屏	READY	绿色		车辆准备就绪时	

续表

序号	名称	显示位置	符号	颜色	显示文字	点亮条件	处理方式
19	跛行指示灯	显示屏		红色	车辆进入跛行状态	加速踏板故障时	
20	EPS 故障	显示屏		黄色	EPS 系统故障	EPS 系统发生故障时	
21	挡位故障	显示屏	N	—		挡位故障触发后，当时挡位持续闪烁	
22	电机冷却液温度过高	显示屏		红色	电机冷却液温度过高	当电机或电机控制器温度过高而引起冷却液温度过高时	
23	电机转速过高	文字提示区域	—	—	电机转速过高	当电机转速过高时	
24	请尽快离开车内	文字提示区域	—	—	请尽快离开车内	当遇到电池严重故障时	
25	动力电池断开	显示屏		黄色		当车辆动力电池断开时	
26	动力电池故障	显示屏		红色	动力电池故障	当车辆动力电池发生故障时	
27	示廓灯	表盘		绿色		当示廓灯打开时	
28	绝缘故障	文字提示区域	—	—	绝缘故障	当车辆发生绝缘系统故障时	
29	驱动电机系统故障	文字提示区域	—	—	驱动电机系统故障	当车辆驱动电机系统发生故障时	
30	车身控制模块故障	文字提示区域	—	—	车身控制模块故障	当车辆车身控制模块发生故障时	

二、荣威 Ei6 混合动力汽车电路元件的识别

1. 低压电器元件的识别

荣威 Ei6 是混合动力车型，其低压电器系统与传统的内燃机汽车主要有以下四大差别：

①整车线束及配电：集成化和智能化。

②整车网络及通信：交互多，信息量大。

③整车电源系统设计：双模式（电和燃油），三电源（12 V 蓄电池、DC-DC 和发电机）。

④整车空调系统:制冷和采暖系统都有大的变化。

以下介绍荣威 Ei6 的低压电器位置和识别。

(1)低压电器元件分布图

①前舱。前舱零部件位置如图 4-1-9 所示。

图 4-1-9　前舱零部件位置

②驾驶舱。驾驶舱的主要零部件位置如图 4-1-10 所示。

图 4-1-10　驾驶舱主要零部件位置

③顶棚。顶棚的主要零部件位置如图 4-1-11 所示。

图 4-1-11　顶棚主要零部件位置

④后部。后部主要零部件位置如图 4-1-12 所示。

(2)12 V 电源系统元件识别

荣威 Ei6 的低压系统由三个电源共同提供,分别为:12 V 蓄电池、DC-DC 和发电机,12 V 电源系统分布图如图 4-1-13 所示。

图 4-1-12　后部主要零部件位置

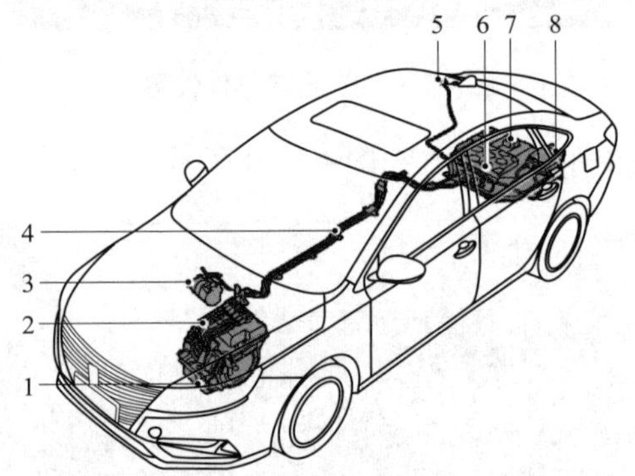

图 4-1-13　12 V 电源系统分布图

1—电驱动变速器;2—电力电子箱;3—电空调压缩机;4—高压线束;
5—充电口;6—动力电池包;7—手动维修开关;8—车载充电器

12 V 电源系统主要零部件位置及识别如下:

①正极熔断器盒 Ⅰ。正极熔断器盒 Ⅰ 如图 4-1-14 所示。

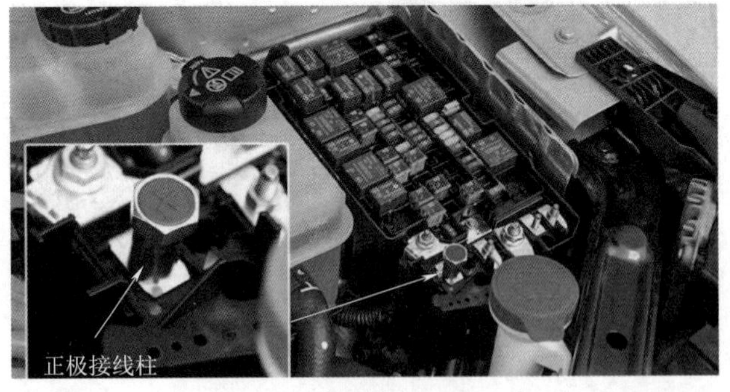

图 4-1-14　正极熔断器盒 Ⅰ

②低压电源线车底走向。低压电源线车底走向如图 4-1-15 所示。

③正极熔断器盒 Ⅱ。正极熔断器盒 Ⅱ 如图 4-1-16 所示。

④12 V 蓄电池。12 V 蓄电池如图 4-1-17 所示。

图 4-1-15　低压电源线车底走向

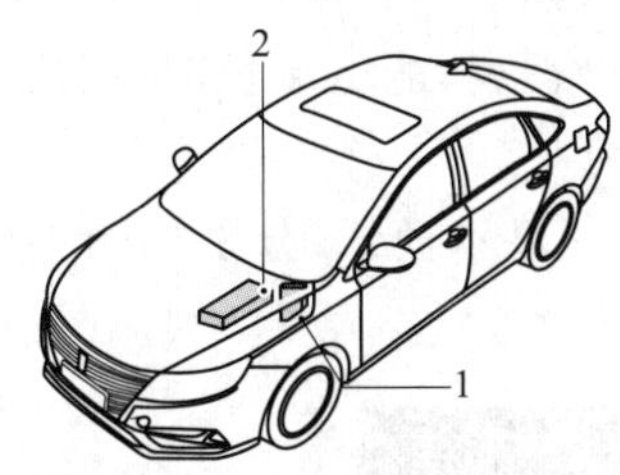

图 4-1-16　正极熔断器盒Ⅱ

1—乘客舱熔丝盒；2—发动机舱熔丝盒

图 4-1-17　12 V 蓄电池

低压电池管理系统（BMS）接插件针脚及电路示意如图 4-1-18 所示。

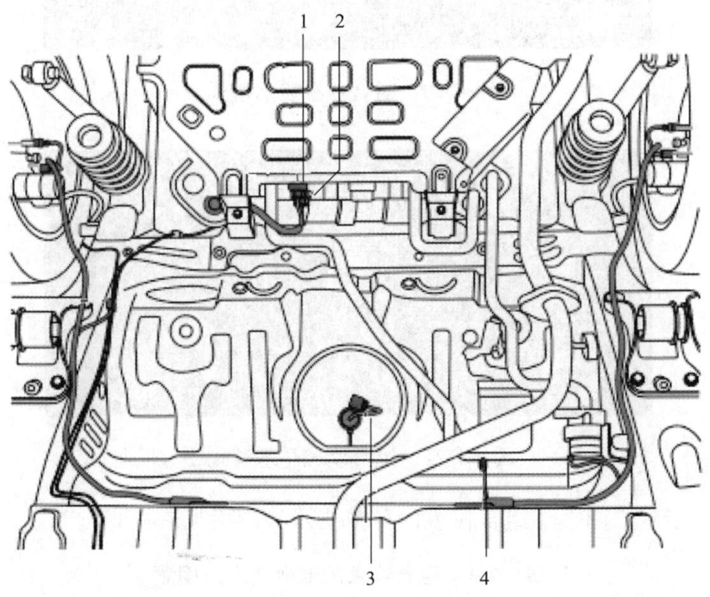

图 4-1-18　低压电池管理系统（BMS）接插件针脚及电路示意

1—动力电池管理模块；2—动力电池管理模块；

3—燃油泵；4—电磁冷却器膨胀阀

低压电池管理系统(BMS)监控到12 V蓄电池电压低时,就会关闭多媒体系统,如图4-1-19所示。

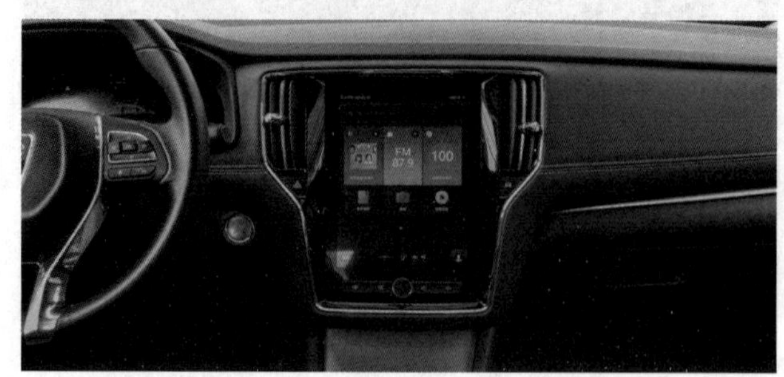

图4-1-19　低压电池管理系统(BMS)关闭多媒体系统

(3)组合仪表元件识别

荣威Ei6混合动力汽车的组合仪表主要用于显示整车的各种状态和警示信息,包括车速表、发动机转速表、燃油表、发动机冷却液温度表、功率表、电量表、里程表、能量流程图、挡位、时间、室外温度、行车信息、故障提示信息等显示和各种故障警告指示灯。

①组合仪表的显示模式。根据车辆的配置,组合仪表有两种显示模式,分别如图4-1-20和图4-1-21所示。

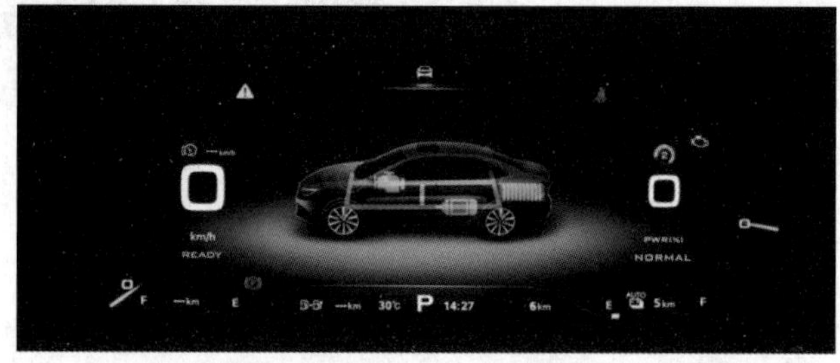

图4-1-20　组合仪表显示模式一

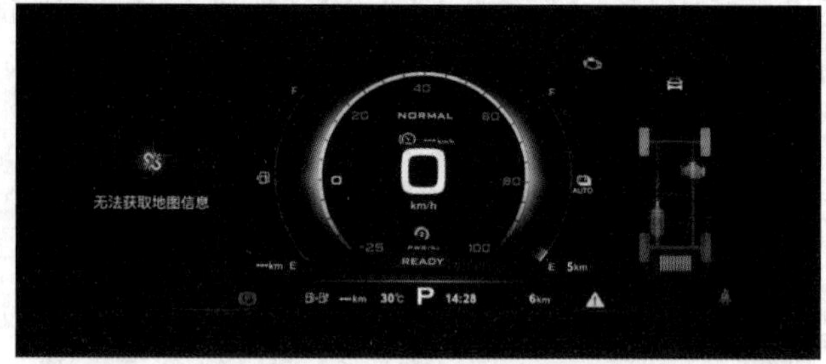

图4-1-21　组合仪表显示模式二

②组合仪表的指示灯图案。组合仪表的部分指示灯图案见表4-1-2。

表4-1-2　组合仪表的部分指示灯图案

指示灯图案	指示灯名称	说明
OK	READY指示灯	M2电机控制器通过CAN给组合仪表发送“READY”指示灯点亮信号

续表

指示灯图案	指示灯名称	说明
EV	纯电动模式指示灯	
HEV	混合动力模式指示灯	
ECO	经济模式指示灯	
SPORT	运动模式指示灯	
	动力电池充电连接指示灯	工作于所有电源挡位：硬线传输，（车端）插上充电枪时，点亮指示灯
	动力电池电量低指示灯	剩余电池容量≤20%，指示灯点亮 剩余电池容量>20%，指示灯熄灭
	电机过热警告灯	
	电机冷却液温度过高警告灯	
	动力系统故障警告灯	
	充电系统故障警告灯	
	动力电池过热警告灯	

(4)灯光系统元件识别

荣威 Ei6 混合动力汽车的灯光系统零部件和普通车型基本一致。

①前部灯光。前部灯光系统零部件如图 4-1-22 所示。

图 4-1-22　前部灯光系统零部件

②后部灯光。后部灯光系统零部件如图 4-1-23 所示。

图 4-1-23　后部灯光系统零部件

③室内灯光。室内灯光系统零部件如图 4-1-24 所示。

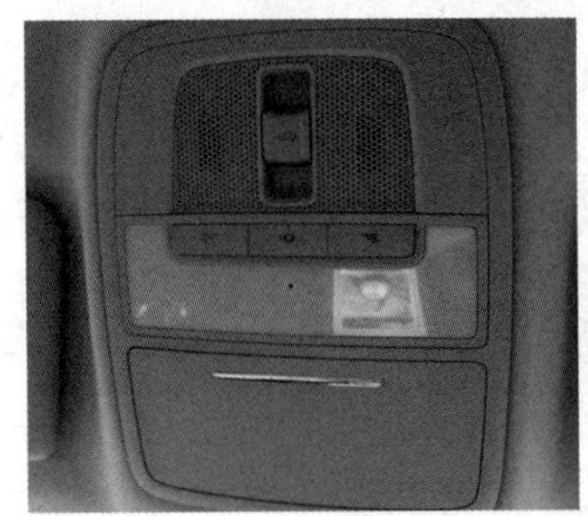

图 4-1-24　室内灯光系统零部件

2. 高压电器元件的识别

(1) 整车高压电器分布

①整车高压电器分布示意图。荣威 Ei6 整车高压电器分布示意如图 4-1-25 所示。

图 4-1-25　荣威 Ei6 整车高压电器分布示意

②行李箱内部高压电器。行李箱内部高压电器如图 4-1-26 所示。

③驾驶舱内部高压电器。驾驶舱内部高压电器如图 4-1-27 所示。

④底盘高压电器。底盘高压电器如图 4-1-28 所示。

图 4-1-26　行李箱内部高压电器

图 4-1-27　驾驶舱内部高压电器

图 4-1-28　底盘高压电器

⑤前舱高压电器。前舱高压电器如图 4-1-29 所示。

图 4-1-29　前舱高压电器

(2)高压系统各部件识别

以下以荣威 Ei6 混合动力汽车为例,介绍高压系统各部件的安装位置及功能。

①动力电池包(battetry pack)总成(即动力电池组总成)

安装位置:后排座椅与行李箱之间。动力电池包总成如图 4-1-30 所示。

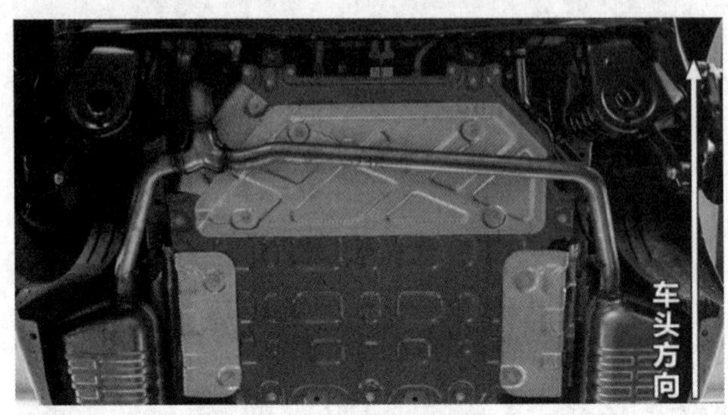

图 4-1-30　动力电池包总成

功用:为整车驱动电机提供电动力,执行充电和放电工作。

采样线束:动力电池包的采样线束及连接器如图 4-1-31 所示。

②维修开关(service switch)总成

安装位置:维修开关位于动力电池包总成上方,连接了动力电池的一个正极和负极。维修开关位置如图 4-1-32所示。

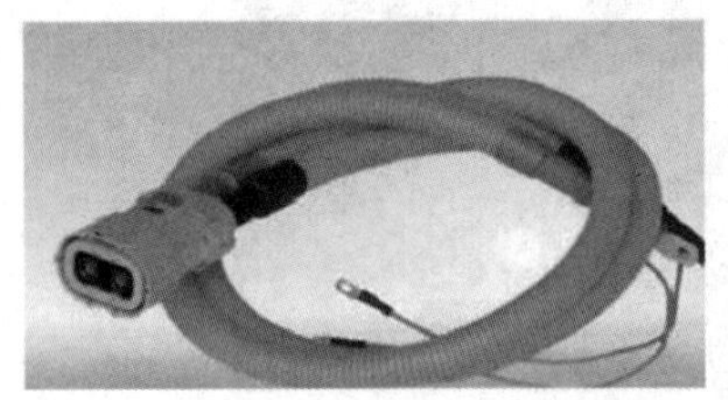

图 4-1-31　动力电池包的采样线束及连接器

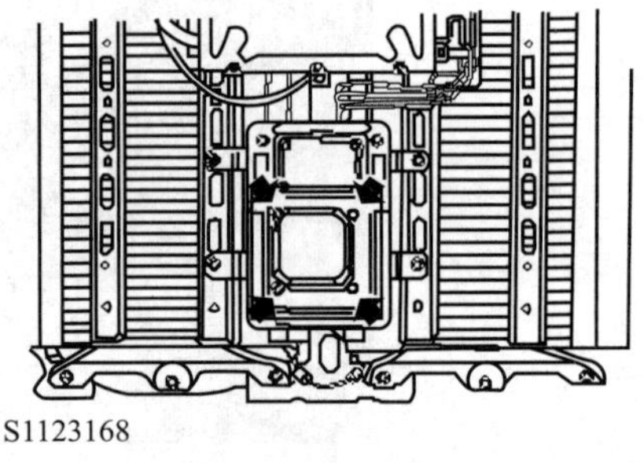

图 4-1-32　维修开关位置

功用:在车辆维修时直接断开高压回路,从而保证操作人员的安全。维修开关线路示意如图 4-1-33 所示。

使用:维修开关正常状态时,手柄处于水平位置;需要拔出时,应先将手柄转至竖直状态,再向上拔出;需要插上时,应先沿竖直方向用力向下插入,再将手柄转至水平状态。维修开关的状态如图 4-1-34 所示。

③高压配电总成(high voltage distribution assy)

安装位置:高压配电总成位于后行李舱动力电池包支架右上方。

图 4-1-33　维修开关线路示意

功用:将动力电池包的高压电流分配给整车高压电器使用,其上游是动力电池包,下游包括驱动电机控制器及 DC 总成、PTC 水加热器、电动压缩机、漏电传感器;也将车载充电器的高压直流电分配给动力电池包。

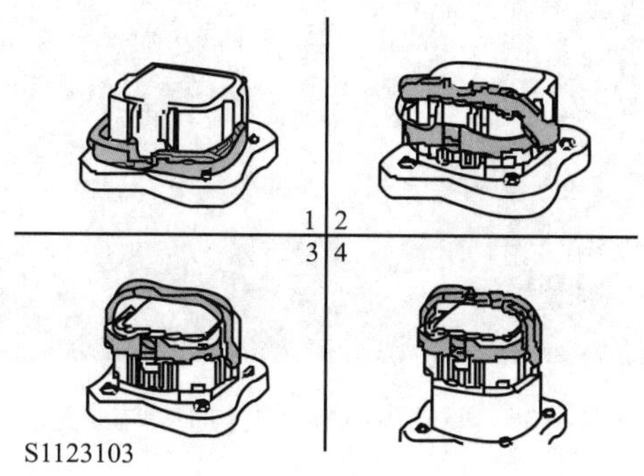

图 4-1-34　维修开关的状态

④漏电传感器

安装位置:漏电传感器位于车身后围搁物板前加强横梁上。

功用:用于对电动汽车直流动力电源母线及外壳、车身与底盘之间的绝缘阻抗检测。通常检测与动力电池输出相连接的负极母线与车身底盘之间的绝缘电阻来判断动力电池包的漏电程度。当动力电池包漏电时,传感器发出一个信号给电池管理控制器。电池管理控制器接到漏电信号后,进行相关保护操作并报警,防止动力电池包的高压外泄,造成人或是物品伤害和损失。

⑤分布式电池管理系统

系统组成:分布式电池管理系统(distributed battery management system,DBMS)由 10 个电池信息采集器(battery information collector,BIC)和 1 个电池管理控制器(battery management controller,BMC)组成。

安装位置:10 个 BIC 分别位于 10 个动力电池模组前端,BMC 位于行李箱车身右 C 柱内板后段。

功用:主要功能是电压采样、温度采样、电池均衡、采样线异常检测等。

⑥驱动电机控制器与 DC 总成

安装位置:驱动电机控制器与 DC 总成位于前舱左侧,如图 4-1-35 所示。

图 4-1-35　驱动电机控制器与 DC 总成安装位置

驱动电机控制器与 DC 总成元件如图 4-1-36 所示。

图 4-1-36　驱动电机控制器与 DC 总成元件

功用:驱动电机控制器用于控制电机运转;DC 用于直流电压的转换(升压控制)。

⑦充电系统

交流充电连接装置及交流充电口总成位置:

交流充电连接装置及交流充电口总成位置如图 4-1-37 所示。

图 4-1-37　交流充电连接装置及交流充电口总成位置

交流充电连接装置:

交流充电连接装置连接供电端三芯插头,充电连接装置上的控制盒点亮“Ready”指示灯。同时“Charge”指示灯闪烁,如图 4-1-38 所示。

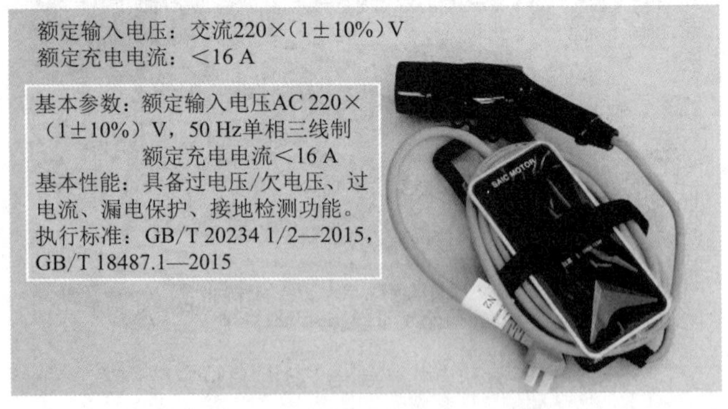

图 4-1-38　交流充电连接装置元件

交流充电口总成:

交流充电口总成又称慢充口，位于行李箱门上，用于将外部充电设备的交流电源连接到车辆充电回路上。车辆外部通过充电连接装置连接到交流充电设备，车辆内部通过高压电缆连接到车载充电器上，如图 4-1-39 所示。

图 4-1-39　交流充电口总成元件

车载充电器：

车载充电器(on-board charger assy,OBCA)位于行李箱右部。车载充电器将交流充电口传递过来的交流电源转换为直流高压电，为动力电池充电。

⑧高压电缆。高压电缆是连接动力电池与每个高压负载的"神经"，由高压电缆将动力电池的电能输送到每个高压负载，保障负载电力输送的稳定性。整车高压电缆线束包含有：

a. 电池包正、负极连接线。

b. 电池包串联线Ⅰ、Ⅱ。

c. 驱动电机控制线直流母线。

d. 空调高压线。

e. PTC 小线。

f. 车载充电器小线。

g. 其他零部件自带的高压橙色线束。

高压电缆外观如图 4-1-40 所示。

图 4-1-40　高压电缆外观

任务实施

一、工作准备

1. 防护装备

常规实训着装。

2. 车辆、台架、总成

北汽 E200 纯电动汽车；荣威 Ei6 混合动力汽车。

丰田普锐斯混合动力汽车；或其他同类新能源汽车。

3. 专用工具、设备

无。

4. 手工工具

无。

5. 辅助材料

无。

二、实施步骤

1. 北汽新能源纯电动汽车电路元件的识别

(1)整车性能参数

参照“相关知识”的内容,查找整车及电器部件的标牌,识别整车的性能参数。

(2)整车结构

参照“相关知识”的内容,查找整车主要电器元件在整车中的相对位置。

(3)主要部件识别

①动力电池。参照“相关知识”的内容,查找并识别动力电池。

②驱动电机及控制器。参照“相关知识”的内容,查找并识别驱动电机及控制器。

③动力控制单元 PDU。参照“相关知识”的内容,查找并识别 PDU。如果该车型没有配置,则查找并识别高压控制盒、DC-DC 变换器以及车载充电机。

④仪表台。参照“相关知识”的内容,查找并识别仪表各指示灯、仪表的按钮(操纵杆)使用说明和显示模式。

⑤启动开关。参照“相关知识”的内容,查找并识别启动开关各挡位的功能。

⑥换挡杆。参照“相关知识”的内容,查找并识别换挡杆各位置的功能。

⑦灯光操作。参照“相关知识”的内容,查找并识别灯光操作调节按钮的功能。

⑧空调操作。参照“相关知识”的内容,查找并识别空调操作按键的功能。

2. 荣威 **Ei6** 混合动力汽车电路元件的识别

(1)低压电器元件的识别

①低压电器元件安装位置识别。参照“相关知识”的内容,按以下顺序分别查找相关的低压电器元件安装位置。

a. 前舱

b. 驾驶舱

c. 顶棚

d. 后部

②12 V 电源系统元件识别。参照“相关知识”的内容,查找并识别 12 V 电源系统主要零部件。

a. 正极保熔断器 Ⅰ

b. 车底的低压电源线

c. 正极保熔断器 Ⅱ

d. 12 V 蓄电池

③其他电器系统元件识别。参照“相关知识”的内容,查找并识别以下电器系统主要零部件。

a. 智能钥匙系统

b. 组合仪表

c. 灯光系统

d. 记忆系统

e. 多媒体系统

f. 驻车辅助系统

g. 全景影像

(2)高压电器元件的识别

①高压电器元件安装位置识别。参照“相关知识”的内容,按以下顺序分别查找相关的高压电器元件安装位置。

a. 行李箱内部

b. 驾驶舱内部

c. 底盘

d. 前舱

②高压系统各部件识别。参照“相关知识”的内容,查找并识别高压系统主要零部件。

a. 动力电池包及高压线束、采样线束

b. 维修开关

c. 高压配电箱,包括外部高压端子、低压线束、漏电传感器检测线、空调保险、车载充电器保险

d. 漏电传感器

e. 分布式电池管理系统,包括 BIC 和 BMC

f. 驱动电机控制器与 DC 总成

g. 充电系统,包括交流充电连接装置、交流充电口、车载充电器

h. 高压电缆,包括整车高压电缆线束

学习测试

1. 填空题

(1)新能源汽车电器分为________电器和________电器两部分。

(2)新能源汽车整车电源系统设计为________模式,________电源。

(3)低压电池管理系统简称________。

(4)荣威 Ei6 混合动车汽车的记忆系统包括:________记忆、________记忆、________记忆。

(5)驻车辅助系统主要利用________的原理来实现的。

(6)动力电池包安装在后排座椅与________之间。

(7)维修开关位于________总成上方左上角。

(8)分布式电池管理系统简称________,由电池信息采集器简称________和电池管理控制器简称________ 组成。

(9)车载充电器将________传递过来的交流电源转换为直流高压电为动力电池充电。

2. 判断题

(1)新能源汽车的空调系统和传统汽车没有差别。 (　　)

(2)转向轴锁和启动按钮属于智能钥匙系统。 (　　)

(3)荣威 Ei6 混合动车汽车的灯光系统零部件和普通车型基本一致。 (　　)

(4)荣威 Ei6 混合动车汽车的多媒体系统只能通过转向盘按键操作。 (　　)

(5)全景影像系统超广角摄像头采集过来的影像非常清晰而且视野宽阔,无须经过处理即可在显示屏上显示。 (　　)

(6)高压配电箱的功用是将动力电池包的高压电流分配给整车高压电器使用。 (　　)

(7)驱动电机控制器与 DC 总成的安装位置在行李箱。 (　　)

(8)交流充电口总成又称快充口,用于将外部充电设备的交流电源连接到车辆充电回路上。 (　　)

(9)高压电缆将发电机的电能输送到每个高压负载。 ( )

3. 单项选择题

(1)荣威 Ei6 混合动车汽车的低压系统由三个电源共同提供,分别为( )。

A. 12 V 蓄电池、AC-DC 和发电机　　B. 12 V 蓄电池、DC-DC 和发电机

C. 12 V 铅酸电池、DC-DC 和发电机　　D. 500 V 蓄电池、DC-DC 和发电机

(2)以下属于荣威 Ei6 混合动车汽车的组合仪表显示的信息是( )。

A. 车速表、发动机转速表、燃油表、发动机冷却液温度表

B. 功率表、电量表、里程、能量流程图

C. 挡位、时间、室外温度、行车信息、故障提示信息

D. 以上都正确

(3)漏电传感器判断动力电池包的漏电程度,是检测与动力电池输出相连接的负极母线与车身底盘之间的( )。

A. 绝缘电阻　　B. 绝缘电压　　C. 绝缘电流　　D. 放电量

(4)新能源汽车动力系统的总控中心是( )。

A. 电池管理系统　　B. 高压配电箱

C. 驱动电机控制器　　D. DC-DC

(5)荣威 Ei6 混合动车汽车高压系统故障指示灯包括( )。

A. 动力系统故障灯

B. 动力电池过热警告灯和动力电池故障警告灯

C. 电机冷却液温度过高警告灯和电机过热警告灯

D. 以上都正确

任务 2 识读新能源汽车电路图

提出任务

一辆北汽新能源纯电动汽车在事故修复后需要检查全车电路是否正常,你的主管让你参照电路图进行检查,你能完成这个任务吗?

任务目标

一、知识目标

1. 掌握新能源汽车电路图中元素的编码规则。
2. 掌握新能源汽车电路图中整车配电及低压线束位置和规格。

二、能力目标

能够识读新能源汽车电路图。

相关知识

要进行新能源汽车电路的检修,除了要能识别基础的电器元件外,还应该能读懂新能源汽车的电路图。以下分别以北汽新能源纯电动汽车和比亚迪秦混合动力汽车(简称比亚迪秦)为例,介绍新能源汽车电路图的识别方法。

一、北汽新能源纯电动汽车电路图识读

1. 如何使用电路图

北汽新能源汽车的电路图手册可以提供车辆线路和诊断信息，为了有效使用电路图对车辆进行诊断和修理，首先了解车辆的所有特性是非常重要的。

北汽新能源纯电动汽车提供的电路图中的电源和点火开关一般放到充电系统。

电路图中所表示的所有开关、元件、模块都是在处于静止位置（车门关闭，钥匙从点火开关中拔出）。

电路图上表示的元件和线路可能与实际车辆看到的不一样，例如一根短导线和一跟长导线画得一样长。另外，开关和其他元件表示的尽可能简单，仅考虑到所起到的作用。

电路图按系统分为几个组，如果一个元件在某个系统中出现得最多，那么该元件将在该组中完全（所有导线、对接插件及针脚）显示。例如"背光调节"在组合仪表中出现得最多，那么在组合仪表中，它完全显示，如果它包括某些相关电路，那么它会在另一个系统中部分显示。

可以根据电路图上的名称、代码来识别元件、对接插件。

2. 电路图接线的颜色信息

北汽新能源系列车型线色代码见表 4-2-1。

表 4-2-1　北汽新能源系列车型线色代码一览表

线色	红色	橙色	白色	黑色	黄色	紫色	绿色	蓝色	棕色	灰色	粉红色	浅绿色
代码	R	O	W	B	Y	V	G	L	Br	Gr	P	Lg

3. 熔丝、继电器和元件的代码

北汽新能源系列车型熔丝、继电器和元件代码见表 4-2-2。表中没有涉及的元件代码，请参照相关电路图的说明。

表 4-2-2　北汽新能源系列车型熔丝、继电器和元件代码

序号	代码	对应元件名称	备注
1	BA	低压蓄电池	
2	MF01	熔丝架 MF 上的熔丝 1	其他熔丝根据编号类推
3	FB17	熔丝架 FB 上的熔丝 17	其他熔丝根据编号类推
4	J1	ON 挡继电器	
5	K36	点火开关	
6	PB	高压蓄电池（动力电池）	
7	U100	整车控制器 VCU	
8	QIC	快充接口	
9	TMC	驱动电机控制器	
10	VPC	真空泵控制器	
11	U103	BCM	
12	J5	空调继电器	
13	J2	充电继电器	
14	J7	DC-DC 继电器	

续表

序号	代码	对应元件名称	备注
15	J8	水泵继电器	
16	U101	空调控制器	
17	KO	组合仪表	
18	EPS	电动转向控制模块	
19	DPT	数据采集终端	
20	HCB	高压控制盒	

4. 电路图样例

以下列举北汽新能源纯电动汽车电路图样例，图 4-2-1 是 E150 诊断接口电路图；图 4-2-2 是 E150 DC-DC 转换器电路图。

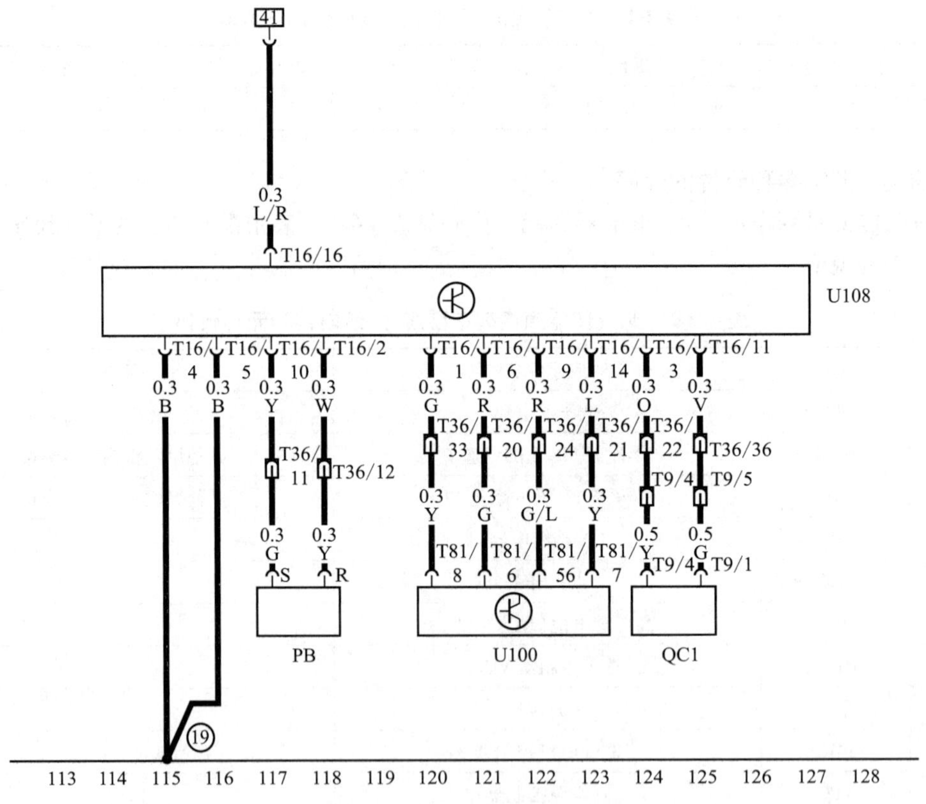

图 4-2-1　E150 诊断接口电路图

T36—整车控制器线束与仪表线束对接插件；U108—诊断接口；PB—动力电池；U100—整车控制；T9—快充接口连接插头；QCI—快充接口；19—接地点 19

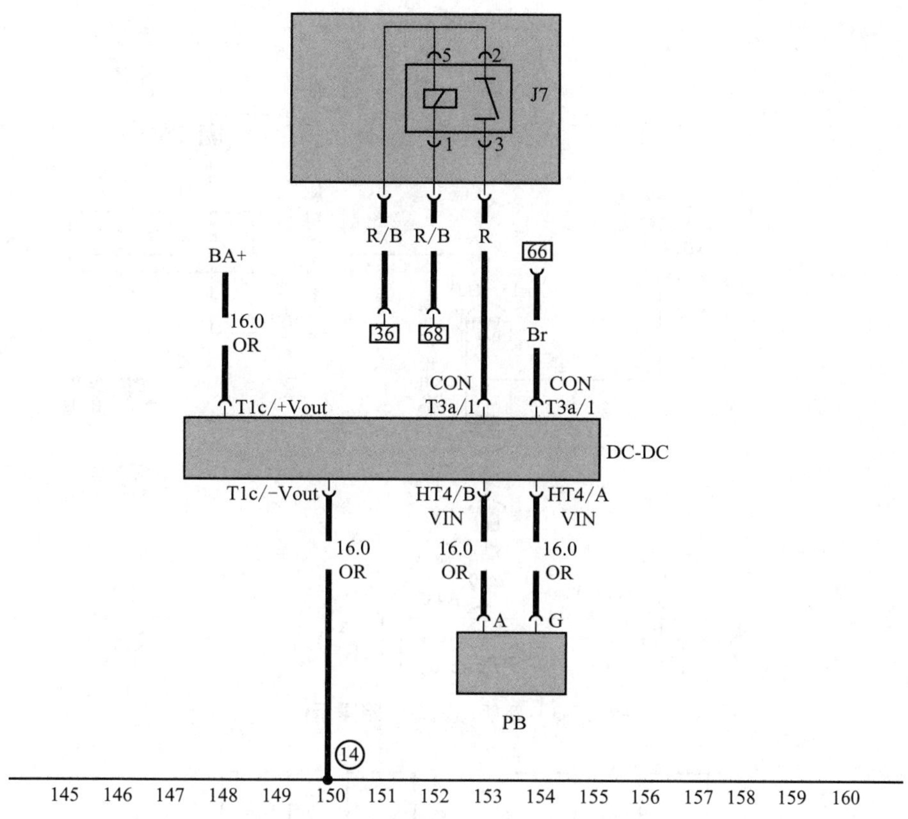

图 4-2-2　E150 DC-DC 转换器电路图

BA +—低压蓄电池；V_{out}—低压电源输出；J7—DC-DC 继电器；

PB—动力电池；CON—充电通信；VIN—高压电输入；14—接地点 14

二、比亚迪秦混合动力汽车电路图识读

1. 电路图中元素的编码规则

新能源汽车电路图中的元素与普通车辆基本相同，具有接插件、熔丝、继电器、导线以及用电器等，如图 4-2-3 所示。

（1）接插件的编码

电路图中接插件编码由 3 部分组成，分为 3 种类型，如图 4-2-4 所示。

①类型 1，位置编码。采用 A、B、C、G、K 等字母表示，该编码取决于电路回路元素所属线束的位置，对应关系参照表 4-2-3。

表 4-2-3　位置编码对应关系参照表

线束名称	装配位置	编码	线束名称	装配位置	编码
发动机线束	发动机	A	顶棚线束	顶棚	P
前舱线束	前舱	B	左前门线束	左前门	T
前横梁线束	前横梁	C	右前门线束	右前门	U
仪表板线束	管梁	G	左后门线束	左后门	V
底板线束	底板	K	右后门线束	右后门	W

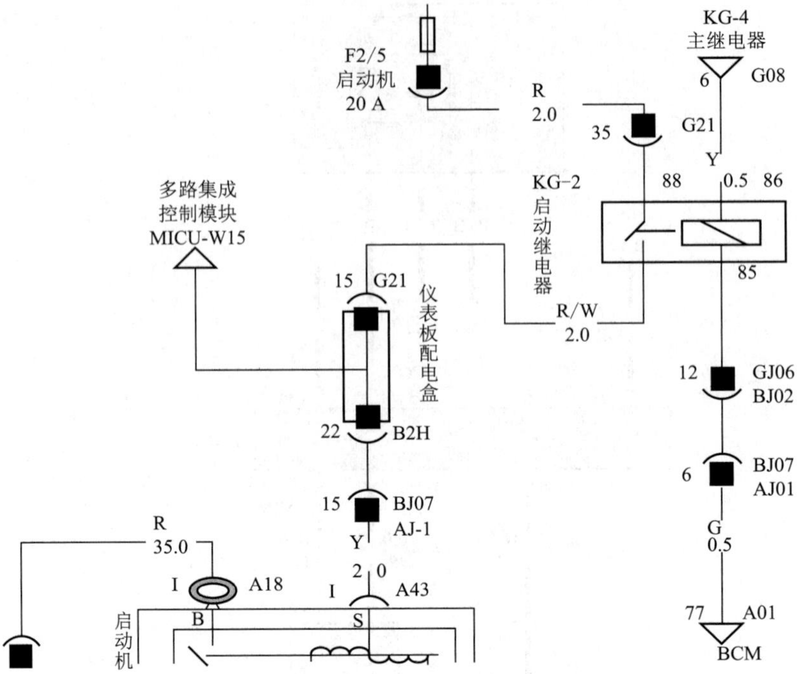

图 4-2-3　新能源汽车电路图示例

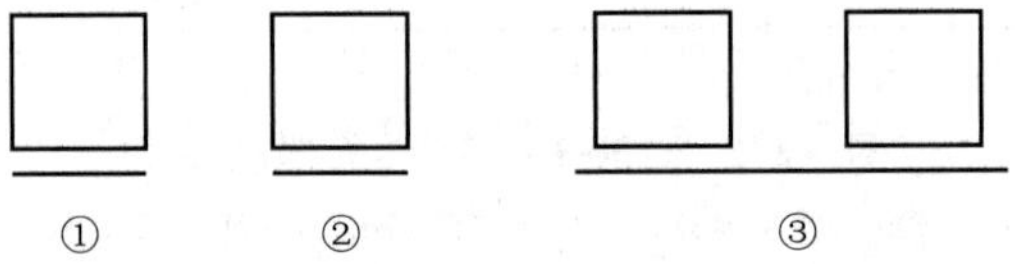

①　②　③

第一位 位置	第二位 类别	第三位 排序
结束代码 （字母）	线束对接编号J	插接件编号 （数字）
	空	
	配电盒代码	配电盒端口（字母）

图 4-2-4　接插件类型

②类型 2，类别编码。类别编码采用 1、2、3 等阿拉伯数字或大写字母 J 表示，分为以下三种情况：

a. 该电路回路元素如果是配电盒上的接插件，此位编码采用序号 1、2、3 等数字表示，配电盒类别编码对应关系参照表见表 4-2-4。

表 4-2-4　配电盒类别编码对应关系参照表

配电盒名称	编码	配电盒名称	编码
前舱配电盒	1	仪表板配电盒Ⅱ	4
仪表板配电盒	2	正极配电盒Ⅰ	5
前舱配电盒Ⅱ	3	正极配电盒Ⅱ	8

b. 该电路回路元素如果是线束间的对接接插件，此位编码采用字母“J”表示。

c. 该电路回路元素如果是接车用电器模块的接插件，则此位为空。

③类型 3，排序编码。排序编码采用大写字母 A、B、C、D 等字母或 01、02、03、04 等数字表示，分为以下两种情况：

a. 该电路回路元素如果是配电盒上的接插件，此位编码采用 A、B、C、D 等字母，该位与接插件所在配电盒插口位置编码一致。

b. 其他电路回路元素按所在线束的空间位置依次编号为 01、02、03、04 等数字。

例如：

仪表线束上接电气件的接插件：G05

仪表线束上的对接接插件：GJ01

仪表线束上接配电盒的接插件：G2A

（2）接插件针脚、导线的识别

①接插件针脚识别。接插件自锁方向朝上，接插件插头引脚按从左到右，从上到下进行编号；接插件插座引脚按从右到左，从上到下进行编号，如图 4-2-5 所示。

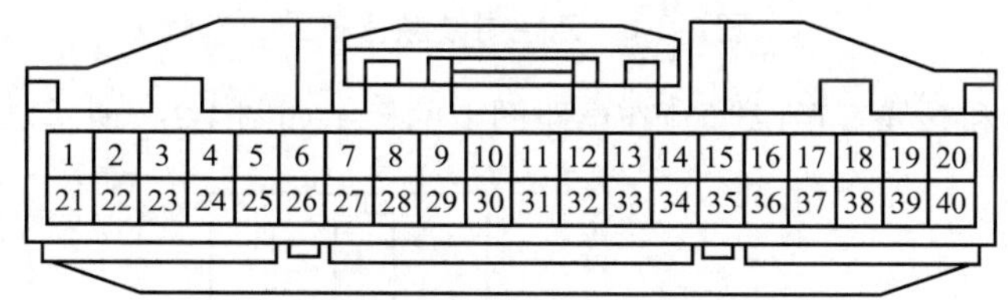

图 4-2-5　接插件针脚识别

②导线识别。导线识别见表 4-2-5。

表 4-2-5　导线识别

线束类型	作用	图例	电路图中标示
标准线	用于一般情况的导线连接，无须屏蔽要求		R/Y 1.25
双绞线	在低频情况下，双绞线可以靠自身来抵抗外来干扰及相互之间的串音，比如低速 CAN，扬声器		
屏蔽线	能够将辐射降低在一个范围内，或者防止辐射进入导线内部，造成信号干扰，比如音频信号线（屏蔽网接地）		

导线颜色对照见表 4-2-6。

表 4-2-6　导线颜色对照

字母	W	B	R	G	L	O	Br	Y	Gr	P	V
颜色	白	黑	红	绿	蓝	橙	棕	黄	灰	粉红	紫

双色导线颜色布置如图 4-2-6 所示。

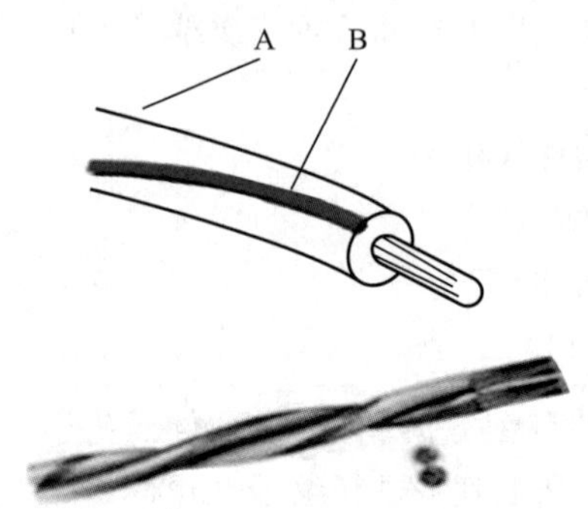

图 4-2-6　双色导线颜色布置

导线颜色(线色)和导线直径(线径)在电路图上的标示如图 4-2-7 所示。

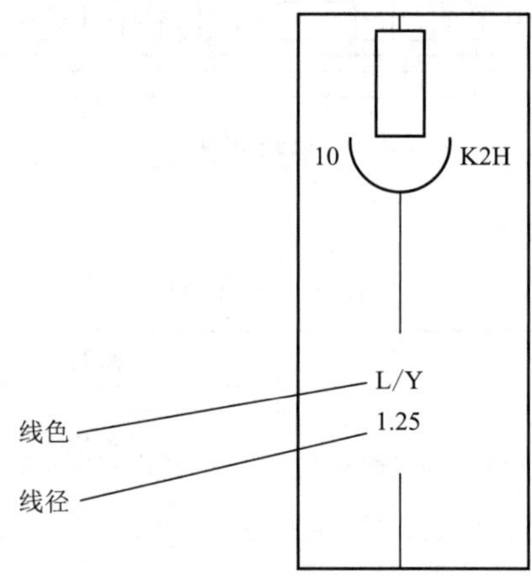

图 4-2-7　导线线色和导线线径在电路图上的标示

(3)熔断器的编码规则

电路图中熔断器编码规则如下：

①前舱配电盒附配的熔断器按相应的位置编号为 F1/1、F1/2 等。

②仪表板配电盒附配的熔断器按相应的位置编号为 F2/1、F2/2 等。

③仪表板配电盒Ⅱ附配的熔断器按相应的位置编号为 F4/1、F4/2 等。

④正极配电盒Ⅰ附配的熔断器按相应的位置编号为 F5/1、F5/2 等。

⑤正极配电盒Ⅱ附配的熔断器按相应的位置编号为 F8/1、F8/2 等。

⑥地板线束外挂的熔断器按相应的位置编号为 FX/1、FX/2 等。

图 4-2-8 所示为熔断器编码规则范例。

图 4-2-8　熔断器编码规则范例

(4)继电器的编码规则

电路图中继电器编码规则如下:

①前舱配电盒附配的继电器按相应的位置编号为 K1-1、K1-2 等。

②仪表板配电盒附配的继电器按相应的位置编号为 K2-1、K2-2 等。

③仪表板配电盒 I 附配的继电器按相应的位置编号为 K4-1、K4-2 等。

④外挂继电器按相应的线束编号为 KG-1、KG-2…KC1-1、KC2-1…KX-1 等。

⑤控制模块内部不可拆卸继电器按相应的位置编号为 KI-1、KI-2 等。

图 4-2-9 所示为继电器编码规则范例。

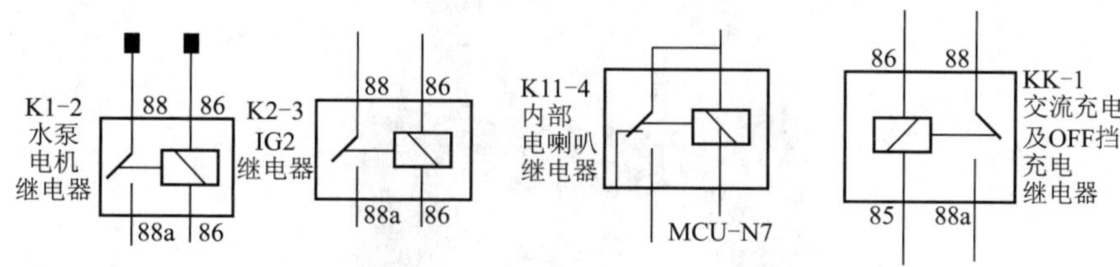

图 4-2-9　继电器编码规则范例

2. 电路图中整车配电及低压线束位置和规格

(1)整车配电

比亚迪秦整车有 5 个配电盒及 3 个电源,见表 4-2-7。

表 4-2-7　比亚迪秦整车配电盒和电源位置

名称	位置	备注
正极熔断器盒 I	发动机舱(DC-DC 旁边)	
正极熔断器盒 Ⅱ	行李箱(12 V 蓄电池旁边)	
前舱配电盒	发动机舱左侧	
仪表板配电盒 I	仪表台管梁左侧	
仪表板配电盒 Ⅱ	仪表台管梁右侧	
3 个电源		
12 V 蓄电池	发电机	DC-DC

比亚迪秦整车配电原理如图 4-2-10 所示。

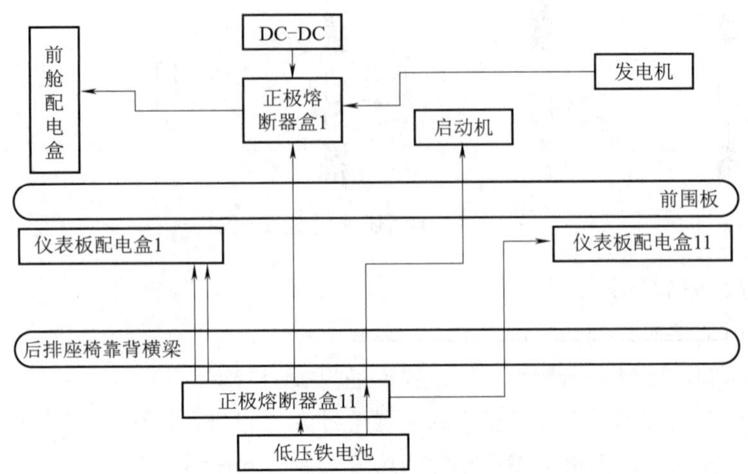

图 4-2-10　比亚迪秦整车配电原理

①前舱配电盒。比亚迪秦前舱配电盒位置，如图 4-2-11 所示。

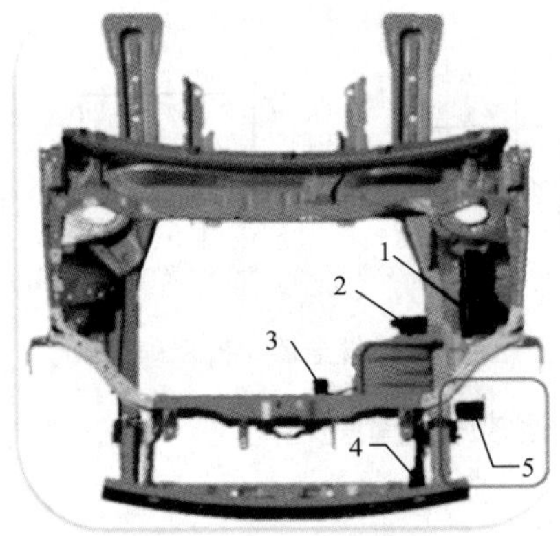

图 4-2-11　比亚迪秦前舱配电盒位置

1—前舱配电盒；2—正极熔断器盒Ⅰ；3—前横梁线束外挂继电器盒Ⅰ；
4—前横梁线束外挂继电器盒Ⅱ；5—前舱配电盒Ⅱ（匹配真空泵）

比亚迪秦前舱配电盒接口定义（编号），如图 4-2-12 所示。

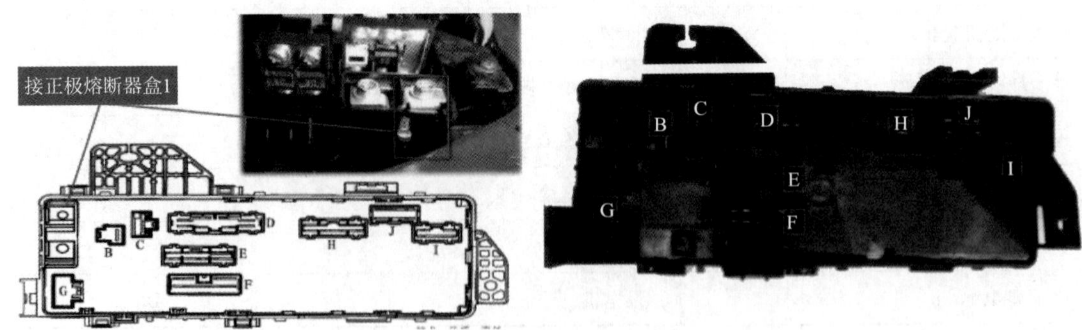

图 4-2-12　比亚迪秦前舱配电盒接口定义（编号）

比亚迪秦前舱配电盒熔断器、继电器编号及规格，如图 4-2-13 所示。

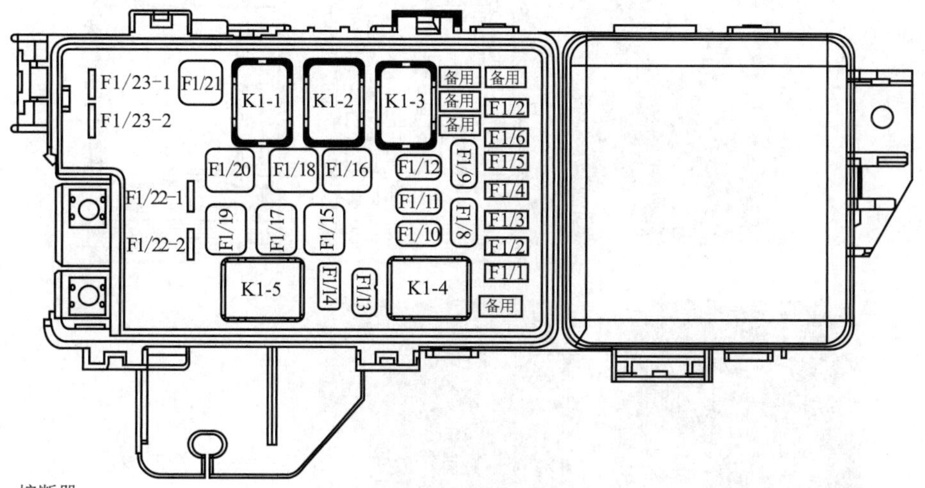

熔断器

编号	F1/1	F1/2	F1/3	F1/4	F1/5	F1/6	F1/7	F1/8	F1/9	F1/10	F1/11	F1/12
规格	10 A	10 A	10 A	10 A	10 A	15 A	7.5 A	15A	15 A	20 A	15 A	10 A
说明	右远光灯	左远光灯	左近光灯	右近光灯	空调水泵	小灯	MCU	冷却液循环泵	EMS	前雾灯	昼行灯	冷却水泵
编号	F1/13	F1/14	F1/15	F1/16	F1/17	F1/18	F1/19	F1/20	F1/21	F1/22-1	F1/22-2	F1/23-1
规格	15 A	20 A	40 A	30 A	25 A	40 A	40 A	25 A	40 A	125 A	50 A	30 A
说明	转向、告警灯	喇叭、制动灯	后除霜	TCU	ESP	ACM-H	ESP	ACM-H	鼓风机	主熔断器	前配Ⅱ	冷却风扇
编号	F1/23-2											
规格	30 A											
说明	冷凝风扇											

继电器

编号	K1-1	K1-2	K1-3	K1-4	K1-5
规格	30 A	30 A	30 A	30 A	30 A
说明	鼓风机	冷却水泵	后除霜	前雾灯	昼行灯

图 4-2-13　比亚迪秦前舱配电盒熔断器、继电器编号及规格

②仪表板配电盒。比亚迪秦仪表板配电盒位置，如图 4-2-14 所示。

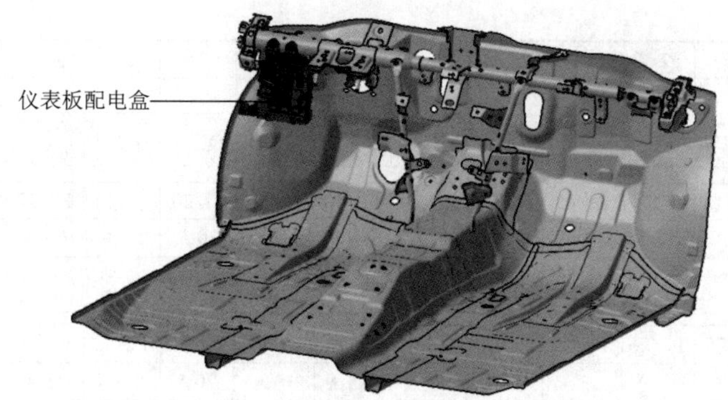

图 4-2-14　比亚迪秦仪表板配电盒位置

比亚迪秦仪表板配电盒接口定义（编号），如图 4-2-15 所示。

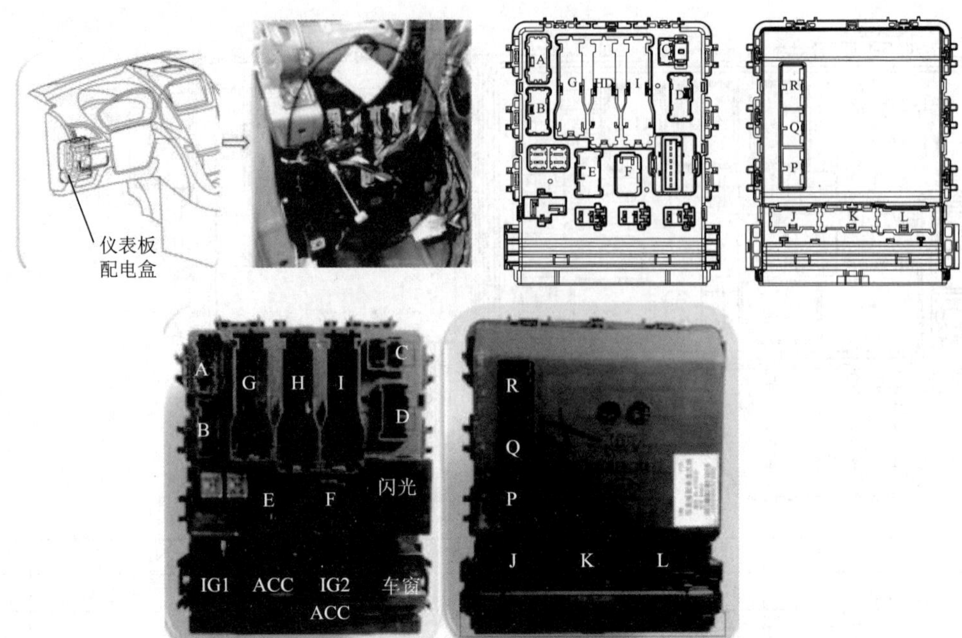

图 4-2-15　比亚迪秦仪表板配电盒接口定义(编号)

比亚迪秦仪表板配电盒熔断器、继电器编号及规格,如图 4-2-16 所示。

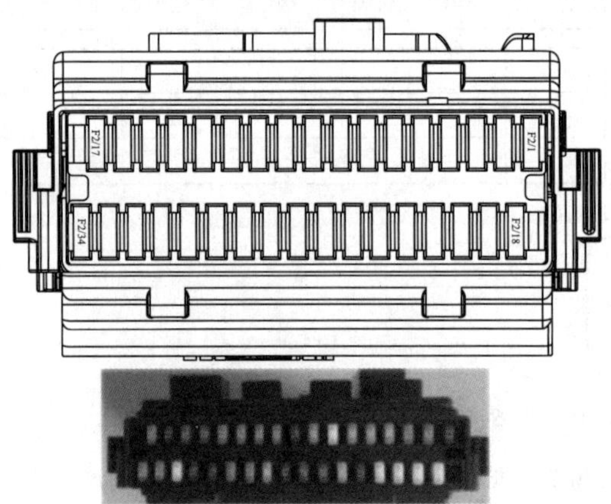

熔断器

编号	F2/1	F2/2	F2/3	F2/4	F2/5	F2/6	F2/7	F2/8	F2/9	F2/10	F2/11	F2/12
规格	7.5 A	15 A	15 A	30 A	30 A	30 A	20 A	15 A	7.5 A	15 A	15 A	15 A
说明	P挡控制器	燃油泵	P挡电机	电喷1	启动机	主驾电动座椅	左前车窗	DLC	IG2	EMS、TCU模块	电机控制器	洗涤电机
编号	F2/13	F2/14	F2/15	F2/16	F2/17	F2/18	F2/19	F2/20	F2/21	F2/22	F2/23	F2/24
规格	15 A	15 A	10 A	7.5 A	15 A	20A	20 A	20 A	20 A	7.5 A	25 A	10 A
说明	IG1	ESP、ECU	REPS ECU	EPB、ECU	SRS	左后车窗	右后车窗	右前车窗	电动天窗	转向轴镜	门锁电机	门灯室内灯
编号	F2/25	F2/26	F2/27	F2/28	F2/29	F2/30	F2/31	F2/32	F2/33	F2/34	F2/35	F2/36
规格	10 A	7.5 A	15 A	15 A	15 A	7.5 A	10 A	20 A	7.5 A	15 A	30 A	30 A
说明	模块常电	后雾灯	电喷2	点烟器	备用电源	ACC	外后视镜除霜	点火线圈	氧传感器	燃箔压力阀	管柱ECU	雨刮

图 4-2-16　比亚迪秦仪表板配电盒熔断器、继电器编号及规格

继电器

编号	K2-1	K2-2	K2-3	K2-4	K2-5
规格	30 A	30 A	30 A	30 A	30 A
说明	IG1 继电器	ACC 继电器	G2 继电器	电动窗 继电器	闪光 继电器

图 4-2-16　比亚迪秦仪表板配电盒熔断器、继电器编号及规格(续)

③行李箱配电盒。比亚迪秦行李箱配电盒位置,如图 4-2-17 所示。

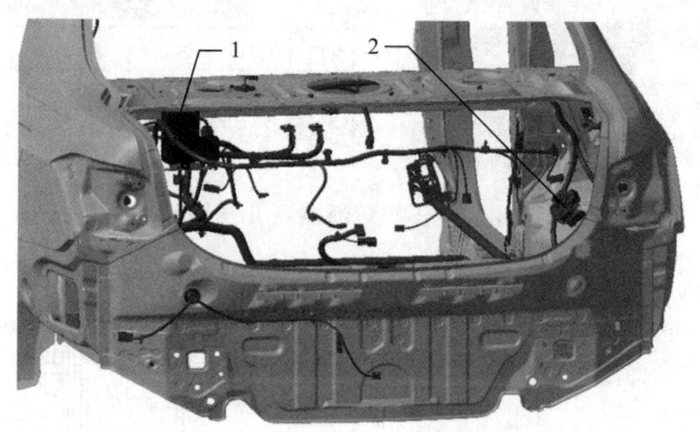

图 4-2-17　比亚迪秦行李箱配电盒位置

1—行李箱正极熔断器盒;2—底板线束外挂熔丝、继电器座

④正极熔断器盒Ⅰ。比亚迪秦正极熔断器盒Ⅰ及熔丝规格及编号,如图 4-2-18 所示。

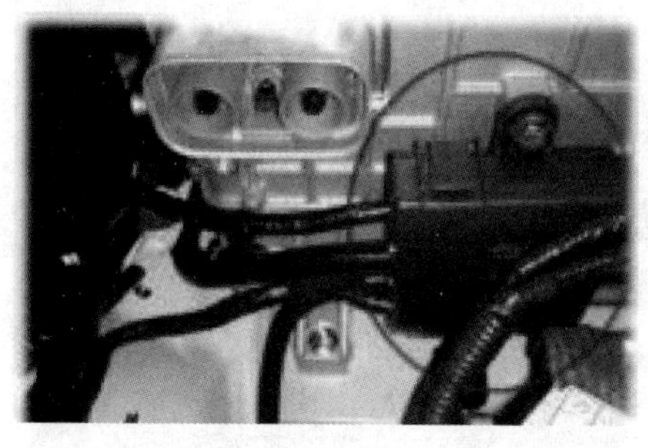

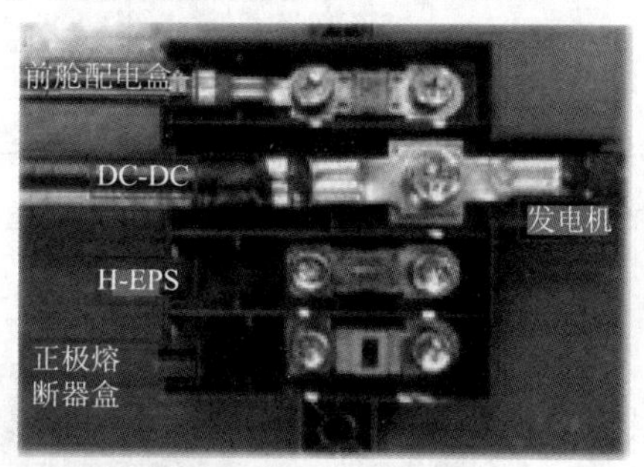

熔断器

编号	F5/1	F5/2	F5/3
规格	80 A	100 A	125 A
说明	前仓 配电盒	ILPS	正极熔 断器盒

图 4-2-18　比亚迪秦正极熔断器盒Ⅰ及熔丝规格及编号

⑤正极熔断器盒Ⅱ。比亚迪秦正极熔断器盒Ⅱ及熔丝规格及编号,如图 4-2-19 所示。12 V 蓄电池通过正极熔断器盒Ⅱ向整车提供低压电源。

⑥前舱配电盒Ⅱ。比亚迪秦前舱配电盒Ⅱ继电器规格及编号如图 4-2-20 所示。

⑦仪表板配电盒Ⅱ。比亚迪秦仪表板配电盒Ⅱ及熔丝规格及编号,如图 4-2-21 所示。

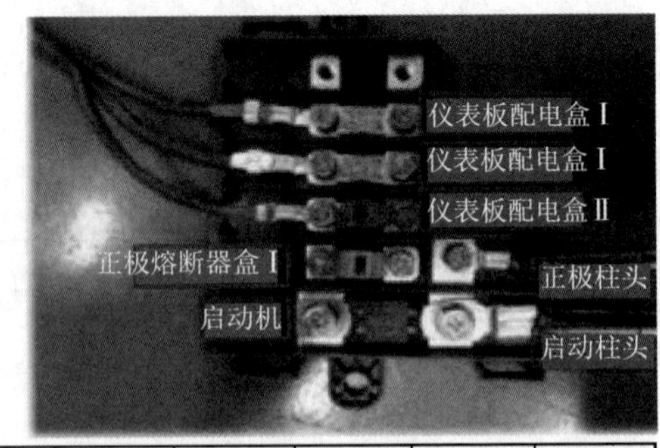

熔断器

编号	F8/1	F8/2	F8/3	F8/4	F8/5	F8/6
规格	预留	60 A	60 A	50 A	125 A	350 A
说明	预留	仪表板配电盒1-1	仪表板配电盒1-2	仪表板配电盒Ⅱ	正极熔断器Ⅰ	启动机

图 4-2-19 比亚迪秦正极熔断器盒Ⅱ及熔丝规格及编号

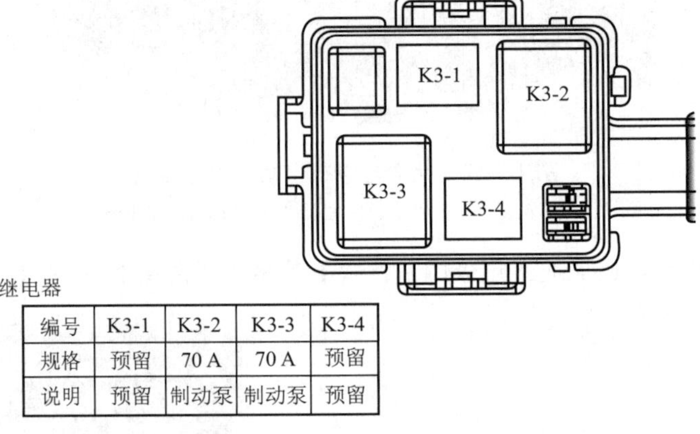

继电器

编号	K3-1	K3-2	K3-3	K3-4
规格	预留	70 A	70 A	预留
说明	预留	制动泵	制动泵	预留

图 4-2-20 比亚迪秦前舱配电盒Ⅱ继电器规格及编号

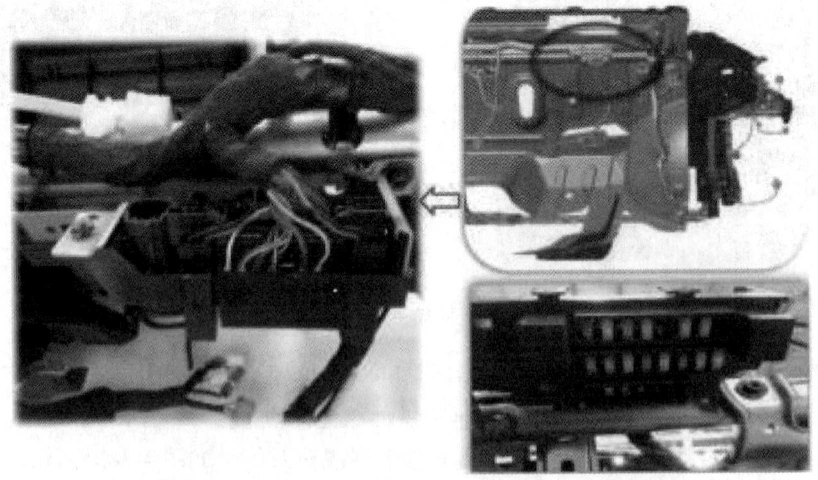

图 4-2-21 比亚迪秦仪表板配电盒Ⅱ及熔丝规格及编号

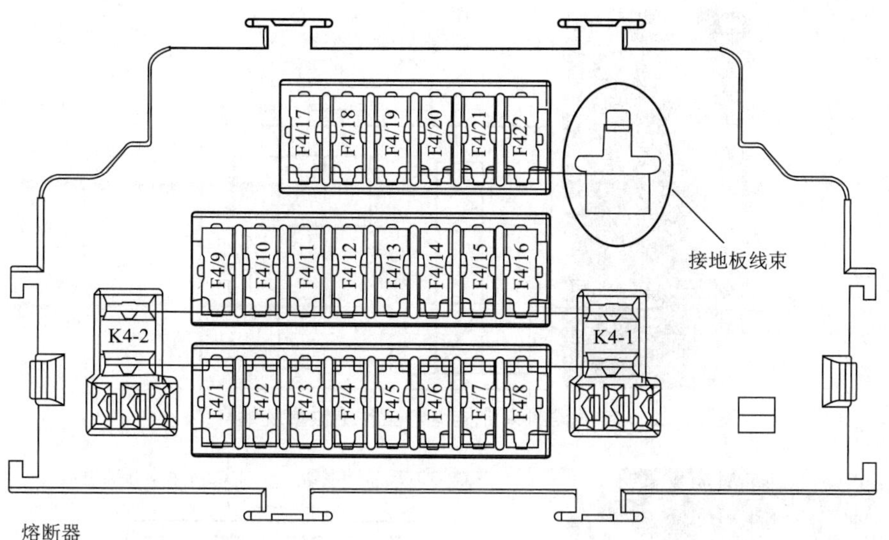

熔断器

编号	F4/1	F4/2	F4/3	F4/4	F4/5	F4/6	F4/7	F4/8	F4/9	F4/10	F4/11
规格	预留	15 A	15 A	预留	7.5 A	10 A	30 A	10 A	30 A	15 A	7.5 A
说明	预留	电机控制器	双路电	预留	空调检测	门控ECU	后排控制面板	压缩机	EPB电机	多媒体	充电口盖
编号	F4/12	F4/13	F4/14	F4/15	F4/16	F4/17	F4/18	F4/19	F4/20	F4/21	F4/22
规格	15 A	7.5 A	15 A	10 A	10 A	预留	预留	预留	预留	预留	预留
说明	外置功放	网关常电	BMS	右前门控ECU	Keyless	预留	预留	预留	预留	预留	预留

继电器

编号	K4-1	K4-2
规格	30 A	30 A
说明	IG2-2	双路电

图 4-2-21 比亚迪秦仪表板配电盒Ⅱ及熔丝规格及编号(续)

⑧比亚迪秦外挂继电器及熔丝,见表 4-2-8。

表 4-2-8 比亚迪秦外挂继电器及熔丝

名称	位置	备注
前横梁线束外挂继电器盒Ⅰ	水箱上横梁中间部位	
前横梁线束外挂继电器盒Ⅱ	左纵梁前端靠近水箱部位	
仪表板线束外挂继电器座Ⅰ	仪表台起动按钮面板后部	
仪表板线束外挂继电器座Ⅱ	仪表台起动按钮面板后部	
底板线束外挂继电器及熔丝	右后翼子板内侧	

a. 前横梁线束外挂继电器盒Ⅰ。前横梁线束外挂继电器盒Ⅰ位置及编号如图 4-2-22 所示。

b. 前横梁线束外挂继电器盒Ⅱ。前横梁线束外挂继电器盒Ⅱ位置及编号如图 4-2-23 所示。

c. 仪表板线束外挂继电器座。仪表板线束外挂继电器座Ⅰ和Ⅱ的位置及编号如图 4-2-24 所示。

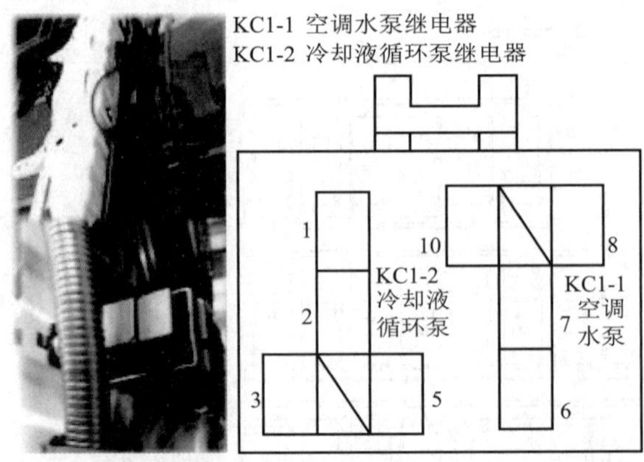

图 4-2-22　前横梁线束外挂继电器盒 I 位置及编号

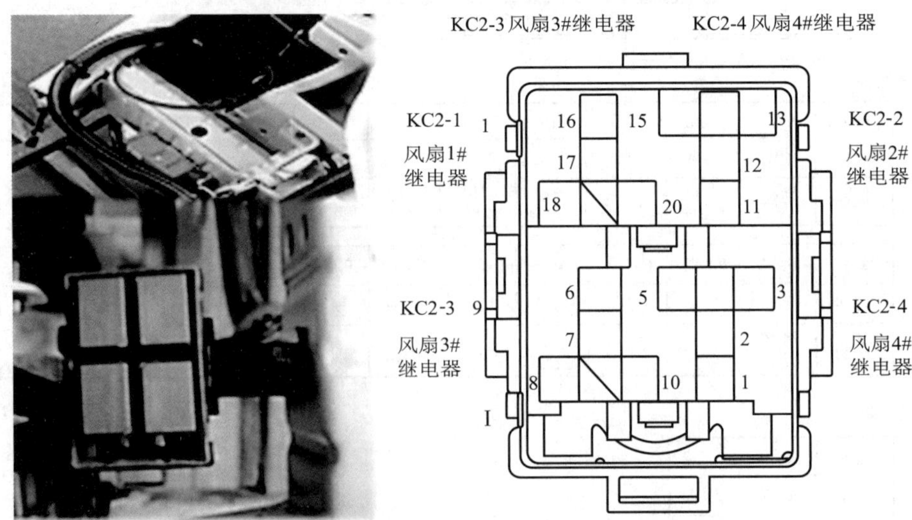

图 4-2-23　前横梁线束外挂继电器盒 II 位置及编号

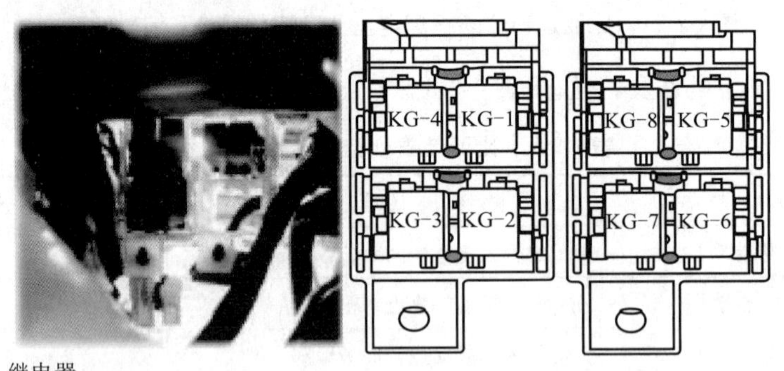

继电器

编号	KG-1	KG-2	KG-3	KG-4	KG-5	KG-6	KG-7	KG-8
规格	30 A	30 A	30 A	30 A	30 A	30 A	30 A	30 A
说明	启动机继电器	P检电机继电器	通表继电器	电喷1	电喷2	预留	压缩机	充电口盖执行器

图 4-2-24　仪表板线束外挂继电器座 I 和 II 的位置及编号

d. 底板线束外挂熔丝、继电器座。底板线束外挂熔丝、继电器座的位置及编号如图 4-2-25 所示。

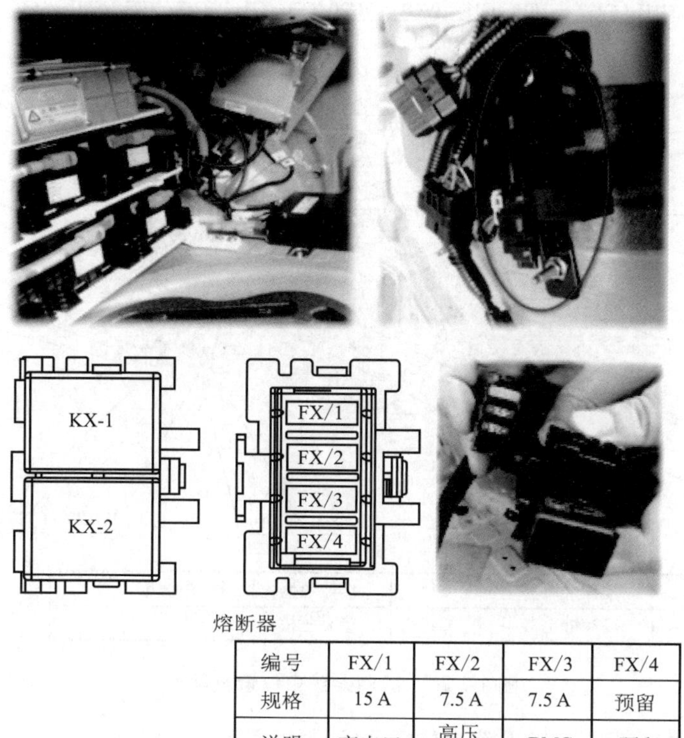

熔断器

编号	FX/1	FX/2	FX/3	FX/4
规格	15 A	7.5 A	7.5 A	预留
说明	充电口	高压配电箱	BMC	预留

继电器

编号	KX-1	KX-2
规格	30 A	30 A
说明	充电继电器	预留

图 4-2-25　底板线束外挂熔丝、继电器座的位置及编号

(2)整车低压线束

比亚迪秦整车低压线束见表 4-2-9。

表 4-2-9　比亚迪秦整车低压线束

序号	内容	序号	内容
1	左前门线束	10	后风挡加热负极线
2	右前门线束	11	前横梁线束
3	左后门线束	12	发动机线束
4	右后门线束	13	后保险杠小线
5	顶棚线束	14	变速箱搭铁线
6	仪表板线束Ⅱ	15	12 V 蓄电池负极线
7	仪表板线束Ⅰ	16	高压配电箱搭铁线
8	底板线束	17	DC 外壳搭铁线束
9	前舱线束	18	12 V 蓄电池正极线束

以下介绍重要的线束位置及编号。

①前横梁线束位置及编号。前横梁线束位置及编号如图 4-2-26 所示。

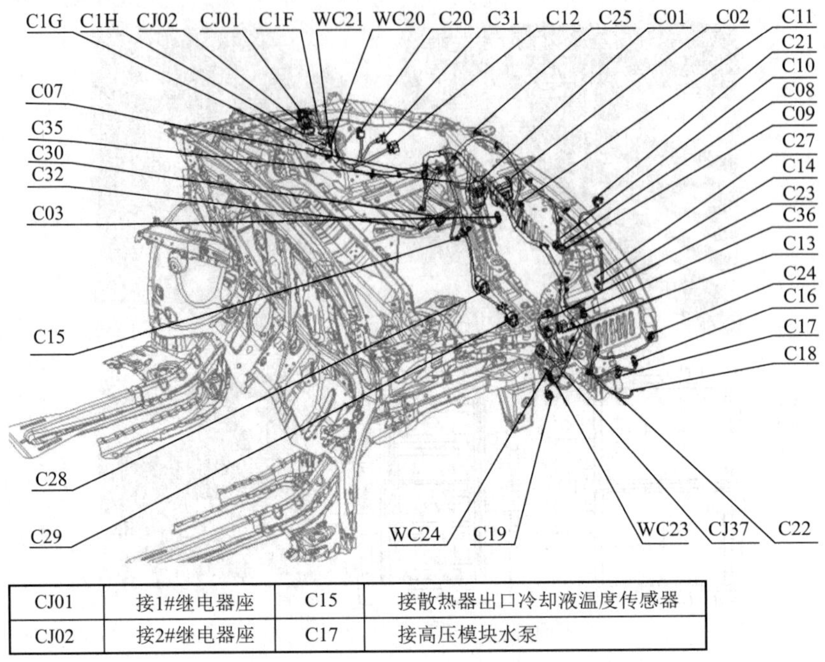

CJ01	接1#继电器座	C15	接散热器出口冷却液温度传感器
CJ02	接2#继电器座	C17	接高压模块水泵

图 4-2-26　前横梁线束位置及编号

②前舱线束位置及编号。前舱线束位置及编号如图 4-2-27 所示。

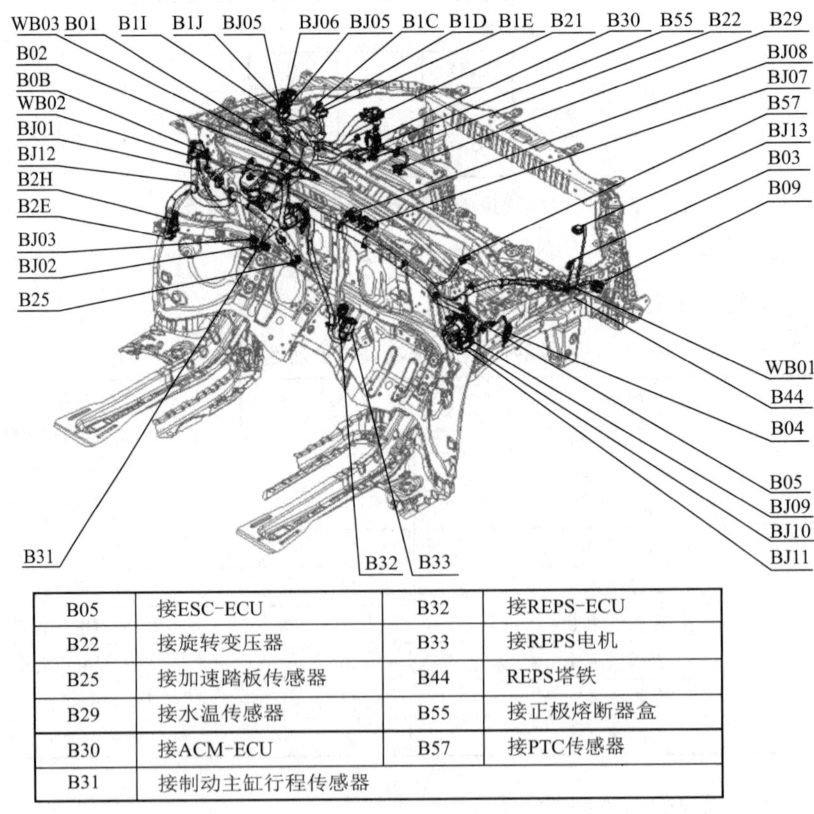

B05	接ESC-ECU	B32	接REPS-ECU
B22	接旋转变压器	B33	接REPS电机
B25	接加速踏板传感器	B44	REPS搭铁
B29	接水温传感器	B55	接正极熔断器盒
B30	接ACM-ECU	B57	接PTC传感器
B31	接制动主缸行程传感器		

图 4-2-27　前舱线束位置及编号

③发动机线束位置及编号。发动机线束位置及编号如图 4-2-28 所示。

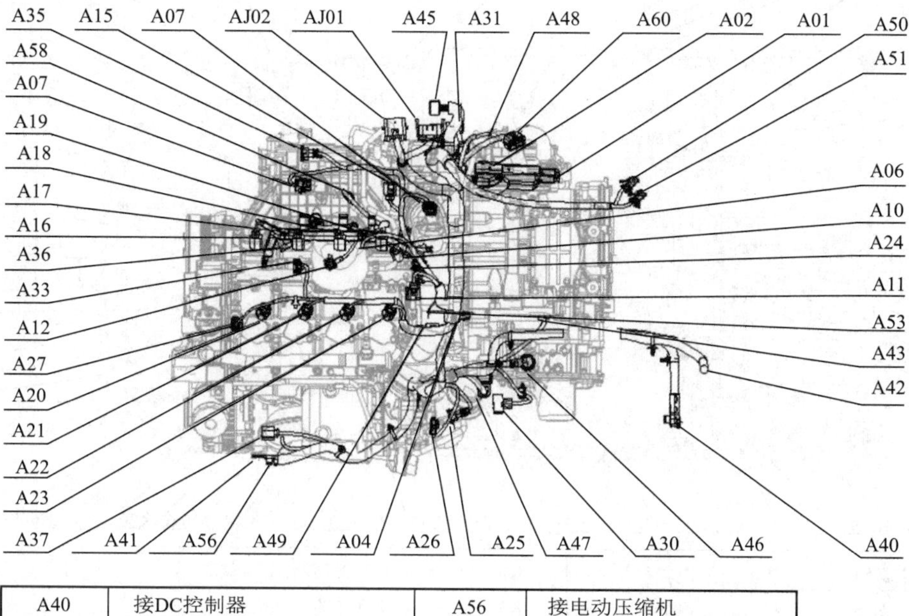

A40	接DC控制器	A56	接电动压缩机
A41	接发电机B端	A58	接PTC水泵
A42	接前舱配电盒	A33	接冷却液循环泵
A43	接启动机端		

图 4-2-28　发动机线束位置及编号

④仪表板线束位置及编号。仪表板线束短接器位置及编号如图 4-2-29 所示。

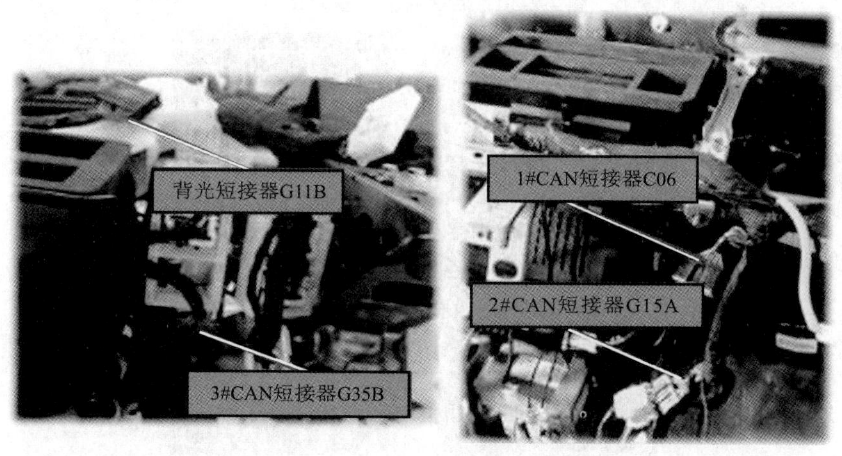

图 4-2-29　仪表板线束短接器位置及编号

⑤底板线束位置及编号。底板线束位置及编号如图 4-2-30 所示。

⑥12 V 蓄电池正极线束位置及编号。12 V 蓄电池正极线束位置如图 4-2-31 所示。

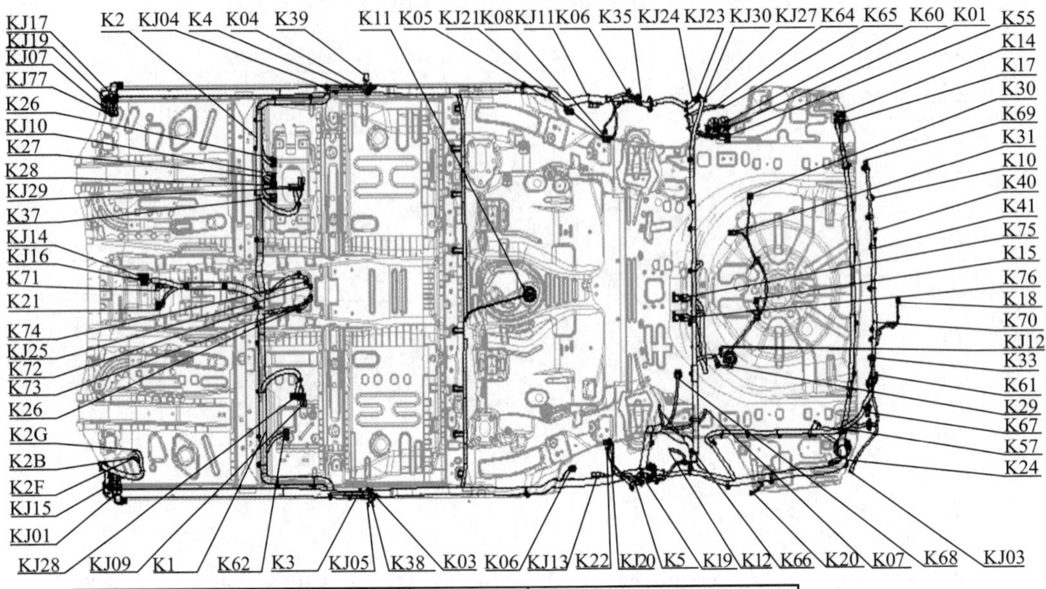

K54	接高压配电箱	K65	接电池管理器B
K55	接车载充电器	K66	接维修开关
K56	接漏电传感器	K68	接动力电池
K57	接EPB控制器	K72	接EPB开关
K60	接继电器	K73	接副驾座椅加热开关
K61	接充电口执行器	K74	接主驾座椅加热开关
K62	接P挡控制器	K75	12 V接蓄电池正极柱头
K64	接电池管理器A	K76	12 V接蓄电池启动柱头

图 4-2-30　底板线束位置及编号

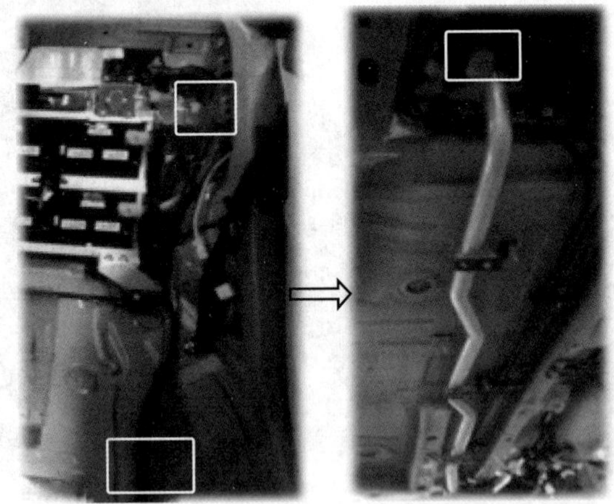

图 4-2-31　12 V 蓄电池正极线束位置

任务实施

一、工作准备

1. 防护装备

常规实训着装。

2. 车辆、台架、总成

北汽新能源纯电动汽车；比亚迪秦混合动力汽车；或其他同类新能源汽车。

3. 专用工具、设备

无。

4. 手工工具

无。

5. 辅助材料

对应车型北汽 EV 电路图；比亚迪秦电路图。

二、实施步骤

1. 北汽新能源纯电动汽车电路图识读

(1)认识北汽 EV 电路图的特点

认识北汽 EV 电路图的特点。

(2)认识电路图接线的颜色信息

认识电路图中接线颜色的代码。

(3)熔丝、继电器和元件的代码

认识电路图中熔丝、继电器和元件的代码，并能在实车上找到对应的元件。

(4)读懂电路图

读懂电路图手册中的电路图，掌握相关元件之间的关系。

2. 识读比亚迪秦混合动力汽车电路图

(1)认识电路图中元素编码规则

根据电路图，分别查找并认识以下元素，注意区分编码规则。

①接插件的编码

②熔丝的编码

③继电器的编码

(2)认识电路图中整车配电及低压线束位置和规格

根据电路图，分别查找并认识以下整车配电及低压线束位置和规格。

①认识整车配电。查找比亚迪秦 5 个配电盒及 3 个电源的位置，并根据整车配电原理图分析它们之间的关系。

②认识配电盒及电源。根据电路图，在实车上查找以下部件的位置、编号及规格。

a. 前舱配电盒

b. 仪表板配电盒

c. 行李箱配电盒。

d. 正极熔断器盒Ⅰ

e. 正极熔断器盒Ⅱ

f. 前舱配电盒Ⅱ

g. 仪表配电盒Ⅱ

h. 外挂继电器及熔丝

③认识整车低压线束位置及编号。根据电路图，在实车上查找以下线束的位置、编号及规格。

a. 前横梁线束
b. 前舱线束
c. 发动机线束
d. 仪表板线束
e. 底板线束
f. 12 V 蓄电池正极线束

学习拓展

以下以比亚迪 E6 为例，介绍电路图的识别方法。

1. 比亚迪 E6 线路图上元素的编码规则

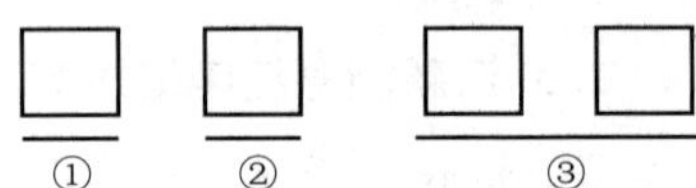

图 4-2-32　比亚迪 E6 接插件编码

(1)接插件编码

比亚迪 E6 接插件编码如图 4-2-32 所示。

编码的含义如下：

①位置代码。线路图的位置代码也是线束代码，见表 4-2-10。

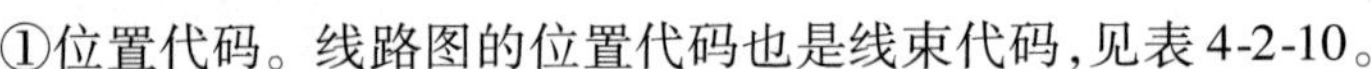

表 4-2-10　线路图的位置代码

线束名称	配置位置	编码	备注
发动机线束Ⅰ	发动机	A	如有多条，采用 Ab、Ac、Ad 等
发动机线束Ⅱ	前舱	Ab	如有多条，采用 Ab、Ac、Ad 等(S6)
前舱线束	前舱	B	如有多条，采用 Ba、Bc、Bd 等
前横梁线束	前横梁	C	如有多条，采用 Ca、Cb、Cd 等
前保险杠线束	前保险杠	D	如有多条，采用 Da、Db、Dc 等
12 V 蓄电池负极线	12 V 蓄电池	Ea	
12 V 蓄电池正极线	12 V 蓄电池	Eb	
变速箱搭铁线	变速箱	Fa	
发动机搭铁线束	发动机	Fb	
后风挡加热负极线	后风挡玻璃	Fc	
仪表板线束Ⅰ	仪表台	G	如有多条，采用 Ga、Gb、Gc 等
仪表板线束Ⅱ	管梁	Gb	如有多条，采用 Ga、Gb、Gc 等(S6)
方向盘主小线	方向盘	Ha	
方向盘副小线	方向盘	Hb	
光照强度传感器小线	仪表台	Hc	
PAB 配接小线	仪表台	Hd	
多功能屏配接小线	仪表台	He	
地脚灯小线	仪表台	Hf	
前空调配线	空调箱体	Hg	
EPS 小线	EPS	Hk	
主驾座椅线	主驾座椅	Hm	
左底板线束	左底板	K	如有多条，采用 Ka、Kb 等
右底板线束	右底板	M	如有多条，采用 Ma、Mb 等

续表

线束名称	配置位置	编码	备注
车内后排磁卡探测天线引线	底板、探测天线	Na	
后空调室内温度传感器配线	后空调箱体	Nb	
邮箱小线	邮箱	Nc	
中底板线束	中底板	Nd	
顶棚线束	顶棚	P	如有多条,采用 Pa、Pb 等
行李箱线束	行李箱	Q	如有多条,采用 Qa、Qb 等
后保险杠线束	后保险	R	如有多条,采用 Ra、Rb 等
预留	预留	S	预留编码
左前门线束	左前门	T	如有多条,采用 Ta、Tb 等
右前门线束	右前门	U	如有多条,采用 Ua、Ub 等
左后门线束(滑动门)	左后门	V	如有多条,采用 Va、Vb 等
右后门线束(滑动门)	右后门	W	如有多条,采用 Wa、Wb 等
线束名称	配置位置	编码	备注
背门线条	背门	Y	如有多条,采用 Ya、Yb 等
左前轮速传感器	轮速传感器	Za	
右前轮速传感器	轮速传感器	Zb	
左后轮速传感器	轮速传感器	Zc	
右后轮速传感器	轮速传感器	Zd	
高位制动灯天线	高位制动灯	La	
前门车外磁卡探测天线引线	磁卡探测天线	Lb	
DC 输出小线	DC 控制器	Ec	
旋变小线	DM 动力总成	Ed	
电喷 ECU 外壳搭铁线	14 部电喷 ECU	Fd	
主电机控制器外壳搭铁线束	主电机控制器	Fe	
DC 控制器外壳搭铁线束	DC 控制器	Fg	
功放小线	仪表板与底板	Nf	
安全气囊线束	前舱、管梁、底板	S	如有多条,采用 Aa(前舱),Ab(仪表台),Sc(底板)等等
高压电缆部分	高压模块		
快速充电口	快速充电口	Xa	
慢速充电口	行李箱牌照板	Xb	
太阳能充电器高压输出小线	太阳能充电器	Xc	
高压电缆	车身	Xd	如有多条,可以 Xf……
中速充电口	充电口(侧围)	Xe	

②类别代码。用以表示配电盒、对接件。电器件上的接插件此代码省略。对接件用字母“J”表示。配电盒代码表见表 4-2-11。

表 4-2-11　配电盒代码表

配电盒名称	装配位置	编码	备注
前舱主配电盒	驾驶席侧	1	
仪表板主配电盒	驾驶席侧	2	
前舱副配电盒	副驾驶席侧	3	
仪表板副配电盒	副驾驶席侧	4	

③顺序代码。采用 A、B、C、D 等大写的字母或 01、02、03、04 等数字表示,分以下两种情况:

a. 该电路元素如果是配电盒上的接插件,此位代码采用 A、B、C、D 等大写字母表示,该代码与接插件所插配电盒的插口位置代码一致。

b. 其他电路元素按照所在线束的空间位置依次编号为 01、02、03、04 等表示,配电盒上接口字母用 A、B、C 等表示,其他元素按照数字排序 01、02、03 等。

例如:

仪表板线束上接电气件的接插件:G05 。

仪表板线束上的对接的接插件:GJ01 。

仪表板线束上接配电盒的接插件:G2A。

(2)保险代码

比亚迪 E6 熔断器代码如图 4-2-33 所示。

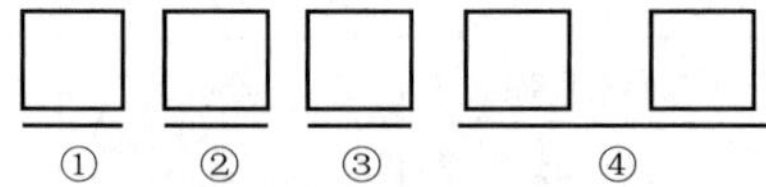

图 4-2-33　比亚迪 E6 代码

①类别代码。统一采用"F"表示,为熔丝英文"fuse"的首字母。

②位置代码。配电盒处用数字表示,外挂熔断器同接插件编码。

③分隔代码。采用"/"表示。

④排序代码。采用数字 1、2、3 等表示,按照配电盒的熔断器插槽熔断器的顺序号进行排列。

(3)继电器代码

比亚迪 E6 继电器代码如图 4-2-34 所示。

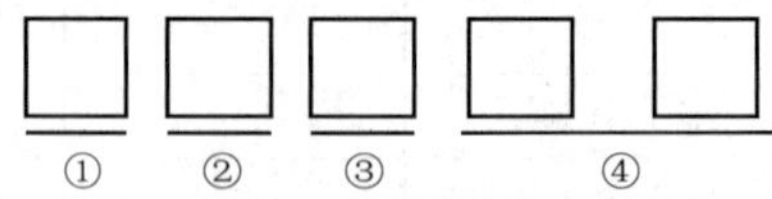

图 4-2-34　继电器代码

①类别代码。元器件内置不可拆卸继电器采用 Ki 表示,其余采用 K 表示。

②位置代码。配电盒处用数字表示,外挂保险同接插件编码。

③分隔代码。采用"-"表示。

(4)排序代码

采用 1、2、3 表示。

2. 比亚迪 E6 线色标准

比亚迪 E6 标示电线颜色时，标准见表 4-2-12。

表 4-2-12　比亚迪 E6 标示电线颜色标准

记号	颜色	色	记号	颜色	色
W	WHITE	白色	B	BROWN	棕色
Y	YELLOW	黄色	B	BLACK	黑色
O	ORANGE	橙色	L	LIGHT GREEN	淡绿色
L	BLUE	蓝色	G	GREEN	绿色
P	PINK	粉红色	G	GRAY	灰色
R	RED	红色	V	VIORET	紫色
S	SKY BLUE	天蓝色	/	丝图线的金属线	
用记号表示底色和辅色					
辅色 底色			L/R	像左图一样颜色构成时， 底色　蓝→L 辅色　红→R 所以标记为“L/R”	

学习测试

1. 填空题

(1)新能源汽车电路图中的元素具有________、________、________、________以及用电器等。

(2)双色导线的颜色分为________和________。

(3)比亚迪秦整车有________个配电盒及________个电源。

(4)熔丝英文缩写为________。

(5)导线颜色记号为________，则英文记号为________。

2. 判断题

(1)电路图中接插件的位置编码取决于电路回路元素所属线束的位置。　(　　)

(2)比亚迪秦的 12 V 蓄电池通过正极熔断器盒Ⅱ向整车提供高压电源。　(　　)

(3)外挂继电器按相应的线束编号为 KG-1、KG-2……KX-1 等等。　(　　)

(4)正极配电盒Ⅰ附配的熔断器按相应的位置编号为 F8/1、F8/2 等。　(　　)

(5)仪表板线束属于整车高压线束的组成部分。　(　　)

3. 单项选择题

(1)比亚迪秦电路图中接插件编码由 3 部分组成，分为(　　)类型。

A. 2 种　　B. 3 种　　C. 4 种　　D. 5 种

(2)以下选项中，不属于双绞线导线应用的是(　　)。

A. CAN 系统　　B. 扬声器

C. 温度传感器　　D. 低频且需要抗感染的信号传输

(3)导线颜色标示字母为 Br，表示的颜色是(　　)。

A. 白色　　B. 绿色　　C. 棕色　　D. 灰色

(4)比亚迪秦电路图中,前舱配电盒附配的熔断器编号为(　　)。

A. F1/1、F1/2 等　　B. F2/1、F2/2

C. F3/1、F3/2　　D. F5/1、F5/2

(5)比亚迪秦电路图中,继电器位置编号为 KI-1、KI-2,表示(　　)。

A. 可拆卸的继电器　　B. 控制模块内部不可拆卸继电器

C. 前舱配电盒继电器　　D. 仪表配电盒继电器

项目五 高压车间作业安全要求

本项目主要学习新能源汽车维修专用的高压车间作业安全要求，分为2个任务：

任务1　认识高压车间安全管理。

任务2　认识高压维修作业标准。

通过2个任务学习，掌握新能源汽车维修高压车间作业安全要求。

任务1　认识高压车间安全管理

提出任务

你所在的维修站需要组建新能源汽车专业维修专用的高压车间，你的主管要求你制定高压车间相关的制度和标准，你能完成这个任务吗？

任务目标

一、知识目标

1. 掌握高压车间场地与设施的要求。
2. 掌握新能源汽车维修人员的要求。

二、能力目标

能够遵守新能源汽车维修高压车间和人员的要求。

相关知识

新能源汽车维修车间有高压安全风险，必须加强安全管理，杜绝高压安全事故的发生。

一、高压车间安全管理

新能源汽车（纯电动汽车和混合动力汽车）专用车间安全管理，除了普通车间的安全要求外，必须注意以下事项：

1. 车辆焊接维修

①首先要切断低压电源和动力电池插头。

②操作人员要具备特种作业操作证。

③清理周围易燃物品，并申请动火证。

④做好车身的保护，预防飞溅及着火。

⑤严格按照焊接工艺进行操作。

2. 灭火器的使用和检查

①火灾发生将产生不可估量的危害，因此必须预防车辆自燃等火灾的发生，及时处理机舱内的油污、接插件松动或线束老化等隐患。

②火灾发生后不要惊慌，要及时采取正确的方法来灭火，将火灾消灭在萌芽状态。首先要切断电源，所有人员立即离开车辆并站在远离车辆的上风。

③经常检查车上的灭火器是否在固定的位置，是否在有效期内。要充分了解本灭火器的性质和正确使用方法。在采取救火措施的同时立刻报警(电话119、110)。

④常用的车载灭火器都是干粉的，以高压力为动力，由喷射筒内的干粉进行灭火。灭火时手提干粉灭火器快速奔赴火点，在距离燃烧处1 m左右，先将开启把上的保险销拔下，然后将喷嘴部迅速对准火焰的根部扫射灭火。当干粉喷出后，手始终压下压把不能放开，否则会中断喷射。应选择站在上风方向喷射。

⑤当电动汽车发生火灾时，最有效的灭火方式是采用大量的水灭火。因为电动汽车起火多为电路短路起火，这种情况下为了保证人员安全，使用水基灭火器可以快速对短路产生的热量降温，使电能耗尽来有效灭火。

二、高压车间场地与设施要求

1. 缓冲区

工作环境的好坏将直接影响是否发生事故，新能源汽车维修车间的场地与设施比普通汽车维修车间要求高，需要划分出来一个高压危险的空间——缓冲区，如图5-1-1所示。

缓冲区是一个用记号、圆锥体或指示塔划分出来的缓冲区，用于识别有高压危险的空间，警告技术人员和其他人员该区域有潜在的威胁(包括触电)。这是在车间中保证安全的关键步骤。这些警示记号、圆柱体或指示塔应设置在显而易见的位置，以确保人员不要进入缓冲区

图5-1-1　缓冲区

(1)使用面积

高压维修车间的面积根据实际要求确定，并符合国家相关规定。

(2)采光

明亮的车间可以让车辆维护人员能够更加清楚地观察到周围的部件及物体，避免因为视线不好意外触碰到高压而发生危险，同时也有利于其他人员及时观察到可能存在的隐患。

高压维修车间的采光应按照GB 50033的有关规定。采光设计应注意光的方向性，应避免对工作产生遮挡和不利的阴影。对于需要识别颜色的场所，应采用不改变自然光光色的采光材料。

(3)照明

当天然光线不足时，应配置人工照明，人工照明光源应选择接近天然光色温的光源。高压维

修车间的照明要求应符合 GB 50034 的有关规定。进行精细操作(如:划线、金属精加工、间隙调整等)工作台、仪器、设备等的工作区域的照度不应低于 500 lx。照度不足时应增加局部补充照明,补充照明不应产生有害眩光。

(4)干燥

干燥,是为了降低维护区域人员的触电风险。因为当湿度增加时,人体和空气的绝缘电阻就会减小,那么在相同的电压下,人体触电的风险也就增加了。因此高压维修车间必须保持干燥。

(5)通风

通风,有利于在维护车辆期间产生的有害物排出,并在发生触电事故的情况下,通风的环境能够更加有利于伤者呼吸到更多的氧气。

通风应符合 GB 50016—2014 和工业企业通风的有关要求。

(6)防火

应符合 GB 50016—2014 有关厂房、仓库防火的规定以及 GB 50067—2014 的有关规定。

(7)卫生应符合 GBZ1—2010、GB 12801—2008 的有关要求。

(8)安全标志

对于未参与高压汽车维修或服务的人员,他们有时很难断定实际的车辆是否使用高压系统。特别是对未经纯电动汽车或混合动力汽车专门培训的人员,可能会构成危险。为了避免因为缺乏知识而导致意外或出现问题,应在车辆上做上高压汽车的标志,这很重要。可使用高压警告标记对高压汽车进行标识,如图 5-1-2 所示。

图 5-1-2　高压警告标记

当工位上有高压车辆进行维修时,要求在工位周围必须布置有明显的高压警告标记,避免他人未经允许进入高压工位而发生触电事故,图 5-1-3 所示为一些企业制作的高压警告标记。

(a)

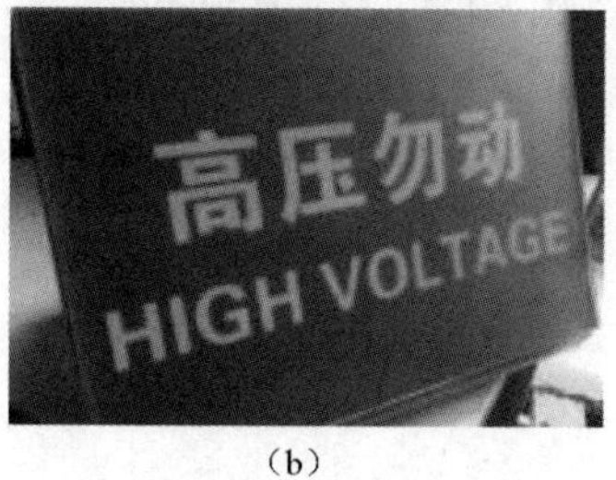

(b)

(c)

图 5-1-3　高压警告标记

2. 高压安全防护规定

（1）应遵循五条安全规定

①断开。

②防止重新接通。

③确定处于无电压状态。

④接地和短路。

⑤遮盖或阻隔相邻的带电部件。

（2）应使用个人防护装备

①应向维修人员提供合适的个人防护装备，以便在工作场所进行作业。

②所提供的个人防护装备必须附有欧共体一致性声明。

③应遵循维修场地的要求

为避免发生危险或造成损坏，车辆的停放位置必须干净、干燥、无油脂，且不会接触到飞溅的火星，要避免与车辆清洁和其他车辆维修工位过近。

3. 高压维修工位布置

高压维修工位的布置应满足以下要求：

①专用的维修工位。

②清洁、干燥、通风良好。

③维修作业前请设置安全隔离警示。

④维修工位上必须配有防护用品。

⑤避免无关人员靠近。

4. 车间维修人员要求

电动汽车维修操作人员必须持证上岗，并经过培训，才能进行操作：

①具备应急管理部颁发的《特种作业操作证（低压电工证）》，如图5-1-4所示。

②必须经过新车型培训，并通过考核。

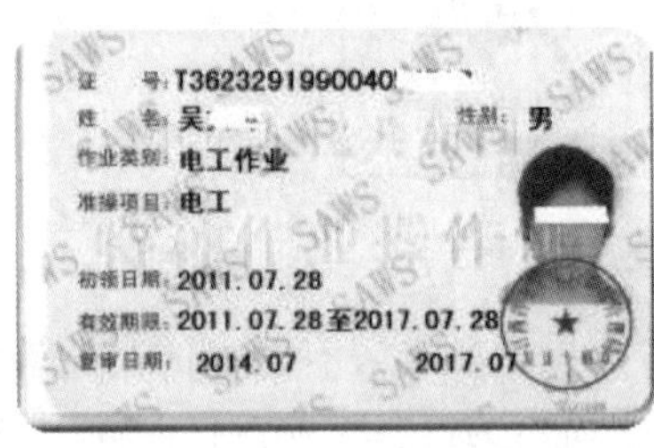

图5-1-4　特种作业操作证

任务实施

一、工作准备

1. 防护装备

常规实训着装。

2. 车辆、台架、总成

无。

3. 专用工具、设备

无。

4. 手工工具

无。

5. 辅助材料

无。

二、实施步骤

参观新能源汽车车间或实训室,讨论以下主题:

①新能源汽车维修车间的安全制度。

②新能源汽车维修车间场地与设施要求。

③新能源汽车维修人员要求。

学习拓展

一、汽车自燃原因

夏季一向是汽车自燃事件的多发季节。与车辆其他的事故不同,汽车自燃不仅严重危害到车内驾驶员与乘客的安全,也会影响到其他车辆与人员的安全,同时还会造成附近地区的交通混乱,往往有着比较大的危险性。由于自燃事件在现实生活中比较少见,一旦突然发生,更加需要人们镇定从容地去应付。

1. 寻找原因

据有关专家的介绍,目前常见的汽车自燃事件多数起因于电线短路,其发生概率大约在60%以上,其次是油路问题。近年来的一个新的变化是由汽车装饰而引发的自燃事件开始增多。此外,随手在车内乱扔打火机等易燃物品也是造成汽车自燃的原因。这些自燃往往与车主个人的疏忽或者不良用车习惯有关,与车辆的新旧关系反而不大。

2. 电线短路

这是造成汽车自燃最常见的原因,尤其是在没有任何先兆的情况下。汽车突发的自燃事故多为线路故障而引发的,造成汽车电线短路的原因:

首先是电线老化。由于天气炎热散热缓慢,那些已经有点老化的电线、接触不良的旧电器等很容易出现发热燃烧事故。

另外,由于大量地为汽车增加各种附加电子设备,也可能增加汽车电路的负担。夏季周围环境本来就比较热,而且在长途、长时间行车的条件下,原本只是熄火抛锚的事故,很可能就会"升级"成为自燃。

3. 油路故障

燃油是最危险的易燃物,如果汽车发生燃油泄漏,不必出现明火,只需要极高的环境温度就很可能引起车辆自燃。夏季温度较高,油路上的管道经常会受热变形变松发生脱落等事故,其后果必然是引发火灾。

另外,变速器油与转向助力油泄漏到高温的排气管上,也是引发汽车自燃的原因之一。

4. 内饰与其他人为原因

近年来的汽车装饰之风使得某些车内有着许多比较容易燃烧的塑料与化纤装饰件,它们往往会因为车内温度过高、车辆长时间行驶而产生的摩擦等发热甚至燃烧。这些物体燃烧后往往有不易扑灭、同时还散发出有毒气体的特点，对车内人员的威胁极大。有些比较容易燃烧的物品，如打火机、香水及其他化学物质在车内长时间受高温的烘烤也会发生燃烧甚至爆炸之类的事故。

二、汽车自燃预防措施

1. 预防措施

勤检查以杜绝隐患。专家介绍，虽然旧车因为各种部件老化比较容易出现自燃的事故，但不管是新车还是旧车，对车辆做及时的检查与保养是防范车辆发生自燃的最佳方法。

2. 定期检查电路与油路

汽车在使用了3～5年后常会出现电线胶皮老化、电线电阻增大而发热的现象，容易出现短路燃烧。蓄电池接线柱因杂质、油污或腐蚀使得接点松动发热，会引燃导线绝缘层。长期受震动或温度急剧变化影响而使线路接点松动等也是车辆发热自燃的原因。此外，油路的堵塞、破裂、渗漏等都是必须在检查时重点防范的问题。在夏季行车时，如果一直闻到一股焦煳的味道，一定要停车熄火自行检查，如果不能够确定哪里发生问题最好送有关专业机构维修保养。

3. 不要随意对汽车进行改装与装饰

对车辆加装和改装时，一定要去专业化，且有一定规模和信誉好的地方。车辆内饰材料最好选择具备防火性能的，一旦发生火灾，火势不容易蔓延。那些不合格的装饰材料看似便宜漂亮，但它们不仅可能造成车内空气的污染，更加严重的是成为汽车自燃的“火源”。随意为汽车增加各种电子与机械设备不仅会加重电子线路的负担，也会引发摩擦等，是包括自燃在内的各种事故的主要罪魁祸首之一。

4. 小心用车

不要在烈日下将车开到“极限”，并且超长时间与超长距离地开车，要让车能够有适当的“休息”时间。同时要小心那些不好的路面或者有着易燃易爆易腐蚀物的地区，以免车辆在不知不觉中受到损害并且突然地燃烧起来。

5. 不乱放杂物

除了打火机、香水、空气清新剂、摩丝及其他化学物质容易引起燃烧以外，也应该注意不要贪图方便在长途行车时将汽油、柴油等危险油品放在车内。香烟甚至是普通的纸张等在夏天也是引发火灾的可能因素，车内要尽量少放杂物，对自己的汽车做一番清理以去除“火源”是应该做的事情。对于有吸烟习惯的人来说，尤其要注意不要在车内乱扔未熄灭的烟头，最好不要在汽车内吸烟，以防“引火自焚”。

三、汽车自燃应对办法

由于汽车自燃不仅是突发事件，而且对于具体的车主来说也往往是第一次碰到，所以能够比较从容地应对，可以减少损失。反之，应对不当则有可能造成车毁人伤的悲剧。

1. 必须配备灭火器具

记住如果是干粉灭火器，最好每年去当地消防器材商店检查一次。检查干粉粉剂是否结块、提供喷射动力的内置氮气瓶压力是否下降。很多人的车上没有按规定配备灭火器或配备了也不定期更换，而大多数人根本没有使用过灭火器，这些都为火灾以及严重的损失埋下了祸根。建议每位司机都应该熟悉掌握灭火器的使用方法，以免发生意外时束手无策。

2. 掌握正确的程序

当发觉汽车有焦煳味，或者车内冒出浓烟时，应立即弄清楚这是否是自燃的先兆。如果是自燃,要做的是马上停车,拉手刹,关闭电源。然后迅速离开燃烧的汽车,取出灭火器,给油箱和燃烧的部分降温灭火,以避免爆炸。要在第一时间准确找到起火处,用灭火器将其熄灭。若发现时已经较晚,火势又很大,则应尽快远离现场并及时向119报警。注意人的安全为上,不要急着抢救车内财物,以防被意外烧伤。这里要提醒新司机,尤其驾驶二手旧车的新司机,要学会如何打开引擎盖,否则一旦起火、哪怕是一丁点的小火也只能眼睁睁地看着它蔓延开来烧毁整辆车。

3. 及时投保

保险公司一般都有自燃险,即车辆附加自燃损失险。规定投保机动车在使用过程中因本身电器、线路、供油系统发生故障引起火灾的,属自燃,保险公司可进行赔付。因此,夏季行车为安全起见,应该投保自燃险。

学习测试

1. 填空题

(1)进行车辆焊接维修时,首先要切断低压电源和 ________ 插头。

(2)新能源汽车的停放位置必须干净、________、________,且不会接触到飞溅的火星。

(3)电动汽车维修操作人员必须持证上岗,具备________ 颁发的《特种作业操作证》。

2. 判断题

(1)火灾发生后,所有人员立即离开车辆并站在远离车辆的下风。（　　）

(2)新能源汽车维修作业前请设置安全隔离警示。（　　）

3. 单项选择题

(1)当电动车发生火灾时,最有效的灭火方式是用(　　)灭火。

A. 大量的水　　B. 大量的沙

C. 干粉灭火器　　D. 以上都不正确

(2)新能源汽车维修人员必需的证件是(　　)。

A.《特种作业操作证(高压电工证)》　　B.《特种作业操作证(低压电工证)》

C. 高级工技能等级证　　D. 技师技能等级证

任务2　认识高压维修作业标准

提出任务

你所在的维修站需要组建新能源汽车专业维修车间,你的主管要求你制定高压车间维修作业标准,你能完成这个任务吗?

任务目标

一、知识目标

1. 掌握高压车辆维修流程。
2. 掌握高压车辆维修规范。
3. 掌握高压安全操作必备防护措施及工具。
4. 掌握高压禁用操作程序。
5. 掌握新能源汽车外出救援注意事项。

二、能力目标

能按高压维修作业标准操作。

相关知识

电动汽车(包括混合动力汽车)涉及高压,在维修过程中保证按照工作流程进行,才能保护我们自身安全和车辆、设备安全。

一、高压车辆维修流程

高压车辆维修时必须严格按照流程进行,高压车辆维修的合理流程如图 5-2-1 所示。

管理人员

引导高压车辆进入专用维修工位

维修人员

在维修工位设置高压警告标记

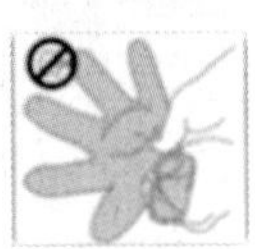

管理人员

监督，并协调具有资质的维修人员维修车辆

维修人员

检查个人安全防护设备，按要求正确佩戴

管理人员

监督维修人员规范操作流程

维修人员

需要维修高压系统前，必须先执行高压禁用

图 5-2-1　高压车辆维修的合理流程图

二、高压车辆维修规范

维修高压车辆时,必须遵循高压安全操作规范和机动车维修操作规范。

在高压安全操作规范中要求:

①对于车辆维修过程中的高压配件必须立即标识明显的高压警告标记,并禁止将带有高压的部件防置在无人看管的环境下,如图 5-2-2 所示。

图 5-2-2　高压警告标记

②高压维修与维护过程中,维护人员禁止带有手表、金属笔等金属物品在身上。

③严禁非专业人员对高压部件进行移除及安装。

④未经高压安全培训并取得许可证的维修人员,不允许对高压部件进行维修等操作。

⑤车辆在充电过程中不允许对高压部件进行拆装、维修等工作。

⑥维修前必须进行高压禁用操作。

⑦维修完毕后上电前,确认车辆无人操作。

⑧更换高压部件后,测量搭铁是否良好。

⑨电缆接口必须按照标准扭矩拧紧。

⑩在执行车辆维护与维修期间,必须同时有两名持有上岗证的人员进行工作,其中一名人员

作为工作的监护人,工作职责为监督维修的全过程。如当发生触电事故时,监护人应该立即采取有效措施执行急救,如图 5-2-3 所示。

图 5-2-3　维修时必须设专职监护人

三、高压安全操作必备防护措施及工具

高压安全操作必备防护措施及工具如图 5-2-4 所示。

高压警告标记

• 在地面或车辆附近明显位置放置

绝缘手套（绝缘等级为1 000 V/300 A以上）

• 拆除及安装高压部件使用

皮手套

• 拆除及安装高压部件使用（使用绝缘手套）

绝缘鞋

• 拆除及安装高压部件使用

防护眼镜

• 拆除及安装高压部件使用

绝缘帽

• 拆除及安装高压部件使用

绝缘表

• 测试高压部件绝缘阻值

绝缘工具

• 拆除及安装高压部件使用

图 5-2-4　高压安全操作必备防护措施及工具

四、高压禁用操作程序

拆解维修高压系统前,必须首先执行高压禁用流程!

高压禁用操作程序如下:

①移。移除车辆上所有外部电源,包括 12 V 蓄电池充电器。

②拔。拔出充电枪(仅针对插电式混合动力汽车或纯电动汽车)。

③关。关闭点火开关,把钥匙放到安全区域。

④断。断开 12 V 蓄电池负极,并远离负极区域。

⑤取。取下 MSD(手动分离开关),放到安全区域。

⑥等。等待 5 min,以保证高压能量全部释放。

查:佩戴个人安全防护设备,拆卸高压连接器,开始下一步的电压验证。

五、电动汽车外出救援注意事项

外出救援抛锚的电动汽车时,应注意以下事项:

①在车辆能动的情况下将车移到不影响其他车辆通行、安全的地带。

②在条件许可的情况下打开双闪警示灯(夜间也可以用发光体代替)。

③按照规定的距离立即正确放置三角警示牌。

④如果在现场不能维修,请采用硬连接将车辆拖回维修点。

⑤如果确定无法移动,请联系救援车辆。

⑥等待救援时,所有人员请勿待在车内!

任务实施

一、工作准备

1. 防护装备

常规实训着装。

2. 车辆、台架、总成

无。

3. 专用工具、设备

无。

4. 手工工具

无。

5. 辅助材料

无。

二、实施步骤

参观新能源汽车维修车间或实训室,讨论以下主题:

①新能源汽车维修为什么要特别注意安全。

②如何保证新能源汽车维修时的安全。

1. 北汽新能源纯电动汽车标准作业程序

以下是北汽新能源纯电动汽车标准作业程序,供参考。

(1)车间作业程序

对于维修间内的年辆,务必确定:

①防止车辆前后移动。

②在车辆前方执行作业前,将钥匙从钥匙开关锁中取出。

③在前机舱实施作业,务必要使用翼子板护套。

④在车底下作业时,必须将 12 V 蓄电池负极拆开。

⑤顶起车辆时,不可顶在动力电池处。

危险:

a. 不要在只靠一个千斤顶支撑的车底下工作。

b. 这里提供的举升要求适用于整车，对于一辆拆除了驱动电机或动力电池的汽车，重心发生变化，使举升情况不稳定，此时要将汽车支撑或固定在举升设备上。

提示：

不要把工具、换下来的配件遗留在工作区域或周围，保持工作区域干净整洁。

注意：

在车上实施焊接操作时，必须要拆除蓄电池接线，避免造成相关零部件损坏，同时周边要配备适当的灭火设备。

(2)拖拽车辆

提示：

①此方法并不建议使用。若必须在拖拽情况下牵引车辆方可使用该方法。

②为了能够牵引汽车，必须先安装一个牵引环。

③牵引环属于随车工具。

前牵引环安装步骤如下：

①撬出牵引环盖罩，如图 5-2-5 所示的①。

注意：

小心工作，防止漆面受到损伤。

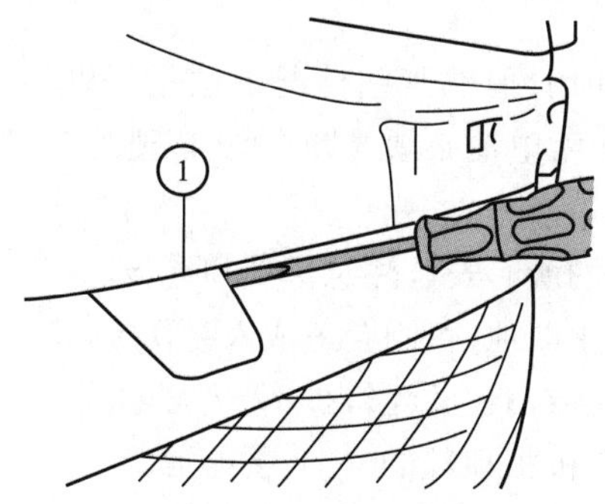

图 5-2-5　撬出牵引环盖罩

②安装牵引环，如图 5-2-6 所示，沿“箭头”方向旋入牵引环①并用扳手拧紧。

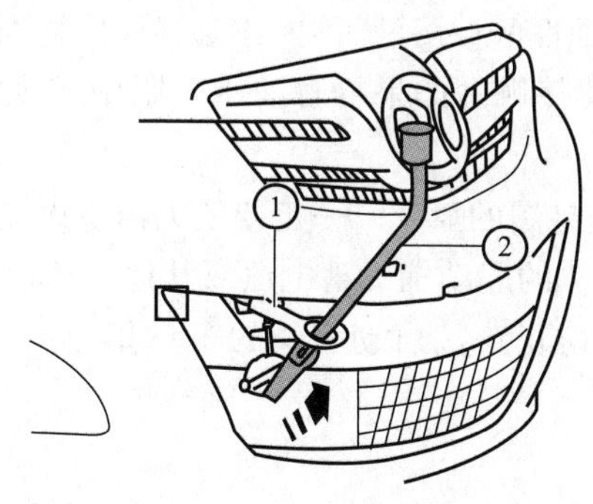

图 5-2-6　安装牵引环

③使用完之后，旋出牵引环①并将其与随车工具放在一起，装上牵引环盖罩。

提示：

只有在上述牵引环上才可以安装牵引绳或牵引杆。

牵引绳应当有弹性，以保护两辆汽车。因此只能使用塑料绳或类似弹性材料做成的绳子。更安全的方法是使用牵引杆！

注意：

不允许出现过大的拉力和冲击负载。如果在不平坦的路面上进行牵引，总会有紧固件过载或受损的危险。

关于“拖拉和牵引”的注意事项：

①必须注意关于车辆牵引的法律规定。

②两名驾驶员都必须熟悉牵引过程的特点，否则不能进行牵引启动或牵引工作。

③如使用牵引绳，牵引车的驾驶员在起动和换挡时要特别注意缓慢地操作离合器。

④被牵引车的驾驶员应注意随时保持牵引绳绷紧。

⑤两辆汽车上的危险警报灯都要打开，请遵守相应的法规要求。车钥匙必须置于 ON 挡，这样不会锁死方向盘，而且可以打开转向信号灯、喇叭、车窗玻璃刮水器和车窗玻璃清洗装置。

⑥被托车辆牵引时，挡位置于空挡，并打开危险警报灯。牵引距离较远时车辆前部必须被抬起。在变速器不能得到润滑的情况下，只能在驱动轮抬升的情况下才能被牵引。

(3)跨接启动

注意：

跨接启动的方式并不建议使用，但在某些情况下这是可以将车辆启动的唯一方法。在这种情况下，跨接启动放电后的 12 V 蓄电池必须立即充电，以避免 12 V 蓄电池永久性的损坏。

提示：

阅读 12 V 蓄电池系统部分的所有安全注意事项和警告。

①不要跨接冻结时的 12 V 蓄电池，否则会造成人身伤害。

②不要跨接指示窗口为黑色或白色的免维护 12 V 蓄电池。

③不要跨接电解液液位低于极板顶部的 12 V 蓄电池。

④12 V 蓄电池不要靠近明火。

⑤请戴上护目镜，摘掉手指或手腕上的金属饰品，以免 12 V 蓄电池偶然碰火受伤。

⑥使用大功率启动设备时，不要使 12 V 蓄电池电压高于 16 V。

⑦12 V 蓄电池电解液是腐蚀性酸性溶液，不要让电解液接触到眼睛、皮肤或衣服。连接线夹时不要倾斜蓄电池或使线夹彼此接触。如果电解液溅入眼中或皮肤上，要立即用大量的清水进行冲洗。

⑧12 V 蓄电池产生了易燃、易爆的氢气。一定要使火苗或火花远离通气口。

⑨不要用输出电压超过 12 V 的起动辅助蓄电池或其他启动辅助电源。

⑩利用另一辆车启动时，要防止跨接启动车辆的车身相互接触。否则可能会损坏每辆汽车的电气系统。

危险：

在将跨接线连接至 12 V 蓄电池时，切勿使跨接线彼此接触或碰触到车身接地。一个充满电的 12 V 蓄电池，如果经过跨接线短路，会以高于 1 000 A 的电气放电，造成电弧并使跨接线与端子的温度快速上升，甚至可能会造成 12 V 蓄电池的爆炸。未遵守这些要求，可能会造成人员的伤害。

(4)举升和支撑点

①前部支撑点,如图 5-2-7 所示,在下边梁标记区域和底板垂直加强件的箭头上安装支撑盘。

注意:

底板加强件必须平放在升降台支撑盘的正中。

②后部支撑点,如图 5-2-8 所示,在下边梁标记区域和底板垂直加强件的箭头上安装支撑盘。

注意:

底板加强件必须平放在升降台支撑盘的正中。

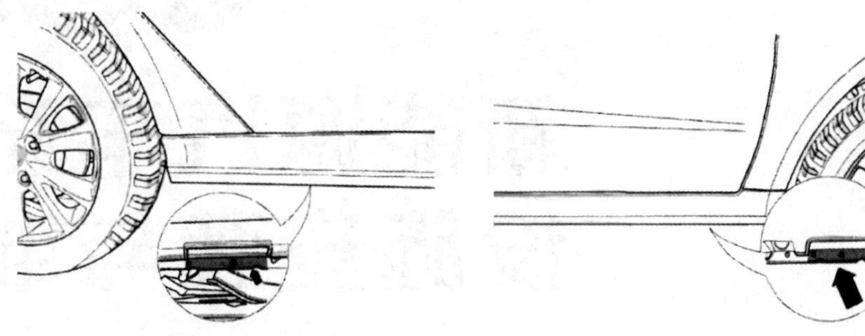

图 5-2-7　前部支撑点　　　　图 5-2-8　后部支撑点

学习测试

1. 填空题

(1)触电是指人体触及带电体时,________对人体所造成的伤害。

(2)根据伤害的性质不同,触电可以分为________和________两种。

(3)未经高压安全培训并取得________的维修人员,不允许对________进行维修等操作。

(4)维修车辆时,监护人工作职责为________的全过程。

2. 判断题

(1)电伤是指由于电流的热效应、化学效应和机械效应对人员外表造成的局部伤害。(　　)

(2)电击指电流流过人体,造成人体外部肌肉的伤害。(　　)

(3)车辆在充电过程中不允许对高压部件进行拆装、维修等工作。(　　)

项目六

新能源汽车充电设施安装与维护

维修和使用带有高压新能源汽车充电桩需要做好自身安全防护，并严格按照规范操作流程操作。本项目主要包括以下3个任务：

任务1　认识新能源汽车充电设施构成与功能。

任务2　认识交流充电桩的安装准备。

任务3　维护充电桩。

通过以上3个任务的学习，你将学习和了解充电桩的基本触电原理，以及如何采取正确的防护措施来避免触电事故的发生。

任务1　认识新能源汽车充电设施构成与功能

提出任务

作为新能源汽车专业的学生，在刚进入工作岗位实习不到一个月的时间，突然有一天遇到了一位客户问起充电桩的使用事项，此时你应该如何及时去帮助他？

任务目标

一、知识目标

1. 掌握汽车充电桩的作用及其分类。
2. 掌握TN、TT、IT系统接地制式，并能正确叙述各系统的优缺点。
3. 掌握充电桩的充电模式和连接方式。
4. 掌握充电桩日常巡检的内容和日常维护项目。

二、能力目标

1. 能够向客户介绍电动汽车充电方法及特点。
2. 能够认识新能源汽车充电系统的组成元件。

相关知识

新能源汽车,特别是电动汽车一直被看作是下一代汽车的发展趋势。作为新能源汽车的“加油站”,充电桩建设的全面开展,无疑会为新能源汽车的发展产生巨大的推动作用。无论是研发、生产,还是销售人员和售后技术人员,如果没有正确认识新能源汽车充电桩的高压风险,并正确处理涉及的高压工作区域的防护,都会导致严重的高压伤害。

一、充电桩的作用与分类

充电桩,其功能类似于加油站里面的加油机,可以固定在地面或墙壁上,安装于公共建筑(公共楼宇、公共停车场等)和居民小区停车场或充电站内,可以根据不同的电压等级为各种型号的电动汽车充电。充电桩有如下几种分类方式:

1. 按安装方式分类

可分为落地式充电桩、壁挂式充电桩。落地式充电桩适合安装在不靠近墙体的停车位,如图 6-1-1所示。壁挂式充电桩适合安装在靠近墙体的停车位,如图 6-1-2 所示。

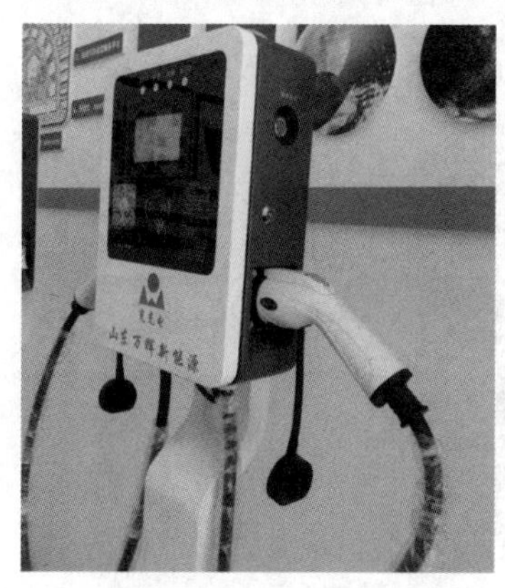

图 6-1-1　落地式充电桩

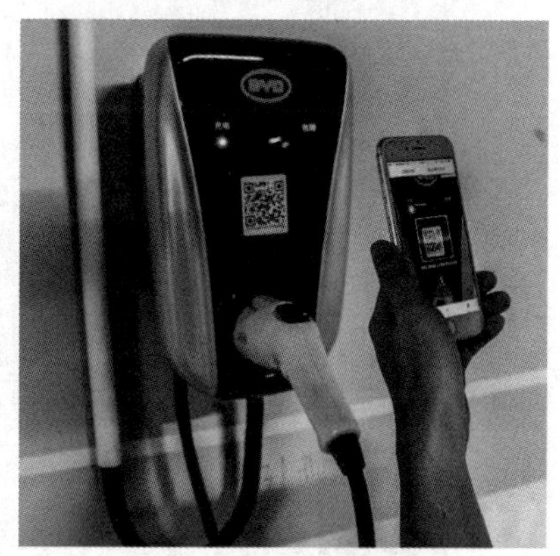

图 6-1-2　壁挂式充电桩

2. 按安装地点分类

可分为公共充电桩和专用充电桩。公共充电桩是建设在公共停车场(库),结合停车泊位情况,为社会车辆提供公共充电服务的充电桩;专用充电桩是建设在单位(企业)自有停车场(库),为单位(企业)内部人员使用的充电桩,以及建设在个人自有车位(库),为私人用户提供充电的充电桩。充电桩通常结合停车场(库)的停车位建设。

3. 按充电接口数分类

可分为一桩一充充电桩(见图 6-1-3)和一桩多充充电桩(见图 6-1-4)。

4. 按充电方式分类

可分为直流充电桩、交流充电桩和交直流一体充电桩。

5. 按充电速度分类

有常规充电(慢充)桩和快速充电(快充)桩,如图 6-1-5、图 6-1-6 所示。根据不同的车辆电池、环境温度等,充电时间各不相同。慢充一般在 5 ~ 10 h 充满,快充可以在 20 ~ 30 min 充满 80% ,1 h 完全充满。

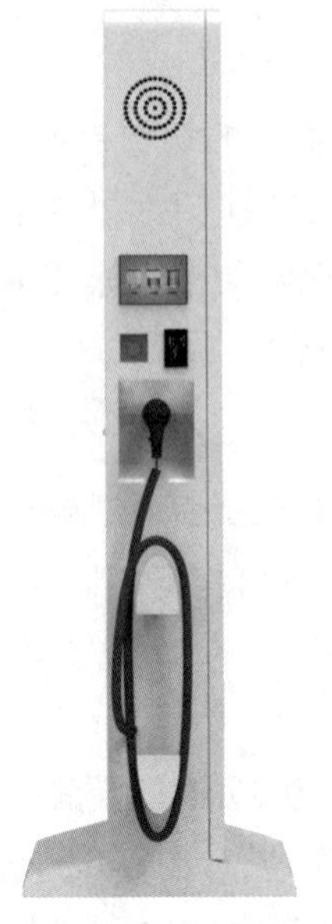

图 6-1-3　一桩一充充电桩

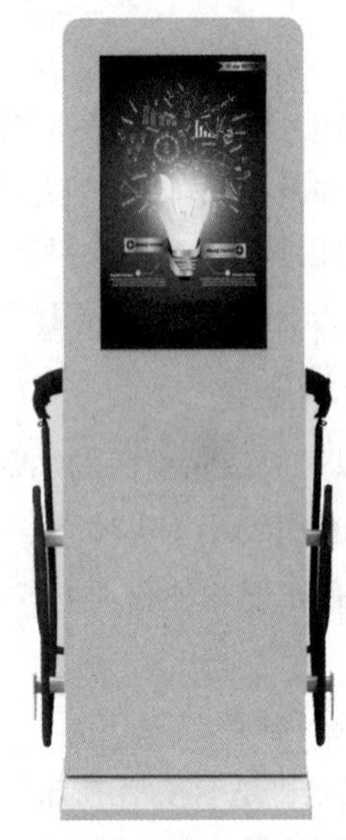

图 6-1-4　一桩多充充电桩

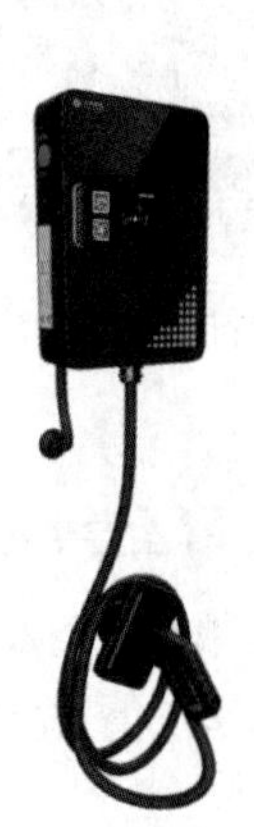

图 6-1-5　慢充(交流充电)充电桩

图 6-1-6　快充(直流充电)充电桩

(1)快充充电桩特点

快充充电桩又称为直流充电桩,即直流供电装置。直流充电桩是固定安装在电动汽车外、与交流电网连接,可以为非车载电动汽车动力电池提供直流电源的供电装置。直流充电桩的输入电压采用三相四线 AC 380(1 ±15%)V,频率 50 Hz,输出为可调直流电,直接为电动汽车的动力电池充电。由于直流充电桩采用三相四线制供电,可以提供足够的功率,输出的电压和电流调整范围大,可以实现快充的要求。

直流充电桩的工作原理就是通过整流将交流变直流再通过 DC-DC 变换环节来调整电压、电流输出,实现对电动汽车的电池充电。控制模块实现其显示功能及保护电路的控制。

直流充电桩的特点如下:

①采用分体式结构,主要由整流柜、充电桩、整流柜和充电桩之间的连接电缆、充电桩和电动汽车之间的连接电缆及充电连接器等部分组成。整流柜由整流模块和充电主控制系统组成,由充电桩完成与用户之间的人机交互功能,并实现对电动车充电的管理、计费和相应的电池状态检测等功能。

②具备通过 CAN 网络与 BMS 通信的功能,用于判断电池类型,获得动力电池系统参数、充电前和充电过程中动力电池的状态参数。与充电站后台监控系统通信,上传充电器和动力电池的工作状态、工作参数、故障报警等信息,并接受监控系统的控制命令,执行遥控动作。

③能够判断充电连接器、充电电缆是否正确连接。当充电连接器与电动汽车动力电池系统正确连接后,充电器才允许启动充电过程;当充电器检测到与电动汽车动力电池系统的连接不正常时,能立即停止充电,并发出报警信息。

④能够为电动汽车提供低压辅助电源,用于在充电过程中为电动汽车 BMS 供电。

⑤具有高效、高可靠、便于维护、灵活扩容、节能环保等优点。

⑥采用数字化均流技术,均流性能稳定,脱离管理模块也能稳定工作并自主均流。

⑦采用模块化架构,可适应 10 ~ 200 kW 的不同功率需求。

⑧动态优化的功率模块管理,适应在各种功率输出状态下的最大效率输出。

⑨具有输出电压、电流调节范围宽的特点,满足不同类型动力电池组端电压的充电要求。

⑩具有电源过温、输入侧过电压、欠电压、输出侧过电流、过电压保护等安全防护功能。

⑪整流模块采用 ARM 作为控制核心,具有很高的灵活性和一致性。

⑫采用高频变压器,体积小,功率密度高。

⑬采用 IGBT 配套最新的驱动技术,稳定性高。

⑭具备宽电压输入范围,以及宽工作温度范围。

⑮友好的人机界面,动态显示电压、电流以及故障信息。

⑯具有输入侧过/欠电压保护、输出侧过电压保护、欠电压告警、过电流及短路保护、过温保护等功能。

(2)慢充充电桩特点

慢充充电桩又称为支流充电桩,即交流供电装置。交流充电桩固定安装在电动汽车外、与交流电网连接,为电动汽车车载充电器(即固定安装在电动汽车上的充电器)提供交流电源的供电装置。交流充电桩只提供电力输出,没有充电功能,需连接车载充电器为电动汽车充电。

交流充电桩设计要求的特点如下:

①可以提供 AC 220 V/7 kW 的供电能力。交流充电桩的电源要求为:输入电压,单相 AC 220 (1 ±10%)V。输出频率 50(1 ±2%)Hz。输出电压为 AC 220V/7 kW。

②具备漏电、短路、过电压、欠电压、过电流等保护功能,确保充电桩安全可靠运行。

③具备显示、操作等必需的人机接口。

④交流充电计量。

⑤设置刷卡接口,支持 RFID 卡、IC 卡等常见的刷卡方式,并可配置打印机,提供票据打印功能。

⑥具备充电接口的连接状态判断、控制导引等完善的安全保护控制逻辑。

交流充电桩给电动汽车的充电器提供电力输入，由于一般的车载充电器的功率不是很大，所以不能很好地实现快速充电。但我们可以采用直流充电桩来实现快充。

二、低压配电系统接地制式

低压配电系统的接地制式按配电系统和电气设备不同的接地组合来分类。按国际电工委员会（IEC）规定，低压配电系统的接地制式的表示法一般由两个字母组成，必要时可加后续字母。

低压配电系统的接地制式分为 TT、IT、TN 三种。在 TN 系统中，按中性线（N 线）与保护线（PE 线）的组合方式不同又分为 TN-C、TN-S、和 TN-C-S 三种。

所使用的配线系统代码的含义如下：

第一个字母表示配线系统与地的关系。

T——一极直接连接到地。

I——系统与地隔离或某一点通过阻抗连接到地。

第二个字母表示电气设备的外露导电部分与地的关系。

T——设备的外露导电部分直接接地，与电源的接地无关。

N——设备的外露导电部分连接到配电系统的接地点或与该点引出的导线相连接。

后续字母（如果有），中性线（N 线）和保护线（PE 线）的关系。

S——中性线和保护线分开。

C——中性线和保护线合并为 PEN 线。

S——在电源侧为 PEN 线，从某点分开为 N 线和 PE 线。

1. TN 系统

在 TN 系统中，所有电气设备的外露导电部分接到保护线上，与配电系统的接地点连接。这个接地点通常是配电系统的中性点。

TN 配电系统有三种类型：

①TN-C 配电系统如图 6-1-7 所示。在整个系统中，保护线和中性线合并为 PEN 线。

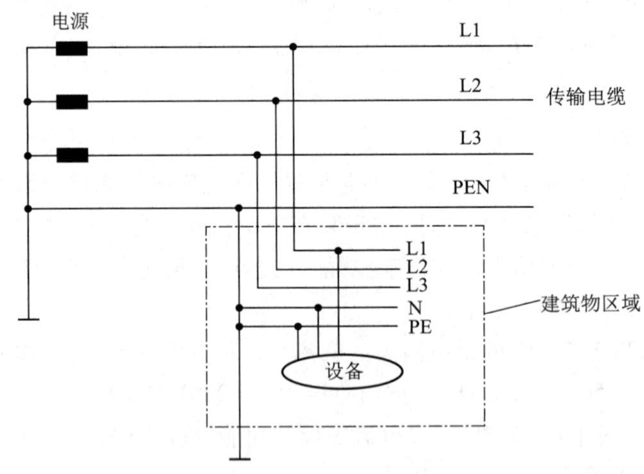

图 6-1-7　TN-C 配电系统

TN-C 配电系统中，由于保护线和中心线合并为 PEN 线，具有简单、经济的优点。当发生短路故障时，故障电流大，可采用一般过电流保护器切断电源，但对于单相负荷或三相不平衡负荷以及有谐波电流的负荷，PEN 线流经电流极有可能使设备机壳高于 50 V，对人身造成事故隐患，而且还无法取得稳定的基准电位，现在很少采用。电动汽车充电接口的配电不允许采用 TN-C 系统。

②TN-S 配电系统，如图 6-1-8 所示。在整个系统中，保护线和中性线是分开的。

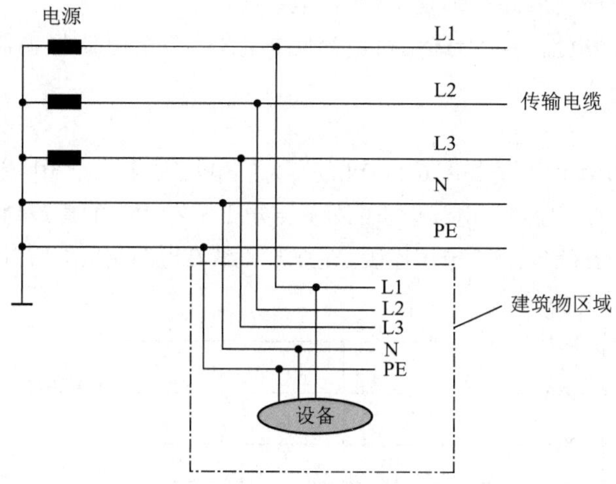

图 6-1-8　TN-S 配电系统

TN-S 配电系统为三相五线制中性点直接接地，整个系统的中性线和保护线是分开的系统。此系统安全，可靠性高，但增加了成本。工作正常时 PE 线不通过电流，与 PE 线相连的电气设备外壳在正常运行时不带电，所以适用于数据处理和精密仪器设备的供电，也可用于有爆炸危险的场所。

③TN-C-S 配电系统如图 6-1-9 所示。在系统中某一点以后 PEN 线分为中性线和保护线。分开以后，N 线对地绝缘。PEN 线自分开后，N 线和 PE 线不能再合并，否则丧失 TN-S 配电的特点（由 PEN 导线分出 PE 线和 N 线的点可在建筑物入口处或建筑物内的配电板上）。

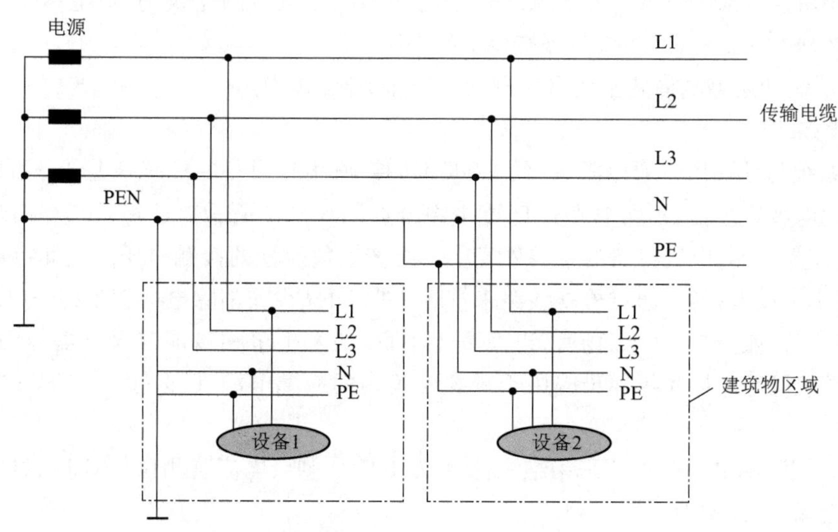

图 6-1-9　TN-C-S 配电系统

TN-C-S 配电系统是一个广泛采用的配电系统，在民用建筑中，电源线路采用 TN-C 配电系统，进入建筑物内改为 TN-S 配电系统，这种系统的线路结构简单又能保证一定的安全水平。需要注意的是绝对不允许将 TN-C-S 配电系统或 TN-S 配电系统转换为 TN-C 配电系统。

根据《住宅设计规范》(GB 50096—2011)中 8.7.2 款的要求,住宅供电系统设计应采用 TT、TN-C-S 配电系统或 TN-S 配电系统接地方式。如果供电电源系统是 TN 配电系统,那么最终给电动汽车供电的接入点的电气回路必须是 TN-S 配电系统。

TN 配电系统的防触电措施可以选用过电流防护电器、剩余电流保护器(RCD),必要时还需要考虑辅助等电位的连接。

2. TT 配电系统

三相加中性线的 TT 配电系统如图 6-1-10 所示,为三相四线制。系统中必须有一个直接接地点,一般是变压器或发电机的中性点。电气设备的外露导电部分在用户的建筑物中连接到接地电极上,该接地电极和配电系统的接地电极无电气连接。它的中性线在电源侧接地后引出,并只做工作零线。

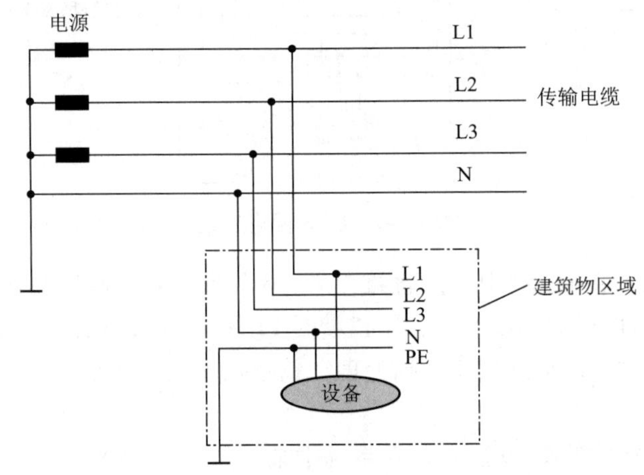

图 6-1-10　三相加中性线的 TT 配电系统

主要适用由供电部门以低压配电系统供电的和远离变电所的建筑物,对电压干扰要求高的精密电子和数据处理设备,对防火防爆有要求的场所。

TT 配电系统的防触电措施主要采用剩余电流保护器(RCD)。

3. IT 配电系统

IT 配电系统与地隔离或通过阻抗(约 1 000 Ω)接地,电气设备的外露导电部分可以在用户建筑物中与接地电极连接,三相加中线的 IT 配电系统如图 6-1-11 所示。这种系统当出现第一次故障时,故障电流受限制,电气设备的金属外壳上不会产生危险性的接触电压。因此可以不切断电源,此时需要报警设备报警,通过检查线路来排除故障,可减少或消除电气设备的停电时间。

主要适用于一般不准停电的场所,以及环境不良、易发生单相接地或火灾爆炸的场所,如煤矿、化工厂、纺织厂等。近几年逐步应用于重要建筑内的应急电源、医院手术室等重要场所的动力和照明系统。

IT 配电系统防触电措施主要采用绝缘监测仪(IMD)、剩余电流监测仪(RCM)、过电流防护电器及剩余电流保护器(RCD)等。

三、充电模式及连接方式

1. 充电模式

充电模式 1:电动汽车与电网的连接是通过一个标准插头(电流不超过 16 A,单相电压不大于

250 V,三相电压不大于 480 V),连接线仅有相线和接地保护线,如图 6-1-12 所示。

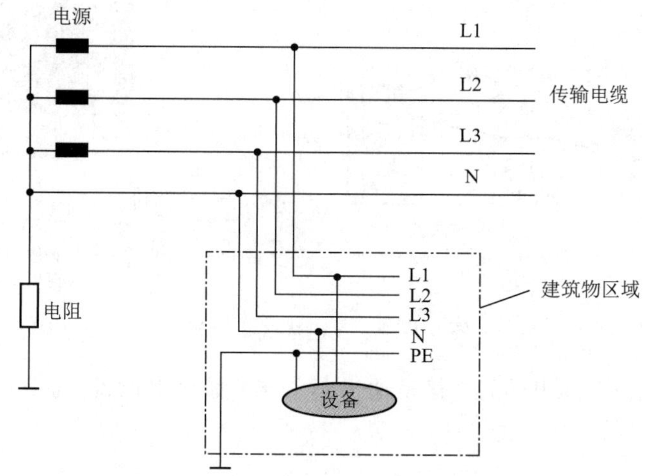

图 6-1-11　三相加中线的 IT 配电系统

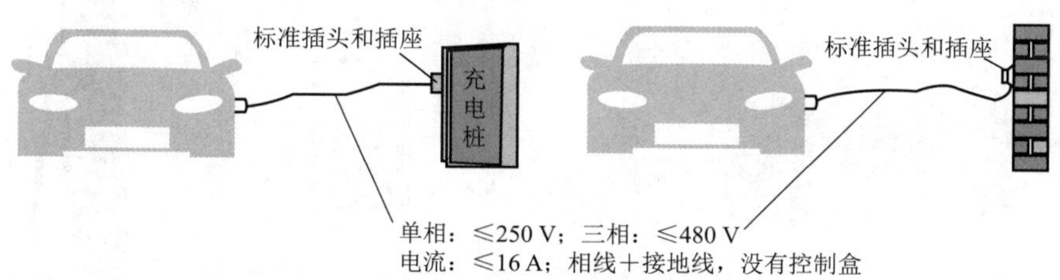

图 6-1-12　充电模式 1 示意

充电模式 2:电动汽车与电网的连接是通过一个标准插头(电流不超过 32 A,单相电压不大于 250 V,三相电压不大于 480 V),连接线包括相线、接地保护线和控制线。连线当中有一个控制盒,具备漏电保护和信号传输功能(控制盒位于插头或充电桩 0.3 m 以内或置于插头中),如图 6-1-13所示。

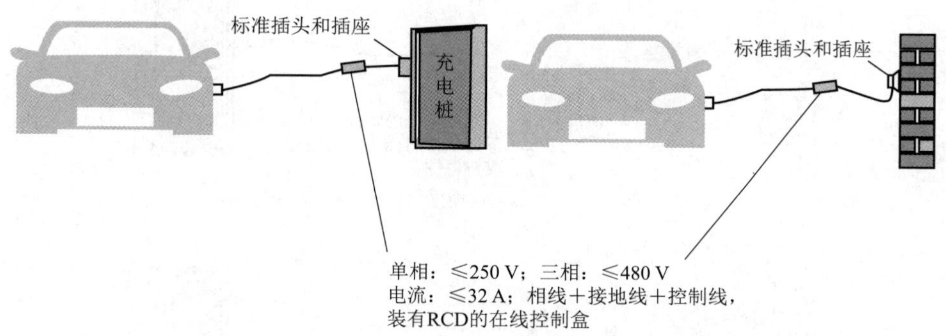

图 6-1-13　充电模式 2 示意

充电模式 3:电动汽车与电网的连接是通过一个特殊充电设备,具备漏电保护和信号传输功能,充电设备一端与电网固定,如图 6-1-14 所示。

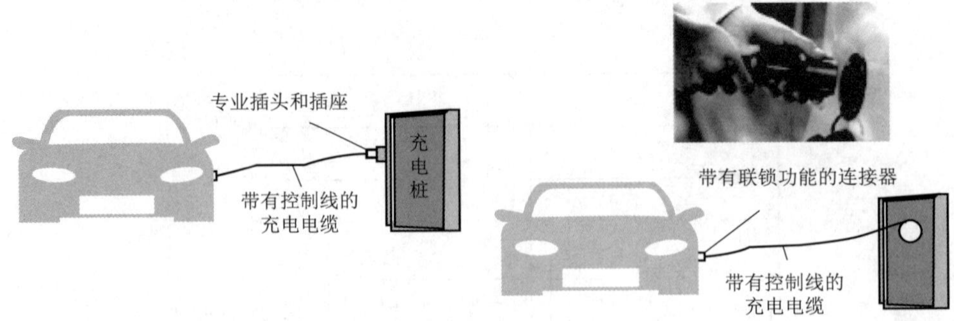

图 6-1-14　充电模式 3 示意

充电模式 4:电动汽车与电网的连接是通过一个非车载充电设备,与信号传输功能一起与电网固定,如图 6-1-15 所示。

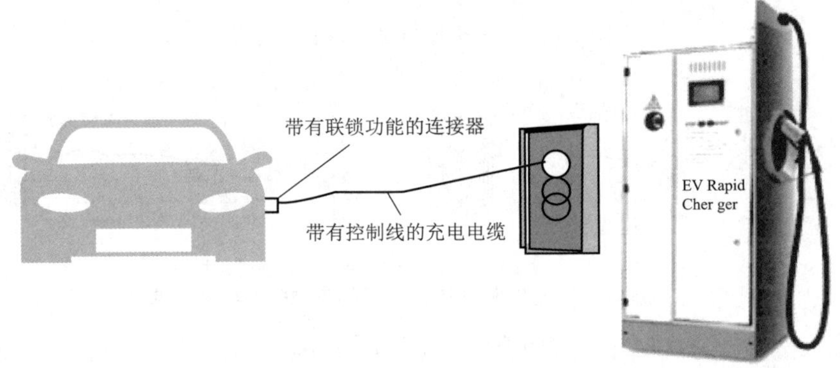

图 6-1-15　充电模式 4 示意

2. 连接方式

连接方式如图 6-1-16 所示,分别为连接方式 A、连接方式 B 和连接方式 C。

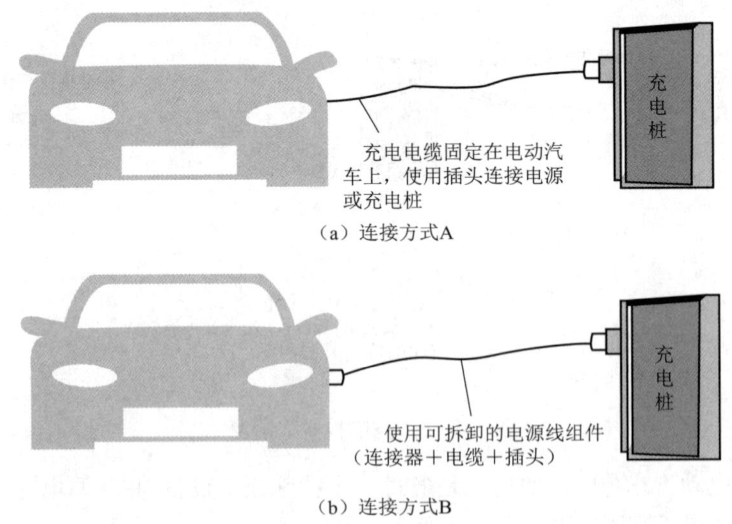

（a）连接方式A

（b）连接方式B

图 6-1-16　连接方式示意

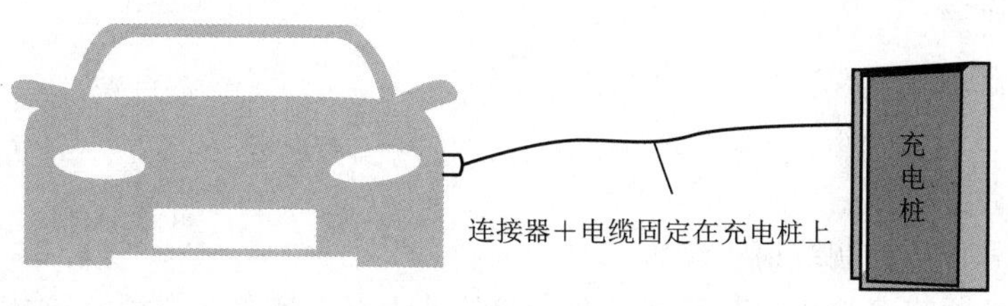

（c）连接方式C

图 6-1-16　连接方式示意（续）

连接方式 A：充电电缆固定在电动汽车上，使用插头与电源连接。

连接方式 B：使用可携带的电源线组件（连接器 + 充电电缆 + 插头），或插入一般插座（B1），或插入充电设备（B2）。

连接方式 C：充电电缆一端固定于充电设备，另一端使用连接器与电动汽车连接。（充电模式 4 只允许使用方式 C 连接）

任务实施

一、工作准备

1. 防护装备

常规实训着装。

2. 车辆、台架、总成

荣威 E5 纯电动汽车；或其他同类新能源汽车。

3. 专用工具、设备

无。

4. 手工工具

无。

5. 辅助材料

无。

二、实施步骤

根据实训室的车辆配置，参照前文的内容，识别新能源汽车充电系统的组成部件，并能够介绍其功能及原理。

1. 认识新能源汽车充电系统（快充模式）组成部件

①充电桩（快充桩）。

②快充接口。

③高压控制盒。

④动力电池。

⑤整车控制器。

⑥高压线束和低压控制线束。

2. 认识新能源汽车充电系统（慢充模式）组成部件

①供电设备（充电桩）。

②慢充接口。

③车载充电机。

④高压控制盒。

⑤动力电池。

⑥整车控制器。

⑦高压线束和低压控制线束。

本实训主要练习充电流程。其基本的实训包括认识充电装置的类型，正确操作的充电流程。

提示信息：

介绍常规充电过程。不同车型、制造商甚至国家的充电过程不同，因此介绍通用过程。充电时应记住以下三个要点：使用专用充电站、使用状况良好的正确充电电缆、电缆插头正确且状况良好。

扩展知识

一、交流充电桩安装流程介绍

1. 准备阶段

准备工作是保证安装工程顺利进行，安全完成的重要前提。它不仅体现在施工前，而且贯穿于整个施工的全过程。准备工作通常包括现场勘察，制订方案和准备材料。

①现场勘察。现场勘察是指施工单位、用户、物业和电力部门一起参与考察用户的安装现场以及供电条件，对施工相关的具体问题提出意见，如充电桩的安装位置、配电设备安装位置、取电位置、电气布线的方法、走线等，并取得一致的意见。

②制订方案。施工单位和用户根据现场勘察后的结果，制订安装方案，并应征得有关管理部门的同意。方案应包括电气原理图、位置图（如需要）、布线方式的描述、零部件清单等。

③准备材料。根据方案中提供的材料清单进行备料。准备现场施工的工具、测量仪器，同时预先解决好施工现场的电源。

2. 施工阶段

当施工方案达成一致，并经有关部门批准后，即可进入安装工程的施工阶段。施工阶段包含现场的来料检验和确认、内外电气布线及固定（电气线路的敷设）、低压保护装置的安装（配电柜内部）和配电柜及充电桩的安装，充电桩的安装如图 6-1-17 所示。

3. 验收阶段

安装施工完成后，应安排技术人员进行验收。

二、充电桩的安全及社会问题

全国公共充电桩的数量与日俱增。随着充电设施规模的不断扩大，使用中的问题也纷纷暴露出来。比如，充电桩故障率高及安全隐患；充电站不好找；充电费用不统一等。

1. 充电桩的安全问题

据第一电动网统计，2015 年以来，全国共发生几起纯电动客车、混合动力客车自燃事故。着火原因主要集中在车辆处于静态停置中，由于电池系统管理不完善、通信不兼容、与充电设备通信障碍导致的电池过充、短路等问题，并且不能提前监控、报警，从而引起热失控、自燃、起火等事故。除了电池自身技术以外，很多外在原因成为了事故导火索。也就是说，充电环节也具有很大的安全隐患。因此，安全问题不能只聚焦于电池本身，而是需要电池、电池管理系统（BMS）、充电多方协同合作。

图 6-1-17　充电桩的安装

电池管理系统(BMS),主要包括电芯监测模块、均衡电源模块和控制模块。其技术含量较高,目前国内市场的BMS厂家较多,生产水平参差不齐,时有失效现象,存在安全隐患。与此同时,目前国内BMS行业也没有针对该行业单独制定的权威行业标准,很多检测机构更多的是参照一些老标准对系统的一些指标进行检测,对产品提升、行业规范等缺乏引导,所以需要针对新能源汽车动力电池BMS单独制定一套行业规范,未来还应当升级为国家强制标准。另一方面,很多BMS的设计没有充分考虑到用户、电网、电池的特性变换等因素。电动车充电现状是,充电设施被动依赖BMS和电池,不适应电动汽车充电的需求;充电需求得不到及时、方便的满足,更加及时的车况报告无法获得;充电相关各方责任界限不清,充电被简单视为新能源汽车的一个"零部件",但是在新能源汽车的安全问题中,最易发生问题的环节却是充电环节。由于电压、电流过高,或电池过充等导致电池热失控从而引发燃烧,所以通过CAN通信协议实现充电设备与电池管理系统之间的实时通信是非常重要的。电池管理系统与充电设备之间没有能够形成很好的协调,会导致电池管理系统形同虚设,充电器在接收电池相关数据不全面时未能终止充电。

对于刚刚进入成熟期的新能源汽车产业,安全问题永远是悬在企业头上的一把利刃,在发展过程中永远要摆在第一位。目前,电动汽车充电接口国家标准修订稿通过了专家审查,其中充电接口标准是主要的修订内容,但对于与充电体系相关的协同安全指引却没有提及,因此有必要引起决策者的重视。与此同时,随着利好政策不断出台,充电设施建设的爆发期即将来临,各种充电设备企业一窝蜂涌入市场,而技术门槛并不高,这就应当设置一道严格的行业安全门槛,把充电安全作为企业的重要责任,加强技术创新,将电池、充电器、模块、电网等环节充分协同,形成更有效的安全管理。

2. 充电桩的社会问题

2014年,国际知名电动汽车某品牌进入中国市场,炫酷的外观和搭载的动力系统给中国消费者和众多汽车企业带来了视觉和思想上的冲击。随后,新能源汽车企业在进行大量的试验后,开始如雨后春笋般纷纷冒出,众多生产商推出各自的电动汽车产品来争夺这个细分的市场。

充电桩、充电站的建设程度,直接影响着电动汽车的大规模商业化推广,而仅仅增加充电设施的布局并不够,还需建设高效完善的充电服务网络。因为续航里程限制和充电装置不便,车主在电动汽车的使用方面似乎受到了约束。

①厂商步伐不协调。电动汽车不同于一般内燃机汽车,其生产、销售、维护更为复杂。在一

般的内燃机汽车销售中,只要客人将车辆驶出4S店,这个销售流程基本结束。而在电动汽车的销售过程中,还增加了汽车充电桩设施的安置,而这方面进行的并不顺利。

首先是此前国内住宅的设计规划中并没有将电动汽车充电桩规划在内,造成了车主后期安装充电桩困难重重。

在主流的住宅小区中停车位是按照住户的30% ~50% 进行规划的,在这有限的停车位内大部分属于住户公共使用,只有一小部分是拥有固定产权的,而按照物业方面的要求只能够给这些拥有固定产权的停车位出具《充电桩安装同意书》。

除了车主住宅安装充电桩遇到困难之外,厂方自建充电站也并不能获得足够的便利。首先是厂方自建充电站在标准上和国家规划是否一致。

②公共设施待完善。近几年社会才将新能源汽车充换电配套设施纳入建设计划,但目前的建设程度并不乐观。在电动车领域,单个充电装置因为成本和技术限制,其建造程度远比一般停车位要复杂得多。它涉及电力、城市规划、交通、市政等多个部门,在一定程度上还需要和汽车厂商达成技术标准,所以实施难度可想而知。

③现阶段充电桩的发展。充电桩和充电站这一重要配套产业的完善将促进电动汽车的发展。和电动汽车产业一样,充电桩在全国的建设也在不断创造着新的纪录。

正是基于"充电设施建设网络化、规模化"的发展理念,2015 年 1 月中旬,国内首个高速公路跨城际快充网络——京沪高速公路快充网络全线贯通,成为了充电桩产业发展过程中的里程碑事件。

国家电网方面提供的数据显示,此条高速沿线建成50座快充站,平均单向每50 km 一座快充站。每座快充站规划建设 4 台 120 kW 直流充电器、8 个充电桩,可同时为 8 辆电动汽车充电,30 min内充满(80% 电量),先期建设 2 台充电器、4 个充电桩,支持所有符合中国标准的电动汽车充电。

④充电桩标准化。按照目前颁布的《政府机关和公共机构购买新能源汽车实施方案》规定,充电接口与新能源汽车数量比例不低于1:1。以这一标准来看,虽然目前充电桩数量已经在快速增长,但是现有的充电设备已经不能满足当下电动汽车的日常需求。

现在看来,充电接口标准目前已经实现了国家层面上的统一。其标志性事件就是 2011 年我国的电动汽车充电接口及通信协议标准的批准发布,即《电动汽车传导充电用连接装置第 1 部分通用要求》《电动汽车传导充电用连接装置第 2 部分交流充电接口》《电动汽车传导充电用连接装置第 3 部分直流充电接口》《电动汽车非车载传导式充电器与电池管理系统之间的通信协议》。不过,面临着市场上出现的众多问题。充电设施标准化工作是一项长期的任务。伴随着电动汽车的规模发展,充电设施标准化工作也需要不断修订完善。

学习测试

1. 填空题

(1)充电桩是能实现________、________、计金额充电的装置,可以作为市民________。

(2)充电桩按照安装方式可分为________充电桩、________充电桩。

(3)充电桩按照安装地点,可分为________充电桩、________充电桩 和________充电桩。

(4)按充电方式充电桩可分为________充电桩,________充电桩和________充电桩。

(5)充电桩充不上电故障主要从________和________两个方面来进行分析和排除。

2. 判断题

(1)充电桩可以根据不同的电压等级为各种型号的电动汽车充电。 ( )

(2)直流充电桩又称为直流供电装置,即我们日常所说的慢充。 ( )

(3)直流充电桩是可以为非车载电动汽车动力电池提供直流电源的供电装置。 ( )

(4)充电桩按充电接口数分可分为一桩一充和一桩多充。 ( )

(5)由于一般的车载充电器的功率很大,所以不能很好地实现快速充电。 ( )

3. 单项选择题

(1)以下不属于直流充电桩特点的是( )。

A. 采用分体式结构,主要由整流柜、充电桩、以及整流柜和充电桩之间的连接电缆、充电桩和电动汽车之间的连接电缆及充电连接器等部分组成

B. 能够为电动汽车提供低压辅助电源,用于在充电过程中为电动汽车 BMS 供电

C. 动态优化的功率模块管理,适应在各种功率输出状态下的最小效率输出

D. 具备通过 CAN 网络与 BMS 通信的功能,用于判断电池类型,获得动力电池系统参数、充电前和充电过程中动力电池的状态参数;与充电站后台监控系统通信,上传充电器和动力电池的工作状态、工作参数、故障报警等信息,并接受监控系统的控制命令,执行遥控动作

(2)以下不属于交流充电桩特点的是( )

A. 可以提供 AC 220V/7 kW 供电能力

B. 整流模块采用 ARM 作为控制核心,具有很高的灵活性和一致性

C. 输入电压:单相 AC 220×(1±10%)V,输出频率 50×(1±2%)Hz,输出为 AC 220V/7 kW

D. 交流充电计量

(3)安装在户外的充电桩防护等级不应低于( )。

A. IP45　　B. IP54

C. IP23　　D. IP32

(4)安装在户内的充电桩防护等级不应低于( )。

A. IP45　　B. IP54

C. IP23　　D. IP32

任务2 认识交流充电桩的安装准备

提出任务

客户购买新能源电动汽车前,要求安装好充电桩设施,具体操作流程和注意事项有哪些?

任务目标

一、知识目标

1. 掌握正确选用交流充电桩的电气零部件。
2. 掌握完成交流充电桩的电气布线方案。
3. 掌握交流充电桩的安装方案。

二、能力目标

能够独立完成交流充电桩的安装。

相关知识

一、配电柜电气元件选配

1. 小型断路器的参数及功能介绍

(1)小型断路器概述

小型断路器又称断路器,在配电系统中可以起到过载保护、短路保护的作用,在TN配电系统中还可以起到接地故障保护,另外具有隔离功能的断路器还可以起到隔离主开关的作用,如图6-2-1所示。

图6-2-1　断路器

一般充电桩使用的小型断路器,其具体功能与参数的关系描述如下:

①额定电流 I_n:实现正常接通分断功能的设计电流。

②过载条件下延时断开功能:电流负荷 $1.13I_n$ 条件下,断路器1 h内不会动作;电流负荷 $1.45I_n$ 条件下,断路器1 h内动作。具体脱扣电流(脱扣电流)与脱扣时间(断路器动作时间)的关系见表6-2-1。

③短路保护功能:正常工作条件下,当负载发生短路时,断路器瞬间分断以保护回路。需要注意的是负载的短路电流不能超过断路器的额定短路电流。在负载已经有短路存在的条件下,接通断路器,断路器无法闭合或瞬间分断以保护回路。

④隔离功能:断路器在断开时有足够的电气间隙保证上下电路达到绝缘的要求。

表6-2-1　脱扣电流与脱扣时间关系

脱扣类型	脱扣电流	脱扣时间(s)
B	$3I_n$	0.1~90
	$5I_n$	<0.1
C	$5I_n$	0.1~90
	$10I_n$	<0.1
D	$10I_n$	0.1~90
	$20I_n$	<0.1

(2)适用于充电桩的小型断路器参数选择

正确地选择电动汽车充电桩的小型断路器是保证在各种危险发生时,有效避免或降低损失的关键因素之一。小型断路器参数说明一览表见表6-2-2。

一般情况下,推荐使用C型瞬动脱扣特性的断路器,除非充电桩制造厂家另有规定。

表6-2-2　小型断路器参数说明一览表

	通用参数	备注
U	额定电压	≥充电桩的额定电压
I	额定电流	≥充电桩的额定电流
I	额定断路电流	断路器可承受并能分断的电流
B型	B型瞬动脱扣特性	脱扣范围:$3\sim5I_n$
C型	C型瞬动脱扣特性	脱扣范围:$5\sim10I_n$
D型	D型瞬动脱扣特性	脱扣范围:$10\sim20I_n$

2. 漏电断路器的参数及功能介绍

（1）漏电断路器概述

漏电断路器是电路中漏电电流超过预定值时能自动断开电源的开关，如图 6-2-2 所示。

图 6-2-2　漏电断路器

漏电断路器分为电磁型和电子型，适配于充电桩的漏电断路器推荐电磁型。

具有过载保护功能的漏电断路器即在断路器的功能基础上增加漏电保护的功能。漏电断路器具体功能与参数的关系如下：

①额定电流 I_n：实现正常接通分断功能的设计电流。

②过载条件下延时断开：电流负荷 $1.13I_n$ 条件下，断路器 1 h 内不动作；电流负荷 $1.45I_n$ 条件下，断路器 1 h 内动作。

③瞬动脱扣功能：漏电电路器脱扣时间见表 6-2-3。

表 6-2-3　漏电断路器脱扣时间

类型	I_n(A)	漏电动作电流 I	脱扣时间		
A,B,F,AC	任何值	Δ_n(A)	$I\Delta_n$	$2I\Delta_n$	$5I\Delta_n$
		<0.03	0.3	0.15	0.04
		0.03	0.3	0.15	0.04

④短路保护功能：正常工作条件下，当负载发生短路时，断路器瞬间分断以保护回路；负载已经有短路存在条件下，接通断路器，断路器无法闭合或瞬间分断以保护回路。

⑤隔离功能：断路器在断开时有足够的电气间隙保证回路安全断开。

⑥漏电保护功能：当线路中发生漏电情况下，产品能够瞬时断开。

（2）漏电电流保护适用于充电桩的类型和参数

根据漏电电流保护类型分为 A 型、B 型、F 型、AC 型。具体选用参考见表 6-2-4、表 6-2-5。

表 6-2-4　漏电断路器的保护类型

漏电电流保护类型	能够检测的漏电流	不能够检测的漏电流	是否适用充电桩
A 型漏电电流保护	额定频率下的交流	其他频率的交流	适用（IEC 推荐）
	脉动直流	直流	
B 型漏电电流保护	所有频率的交流		
	脉动直流		
	直流		
F 型漏电电流保护	所有频率的交流	直流	
	脉动直流		
AC 型漏电电流保护	额定频率下的交流	其他频率的交流	IEC 不推荐，国标还没有相应的要求
	—	直流	
	—	脉动直流	

表 6-2-5　漏电断路器的参数说明一览表

通用参数		备注
U_n	额定电压	≥充电桩的额定电压
I_n	额定电流	≥充电桩的额定电流
$I\Delta_n$	额定漏电电流	≤30 mA
I	额定短路能力	断路器可承受并能分断的电流
	AC 型	国内目前还未采用 IEC 的要求
	A 型	根据 IEC 要求适用于充电桩配电
	B 型	根据 IEC 要求适用于充电桩配电
	F 型	根据 IEC 要求适用于充电桩配电

(3)具有过电流保护的漏电断路器的布线

漏电断路器的布线方式如图 6-2-3、图 6-2-4 所示，特别指出的是接地保护线必须永久保持良好的连接状态，严禁接入开关的端子上。

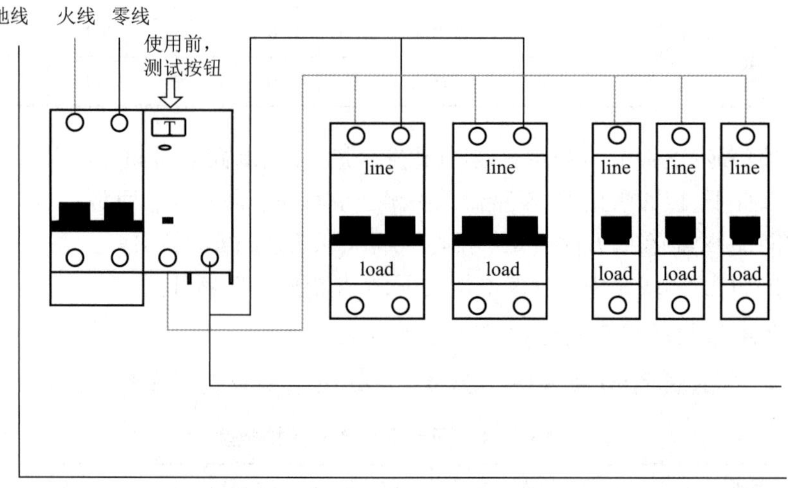

图 6-2-3　漏电断路器接线方式一

3. 浪涌保护器的参数及功能介绍

(1)浪涌保护器的概述

浪涌保护器(surge protection device,SPD)是用来保护电气设备免受冲击电压的破坏的装置。

SPD 分为三种类型，分别为

①Ⅰ型 SPD。Ⅰ型 SPD 适用于工业建筑。保护电流波形特性:10/350 μs。

②Ⅱ型 SPD。Ⅱ型 SPD 适用于保护低压配电装置。安装在每个电气配电盘，它可以防止过电压在电气装置的扩散并保护负载。保护电流波形特性:8/20 μs。

③Ⅲ型 SPD。Ⅲ型 SPD 的放电容量比较低。作为Ⅱ型 SPD 的补充，用于保护敏感的控制器具和敏感的负载。

保护电流波形特性:1.2/50 μs。

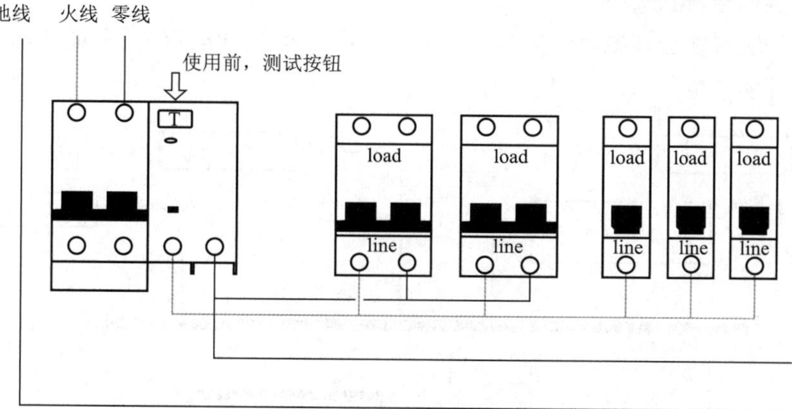

图 6-2-4　漏电断路器接线方式二

保护电压波形特性:8/20 μs。

(2)SPD 的接线方式和保护原理

SPD 的接线方式和保护原理见表 6-2-6 SPD,其保护作用可能因多次承受浪涌电流和暂时过电压的冲击而失效,失效后的 SPD 可能呈短路状态而引起危险,也可能呈开路状态失去保护作用。SPD 上端应串联过电流保护器,在 SPD 失效短路后,能有效切断此短路电流。根据 IEC 的要求,如果需要雷电防护的场所,Ⅱ型 SPD(耐受电压≥2.5 kV)应接在相线和地线之间来保护安装好的充电桩。SPD 可以装在建筑配电上,也可以装在充电桩内部。

表 6-2-6　SPD 的接线方式和保护原理

接线方式	相线和接地	中线和接地
标识	PEN L1	N PE
保护原理	SPD	T2　T2 L N

4. 过电流保护装置的选配

过电流保护装置在选择参数时应参照图 6-2-5 所示，由设计电流 I_b、电缆线的实际承载电流来确定保护器件的参数。

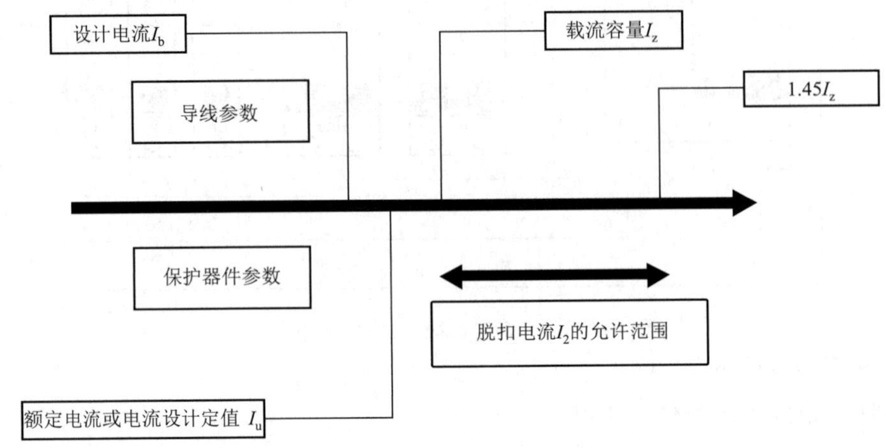

图 6-2-5　导线和保护器件的参数关系

过电流保护装置不仅要考虑接地故障的保护还要考虑电线电缆过载的保护。电线电缆过载保护应满足以下两个条件：

$$I_b \leqslant I_n \leqslant I_z \tag{6-2-1}$$

$$I_2 \leqslant 1.45I_z \tag{6-2-2}$$

式中　I_b——设计的电路电流（充电桩的额定电流）；

I_n——过载保护电器的额定电流；

I_z——电源线的载流容量；

I_2——在规定的时间范围内（如 1 h），保证过电流保护装置动作的最小电流。

5. 防触电保护电气部件的选配

（1）TN 配电系统防触电的保护电气部件的选配

间接接触的防护应由过电流保护装置（如断路器）或漏电保护装置提供，如果带电部分和外露可导电部分或保护导体之间发生故障，保护装置应能在足够短的时间内自动切断供电电源。

①配电线路仅供给固定式电气设备用电的末端线路，不宜大于 5 s。

②供给手持式电气设备和移动式电气设备用电的末端线路或插座回路，TN 配电系统的最长切断时间见表 6-2-7。

表 6-2-7　TN 配电系统的最长切断时间

相导体对地标称电压（V）	切断时间（s）	相导体对地标称电压（V）	切断时间（s）
220	0.4	>380	0.1
380	0.2		

③采用过电流保护装置自动切断电源

电气设备内任何地方的相线和保护导线或外露可导电部分之间如果发生可忽略阻抗时（见图 6-2-6，虚线为故障电流的路径回路），其中 R_a 为中性线接地电阻，R_s 为三相五线制 PE 线接地电阻，R_t 为人地电阻。配电线路的过电流保护装置应符合以下要求：

$$Z_s \times I_a \leqslant U_o \tag{6-2-3}$$

式中　Z_s——接地故障回路的阻抗，Ω；

I_a——保证过电流保护装置在规定时间内切断故障回路的动作电流，A；

U_o——相线对地电压，V。

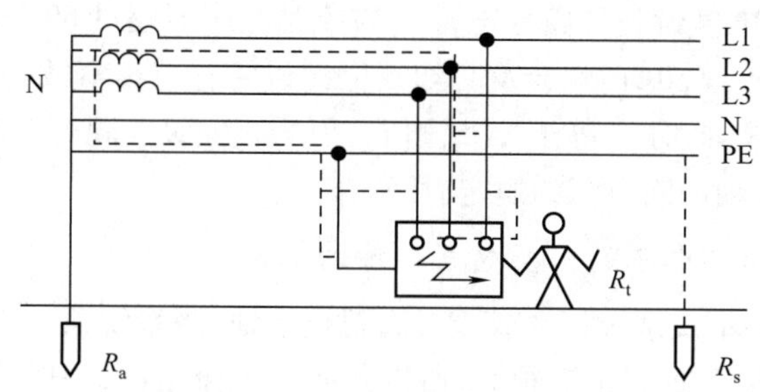

图 6-2-6　TN 配电系统故障示意

④采用漏电保护装置

采用漏电保护装置（residual current device，RCD）作为保护电器时，I_a 则为规定时间内切断故障回路的动作电流。由于 $I\Delta_n$ 一般为毫安级，且瞬时动作时间很短，所以通常的配电线路不必验算，RCD 均满足要求。

（2）TT 配电系统防间接电击的保护电气部件的选配

①TT 配电系统防间接电击的具体要求

当发生单相短路故障时，保证电气设备的外露导电部分的接触电压不超过安全电压值，而且保护设备在适当时间内自动切断电源，确保电气安全。

图 6-2-7 所示的为电气设备绝缘损坏后单相短路，图中虚线为故障电流 I_d 流经的故障环路，R_z 为电气设备外壳接地的电阻。该环路阻抗包括电源阻抗、带电导线阻抗、故障点电阻。

②电源接地电阻 R_n，外露可导电部分的接地电阻 R_a

由于电源阻抗、带电导线阻抗、外露导电部分保护线的阻抗都比接地电阻小得多，可以忽略不计，故障点电阻对计算故障电流影响不大，为简化计算，故障电流可以由以下公式表示：

$$I_d = \frac{U_o}{R_a + R_n} \geqslant I_a \tag{6-2-4}$$

式中　I_a——保证过电流保护装置在规定时间内切断故障回路的动作电流，A。

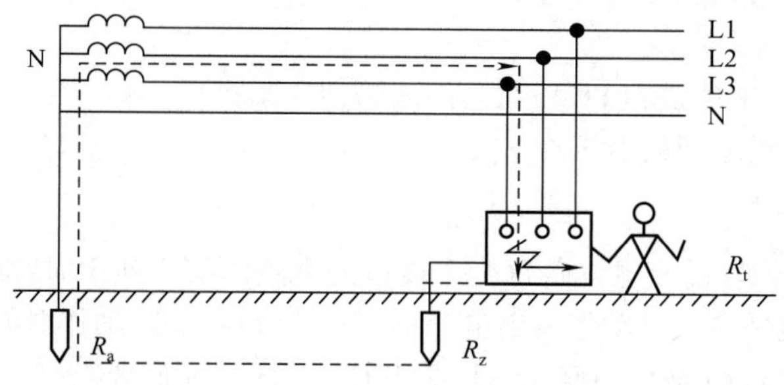

图 6-2-7　TT 配电系统故障示意

TT 配电系统接地电阻值比较大，因而故障电流较小，所以在保护电器动作前，一般事故不会扩大，选择保护电器时 IEC 标准规定 RCD 应优先考虑采用。

TT 配电系统配电线路间接接触保护电气部件的动作特性应满足下列要求：

$$R_a \times I\Delta_n \leqslant 50(\mathrm{V}) \tag{6-2-5}$$

式中 R_a——外露可导电部分的接地电阻，Ω；

$I\Delta_n$——RCD 的额定剩余动作电流，A。

在单相接地故障时，电气设备外露导电部分的接触电压不超过 50 V，就满足了要求，如果计算而得的接触电压大于 50 V，RCD 就会及时切断电源以防止电击事故的发生。当采用 RCD 时，必须满足式(6-2-5)的要求，此时 I_a 等于 $I\Delta_n$，该值一般为毫安级。同时 RCD 的分断时间一般不超过 0.2 s，所以不必考虑自动切断电源的规定时间。

(3)IT 配电系统防间接电击的保护电气部件的选配

IT 配电系统在电源侧不设系统接地或接有高阻抗接地，当系统第一次发生接地故障时，电流没有直接返回电源的回路，或回路电阻很大，所以其故障电流很小，一般不会引发电击的危险，所以不必切断电源，如图 6-2-8 所示。

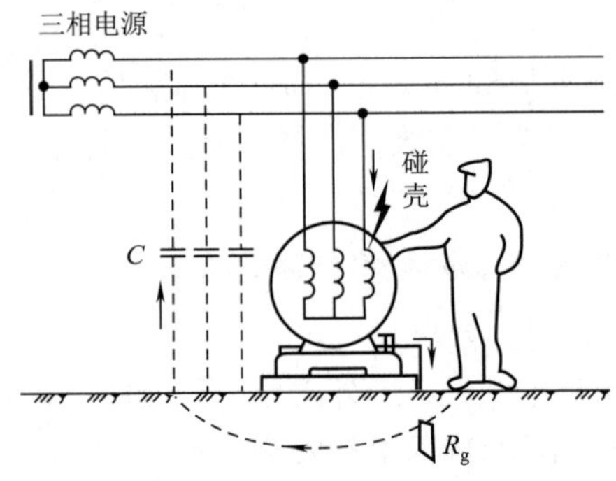

图 6-2-8 IT 配电系统故障示意

当 IT 配电系统电气装置的外露导电部分发生第二次接地故障时，要求不配中线时须满足下列要求：

$$Z_s \times I_s \leqslant 0.5U \tag{6-2-6}$$

配中线时：

$$Z_s' \times I_s \leqslant 0.5U_0 \tag{6-2-7}$$

式中 Z_s——包括相线和 PE 线在内的故障回路阻抗；

I_s——防护电器切断故障回路的动作电流；

U——相电压；

Z_s'——包括相线，中性线和 PE 线在内的故障回路阻抗；

U_0——相和中性线之间的电压。

(4)附加防护的要求

IEC 标准要求电动汽车的充电设备每一个接口的电路须有专用 RCD 保护，对于 RCD 的要求是断开所有的带电体包括零线。动作漏电电流不超过 30 mA，$5I\Delta_n$ 动作时间不超过 40 ms，A 型以上，符合 IEC 61008-1、IEC 61009-1、IEC 60947-2、IEC 62423 之一的要求。

(5)充电桩供电线路的要求

在 TN-C-S 配电系统中只要有条件，充电桩的供电电路应有一个专用的过电流保护器保护，

不和其他电路连接。直接漏电保护器除满足上述第 4 条的要求以外,同时它的上端不再连接其他漏电保护器,如果不能满足上述要求,那么现有的漏电保护器要么必须更换成 B 型的漏电保护器,如图 6-2-9所示,或按表 6-2-8 进行风险分析。

表 6-2-8　满足上游使用 A 型或 AC 型漏电保护器的条件

直接漏电保护器是 A 型,上游连接 A 型或 AC 型漏电保护器的条件	以下条件必须同时满足
	I.(上游)>3　×1(下游)
	保护装置包含漏电保护和过电流保护的功能
	和上游漏电保护器连接的所有下游电路必须配备单独的漏电保护器

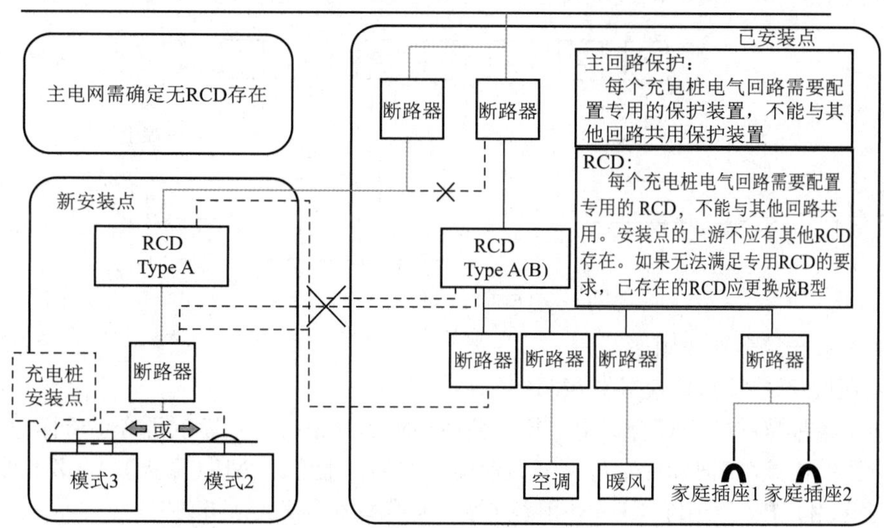

图 6-2-9　B 型漏电保护器

电动汽车充电桩或充电接口必须使用分开的专用线路,但这并不排斥一条线路连接一个以上的充电设备或接口,只要总的电流不超过线路自身的容量。

注:漏电保护器选配的具体要求以电动汽车厂商的相关车型的充电要求为准。

二、充电桩电路布线

1. 常用电线电缆的型号、名称及用途

电线电缆是用于传输电能、传输信息和实现电磁能量转换的电工线材产品。电线是指仅有导体绝缘以及轻型保护层的电工产品。电缆是指具有导体绝缘以及重型保护层的电工产品。

(1)电缆的型号

电缆是一种特殊的导线,它是将一根或数根绝缘导线组合成线芯,外面再包覆上包扎层而成。按用途分为电力电缆和控制电缆两大类。电力电缆主要用于分配大功率电能;控制电缆则用于在电气装置中传输操作电流、连接电气仪表、继电保护和自控回路用。电缆结构示意如图 6-2-10所示。

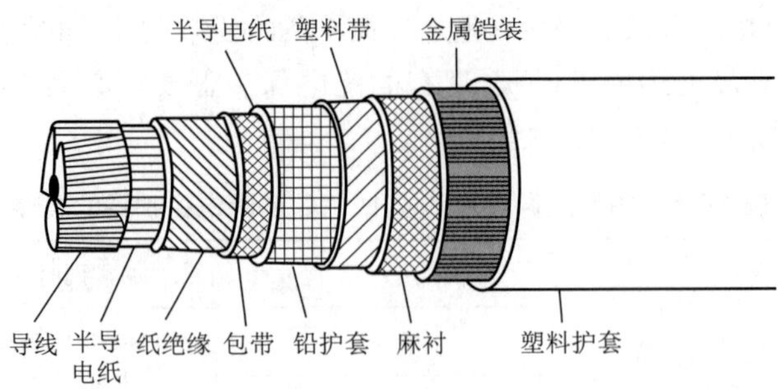

图 6-2-10　电缆结构示意

国内电缆按使用的绝缘材料、封包结构、电压、芯数以及内外层材料的不同有许多分类方法。为区别不同的电缆，其结构特征通常以型号表示。电缆型号（见图 6-2-11）由以下七部分组成：

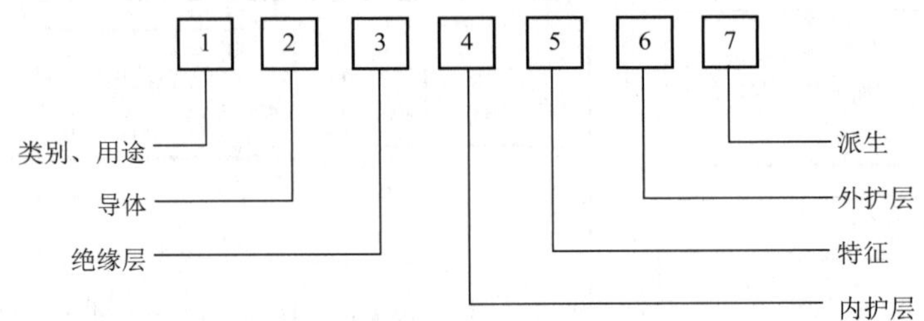

图 6-2-11　电缆型号

第 1 项表示产品类别或用途；

第 2～6 项表示电缆从内至外各层材料和结构特征；

第 7 项是各种特殊使用场合或附加特殊使用要求的标记，在“-”后以拼音字母标记。

有时为了突出此项，把标记字母写到最前面。如 ZR-（阻燃）、NH-（耐火）、WDZ-（低烟无卤）、TH-（湿热地区用）、P-（干绝缘）、D-（不滴流）等。电缆型号含义见表 6-2-9。

表 6-2-9　电缆型号含义

类别、用途	导体	绝缘层	内护层	特征	外护层	派生
K-控制电缆	L-铝芯线	V-聚氯乙烯	H-橡套	B-扁形线	1-纤维外被	0-无
B-布电线	T-铜芯线（免注）	绝缘层 V-聚氯乙烯	V-聚氯乙烯	S-双绞线	2-聚氯乙烯外护套	1-联锁钢带
Y-移动型电缆		YJ-交联聚乙塔	Y-聚乙烯	Q-轻型	3-聚乙烯外护套	2-双层钢带
P-信号电缆		G-硅橡胶	Q-铅包	Z-中型	4-弹性体外护套	3-细圆钢丝
空缺-电力电缆		XD-丁基橡胶	HF-非燃性橡套	C-重型		4-粗圆钢丝
		X-橡皮	HS-防水橡套	P-屏蔽		6-双铝（或铝合金）带
		F-氟塑料	HS-防水橡套			8-铜丝编织
						9-钢丝编织

完整的电缆命名中除了型号部分，还有具体规格。规格采用芯数、公称截面和电压等级表示。例如：

①RVV-3 ×1.5 mm²表示 3 芯聚氯乙烯护套软线，每根导线截面积为 1.5 mm²。

②YJV-3 ×25 + 1 × 16 mm²表示 4 芯电缆，3 根导线截面积 25 mm²，1 根接地保护线截面积16 mm²。

(2)电线电缆常用类型

①辐照交联电力电缆。辐照后的交联聚乙烯热性能可达到105 ℃，绝缘纯度高，在电性能、力学性能方面有优良特性，电缆寿命可达 60 年，同时具有质量轻、结构简单、敷设不受落差限制等特点。

②低烟无卤电缆。低烟无卤电缆特性和辐照交联电缆接近，在发生火灾的情况下电缆燃烧过程中减轻烟雾浓度、避免毒性气体释放，这样可以避免蔓延的浓烟使人窒息，也避免了有害气体对精密仪器及人体的毒害。

③布电线。绝缘电线又称布电线，按每根导线的股数分为单股线和多股线，通常 6 mm²以上的绝缘导线都是多股线，6 mm²及以下的绝缘电线可以是单股线，也可以是多股线。6 mm²及以下单股线又称为硬线，多股线又称软线。

(3)电线电缆型号的选择

电线电缆的型号选择，应按环境条件、敷设方式、用电设备的要求等综合考虑。常用电线电缆型号及主要用途见表 6-2-10。

表 6-2-10　常用电线电缆型号及主要用途

结构	型号	名称	主要用途及敷设方式
单根芯线 塑料绝缘 绞合芯线	BV	聚氯乙烯绝缘铜芯线	用于交、直流额定电压 500 V 以下的户内照明和动力线路，以及户外沿墙支架敷设
棉纱编织层　橡皮绝缘　单根芯线	BX	铜芯橡皮线	
塑料绝缘　多根束绞芯线	BVR	聚氯乙烯绝缘铜芯软线	适用于活动不频繁场所的电源连接线
塑料绝缘 塑料护套　芯线	BVV	聚氯乙烯绝缘铜芯软线	用于交、直流额定电压 500 V 及以下户内、外照明和小容量动力线路敷设

充电桩安装中电线电缆类型的选择应遵循下列原则：

a. 宜采用铜芯电缆或电线。

b. 建议采用架空敷设时，宜采用有绝缘护套的电线电缆。

c. 三相四线系统中应采用四芯线，不应采用三芯线外加一根单芯电缆的形式，也不允许用导线、电缆金属护套作中性线。

d. 在三相系统中，不得将三芯电缆中的一芯接地。

2. 电线电缆线径的选择

导线线径选择分三部分内容，一是相线线径的选择，二是中性线（N 线、工作零线）截面的选择，三是保护线（PE 线、保护零线）截面的选择及布线施工中导线颜色的选择。

（1）相线线径的选择

①基本原则

a. 考虑环境温度，根据敷设方式确定导线载流容量，不应小于充电桩的设计电流。

b. 应满足线路保护的要求。

c. 电压损耗应满足用充电桩正常工作的要求。

d. 最小截面积应满足机械强度要求。

②导线载流容量的确定

导线的允许载流容量是指在额定工作条件下，导线允许长期通过的最大电流。不同材质、不同截面面积、不同敷设方法、不同绝缘材料、不同环境温度和穿不同材料的保护管等因素都会影响导线的载流容量。表 6-2-11 列出了常用充电桩线路敷设方式及归类。建议主要采取 B2 的敷设方式，以防止外部因素对导线造成的损坏。

表 6-2-11　常用充电桩线路敷设方式及归类

序号	敷设方式	描述	对应敷设方式类别
1	(a)　(b)	绝缘导线或单芯电缆穿管敷设在墙上，或线管与墙的距离小于 0.3 倍线管直径	B1
2	(a)　(b)	多芯电缆穿管敷设在墙上，或线管与墙的距离小于 0.3 倍线管直径	B2

续表

序号	敷设方式	描述	对应敷设方式类别
3	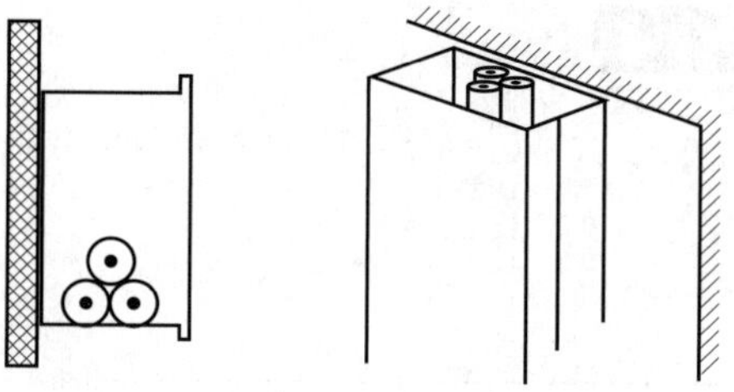 （a）水平走线　（b）垂直走线	绝缘导线或单芯电缆安装在电缆槽盒内（包括多间隔槽盒），电缆槽盒敷设在墙上	B1
4	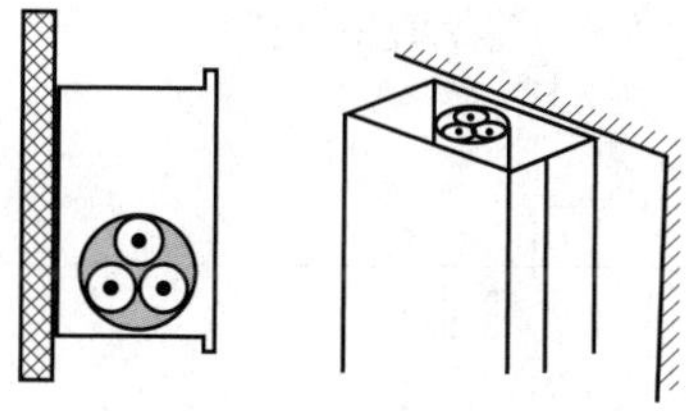 （a）水平走线　（b）垂直走线	多芯电缆安装在1缆槽盒内（包括多间隔槽盒），电缆槽盒敷设在墙上	B2
5	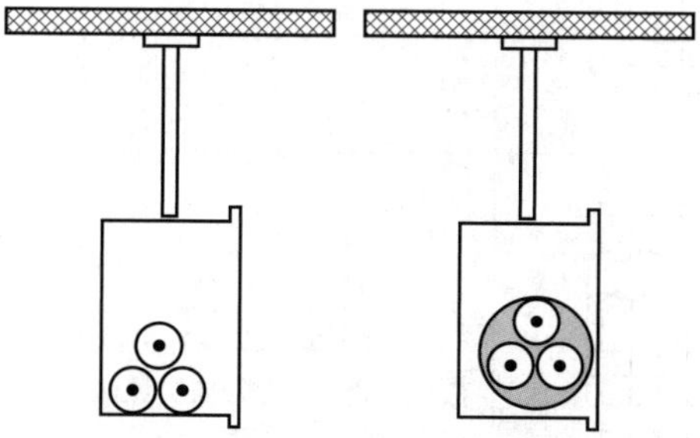 （a）单芯　（b）多芯	绝缘导线或单芯电缆安装在悬挂式电缆槽盒内	B1
6		多芯电缆安装在悬挂式电缆槽盒内	B2
7	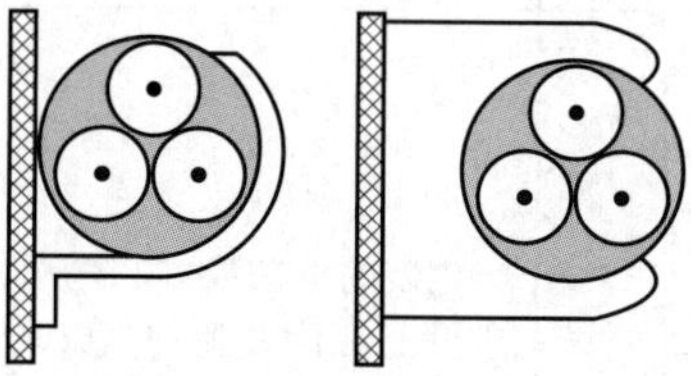 （a）　（b）	单芯或多芯电缆直接敷设在墙上，或与墙的距离小于0.3倍电缆直径	C
8	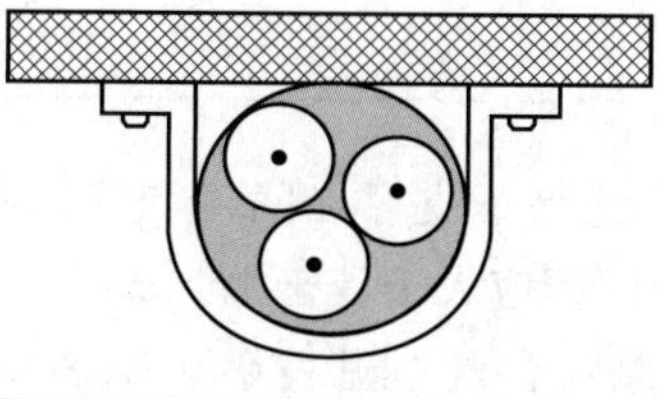	单芯或多芯电缆直接敷设在水泥天花板上	C

续表

序号	敷设方式	描述	对应敷设方式类别
9	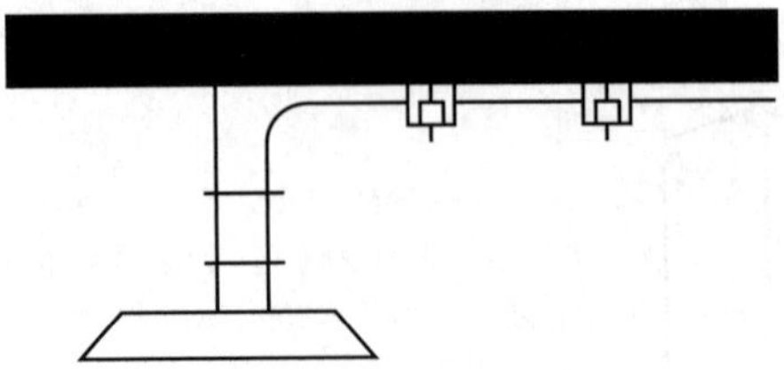	导线固定在悬挂的用电设备上	C
10	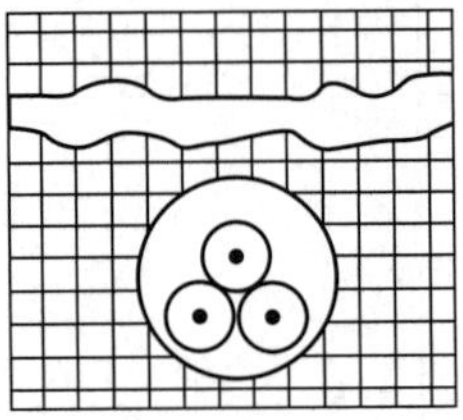	多芯电缆穿管或通过电缆槽盒敷设于地下	D1
11	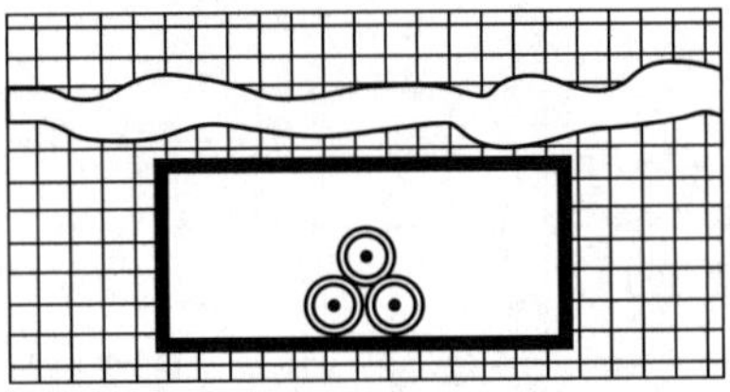	单芯电缆穿管或通过电缆槽盒敷设于地下	D1
12	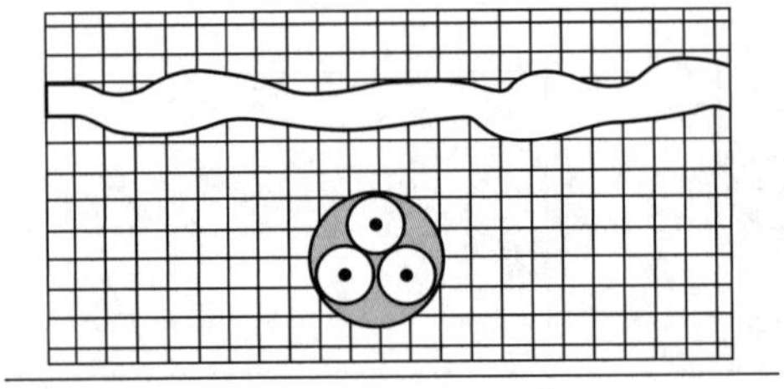	铠装的单芯或多芯电缆直接敷设于地下(无附加机械保护)	D2
13	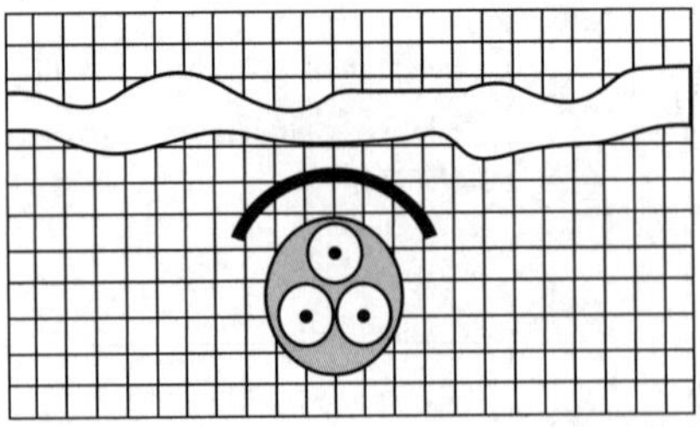	铠装的单芯或多芯电缆直接敷设于地下(有附加机械保护)	D2

固定敷设的导体最小截面积应根据敷设方式、绝缘子支撑点间距和导体材料来确定。充电桩配电线穿管敷设或在槽盒中敷设时,导体最小截面积应大于等于 1.5 mm^2。

采用不同敷设方式的 PVC 绝缘铜导线或电缆载流容量 I_z 见表 6-2-12、表 6-2-13。

表 6-2-12　采用不同敷设方式的 PVC 绝缘铜导线或电缆的载流容量 I_z（单相电路）

截面积（mm^2）	敷设方式（见表 6-2-11）				
	B1	B2	C	D1	D2
	载流容量 I_z（A）				
1.5	17.5	16.5	19.5	22	22
2.5	24	23	27	29	28
4	32	30	36	37	38
6	41	38	46	46	48
10	57	52	63	60	64
16	76	69	85	78	83
25	101	90	112	99	110
35	125	111	138	119	132
50	151	133	168	140	156
70	192	168	213	173	192
95	232	201	258	204	230
120	269	232	299	231	261

注：导线温度，70 ℃；环境温度，30 ℃（空气中），20 ℃（土壤中）。

表 6-2-13　采用不同敷设方式的 PVC 绝缘铜导线或电缆的载流容量 I_z（三相电路）

截面积（mm^2）	敷设方式（见表 6-2-11）				
	B1	B2	C	D1	D2
	载流容量 I_z（A）				
1.5	15.5	15	17.5	18	19
2.5	21	20	24	24	24
4	28	27	32	30	33
6	36	34	41	38	41
10	50	46	57	50	54
16	68	62	76	64	70
25	89	80	96	82	92
35	110	99	119	98	110
50	134	118	144	116	130
70	171	149	184	143	162
95	207	179	223	169	193
120	239	206	259	192	220

注：导线温度，70 ℃；环境温度，30 ℃（空气中），20 ℃（土壤中）。

采用不同敷设方式交联聚乙烯绝缘铜导线或电缆的载流容量 I_z 见表 6-2-14、表 6-2-15。

表 6-2-14　采用不同敷设方式的交联聚乙烯绝缘铜导线或电缆的载流容量 I_z（单相电路）

截面积（mm^2）	敷设方式（见表 6-2-11）				
	B1	B2	C	D1	D2
	载流容量 I_z（A）				
1.5	23	22	24	25	27
2.5	31	30	33	33	35
4	42	40	45	43	46
6	54	51	58	53	58
10	75	69	80	71	77
16	100	91	107	91	100
25	133	119	138	116	129
35	164	146	171	139	155
50	198	175	209	164	183
70	253	221	269	203	225
95	306	265	328	239	270
120	354	305	382	271	306

注：导线温度，70 ℃；环境温度，30 ℃（空气中），20 ℃（土壤中）。

表 6-2-15　采用不同敷设方式的交联聚乙烯绝缘铜导线或电缆的载流容量 I_z（三相电路）

截面积（mm^2）	敷设方式（见表 6-2-11）				
	B1	B2	C	D1	D2
	载流容量 I_z（A）				
1.5	20	19.5	22	21	23
2.5	28	26	30	28	30
4	37	35	40	36	39
6	48	44	52	44	49
10	66	60	71	58	65
16	88	80	96	75	84
25	117	105	119	96	107
35	144	128	147	115	129
50	175	154	179	135	153
70	222	194	229	167	188
95	269	233	278	197	226
120	312	268	322	223	257

注：导线温度，70 ℃；环境温度，30 ℃（空气中），20 ℃（土壤中）。

上述表格给出的是环境温度 30 ℃时 PVC 或交联聚乙烯绝缘铜导线的载流容量。对于其他环境温度，表 6-2-16 给出了修正系数。

表 6-2-16　不同温度下 PVC 或交联聚乙烯导线载流容量的修正系数

环境温度(℃)	修正系数	
	PVC	交联聚乙烯
10	1.22	1.15
15	1.17	1.12
20	1.12	1.08
25	1.06	1.04
30	1.00	1.00
35	0.94	0.96
40	0.87	0.91
45	0.79	0.87
50	0.71	0.82
55	0.61	0.76
60	0.50	0.71

③线路敷设中的电压损耗

按照允许载流容量选择了导线截面后，还应计算电压损耗来校验导线截面。不同敷设类型的最大电压损耗见表 6-2-17。

表 6-2-17　不同敷设类型的最大电压损耗

敷设类型	照明回路(%)	其他回路(%)
A:安装电源直接来自公共低压配电系统	3	5
B:安装电源来自个人低压配电系统	6	8

参考表 6-2-17 确定充电桩配电系统从源头至负载的电压损耗不应超过 5% 电压降计算公式如下：

$$U = b\rho_1 \frac{L}{S}\cos\varphi + \lambda\sin\varphi I_B \tag{6-2-8}$$

式中　U——电压降，V；

b——系数，三相回路 $b=1$，单相回路 $b=2$；

ρ_1——正常使用时的导线电阻系数，取正常工作温度下的电阻系数，即 1.25 倍 20 ℃时的电阻系数，例如铜导线为 0.022 5(Ω · mm^2)/m；

L——走线系统的连续长度，m；

S——导线截面积，mm^2；

$\cos\varphi$——功率因数；缺省功率因数取 0.8($\sin\varphi=0.6$)；

λ——单位长度导线电抗，缺省值取 0.08 mΩ/m；

I_B——设计电流，A。

(2)中性线截面的选择

①中性线(N 线)截面面积一般不应小于相线截面面积的 50%。

②对于三次谐波电流相当大的三相电路，由于各相的三次谐波电流都要流过中性线，使得中

性线电流可能接近相电流，中性线的截面应与相线的截面相同。

③由三相电路分出的单相电路，其中性线的截面应与相线的截面相同。

(3)保护线(PE线、保护零线)截面的选择

保护线(PE线、保护零线)截面的选择应符合表6-2-18的要求。

表6-2-18　保护线截面的选择

相线的截面面积 S(mm^2)	保护线的最小截面面积 S_p(mm^2)
$S \leqslant 16$	S
$16 < S \leqslant 35$	16
$S > 35$	$S/2$

(4)布线施工中导线颜色的选择

导线敷设时，相线L、中性线N和保护线PE应采用不同颜色，不仅使敷设和接线便捷，也为检修或更换导线提供了方便，更利于保证施工安全。施工人员根据线色就能直接识别出相线、中性线和保护线，见表6-2-19。

表6-2-19　相线、中性线和保护线的颜色标志

导线类别	颜色标志	线别
动力回路用导线	黑色红色蓝色浅蓝色黄/绿双色	相线 L1，L2，L3
交流控制回路用导线	红色	
直流控制回路用导线	蓝色	
中性线(N线)	浅蓝色	N线
保护线(PE线)	黄/绿双色	PE线

3. 配电线路的敷设

电线电缆的敷设方法很多，有直埋敷设、排管内敷设、电缆沟或电缆隧道内敷设、电缆桥架明敷设等。应根据电线电缆的线路长度、电线电缆数量、环境条件等综合决定。充电桩的室内配电线路敷设尽量采用明敷设，以方便安装及后期维护。表6-2-20列出了不同配线方式适用范围。

表6-2-20　不同配线方式适用范围

配线方式	适用范围
金属管配线	适用于导线易受机械损伤、易发生火灾及易爆炸的环境
塑料管配线	适用于潮湿或有腐蚀性的环境，但易受机械损伤的场所不宜采用塑料管明敷
线槽配线	适用于干燥和不宜受机械损伤的环境，但对有严重腐蚀的场所不宜采用金属线槽配线；对高温，易受机械损伤的场所不宜采用塑料线槽配线

电线电缆敷设前要检查，敷设通道畅通；金属支架防腐层完整；电线电缆型号、电压、规格符合设计要求；电线电缆外观无损伤、绝缘良好。

应按设计和实际路径计算电线电缆的长度，合理安排，减少电线电缆接头。

(1)电线电缆通过金属导管、金属线槽布线

①同一路径无防干扰要求的线路，可敷设于同一金属管或金属槽盒内。金属导管或金属槽

盒内导线的总截面积不宜超过其截面积的40%，且金属槽盒内载流导线不宜超过30根。

②控制、信号等非电力回路导线敷设于同一金属导管或金属槽盒内时，导线的总截面积不宜超过其截面积的50%。

③可弯曲金属导管布线，管内导线的总截面积不宜超过管内截面积的40%。

④导线在金属导管或槽盒内不应有接头。

⑤金属槽盒垂直或倾斜敷设时，应采取固定措施防止导线在线槽内移动。

⑥金属槽盒的吊架或支架的敷设，直线段宜为2～3 m或在槽盒接头处；在槽盒首、终端及进出接线盒0.5 m处；在槽盒转角处敷设。

⑦金属导管或金属槽盒布线，金属外壳等非带电金属部分应可靠接地，且不应利用金属外壳做接地线。

(2)电线电缆通过塑料导管、塑料槽盒布线

①有酸碱腐蚀介质的场所宜采用塑料导管和塑料槽盒布线，但在高温和易受机械损伤的场所不宜采用明敷。布线用塑料导管，应采用符合相关国家标准中阻燃型塑料导管；布线用塑料槽盒，应符合相关国家标准中阻燃的有关规定。

②塑料导管、塑料槽盒不宜与热水管、蒸汽管同侧敷设；塑料导管、塑料槽盒的导线敷设容量要求同金属导管及金属槽盒；内部不应有接头。图6-2-12为外部导管、槽盒布线示意。

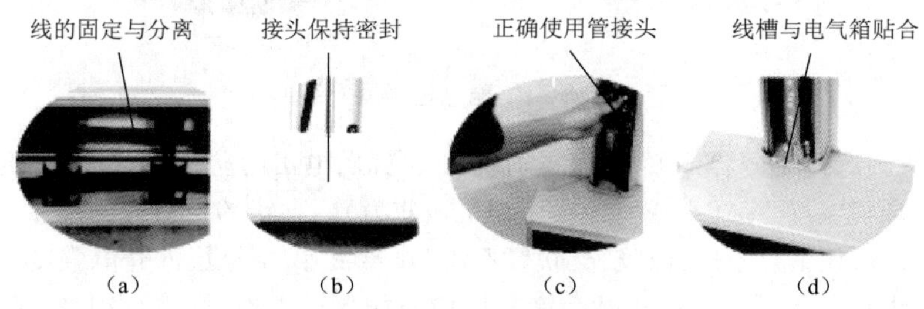

图6-2-12　外部导管、槽盒布线示意

三、充电设备安装技术要求

1.配电柜内元器件安装

所有元器件的设置和排列应该不用移动元器件或其配线就能清楚识别。对于为了正确运行而需要检验或更换的元器件，应在不拆卸其他元器件的情况下就能得以进行。所有元器件的安装都应易于从正面操作和维修。当需要专用工具调整、维修或拆卸元器件时应使用这些专用工具。除了操作、指示、测量元器件外，在电控柜门上尽量不安装元器件。

①与电气设备无直接联系的非电气部件不应安装在配电柜内。

②在布置元器件位置时，按元器件制造商规定的安装间隙和爬电距离。

③断路器作为过电流保护器件，其额定电流值必须要不小于所保护电路中的稳态满载电流值，同时必须不大于导线连续工作时的有效载流容量。断路器的分断能力必须大于断路器出线端发生短路故障时的最大短路电流，否则会损坏断路器。断路器的额定电压应该不小于线路的额定电压。断路器一般应垂直安装在导轨上，按照各型号规格产品的使用说明书要求，安装时留有规定的飞弧距离；接线完成后应将制造商提供的端子附件一同安装，达到IP2X或IPXXB以上的防护要求。

④漏电保护器的额定电压应不小于线路的额定电压,额定电流不小于线路的稳态满载电流值。安装在充电桩前端的漏电保护器推荐使用 Type A 型以上,动作电流不应大于 30 mA,动作时间应在 $5I\Delta_n$ 情况下不大于 0.04 s。漏电保护器应垂直安装在配电柜内的安装导轨上。漏电保护器安装完毕后要通过测试按钮来验证其是否正常工作。

⑤隔离开关一般作为电源总开关使用。隔离开关的额定电压应不小于线路的额定电压,其额定电流不小于线路的稳态满载电流值。当断路器同时也作为电源总开关时,必须要带隔离功能。隔离开关应垂直安装在配柜箱内的安装导轨上,安装后正常使用不能有卡阻现象。

配电柜导轨通常安装在配电柜底板上,必须保证足够的机械强度,直线导轨推荐使用不锈钢材料。导轨的安装必须保证良好的水平度,导轨与配电柜上、下柜面的的垂直距离建议大于 100 mm,两平行导轨之间的垂直距离建议大于 150 mm,以便元器件的安装与走线,如图 6-2-13 所示。导轨固定完成后,在尚未安装元器件的情况下,应能承受水平方向和垂直方向各 300 N 的力,而无形变和位移。当电气部件安装结束后,在导轨两端加上保护套以防由于机械切割产生锐边对导线造成损伤。

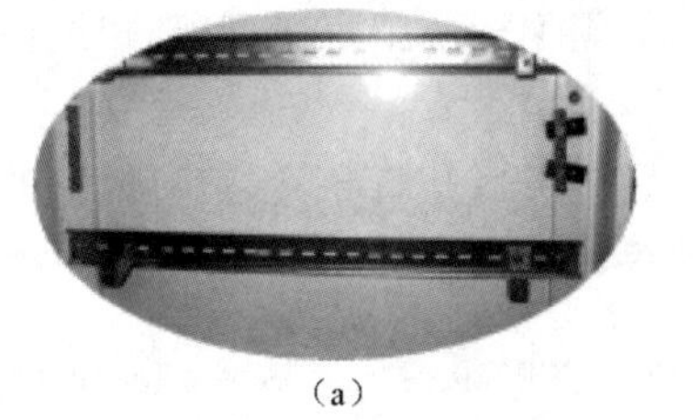
(a)

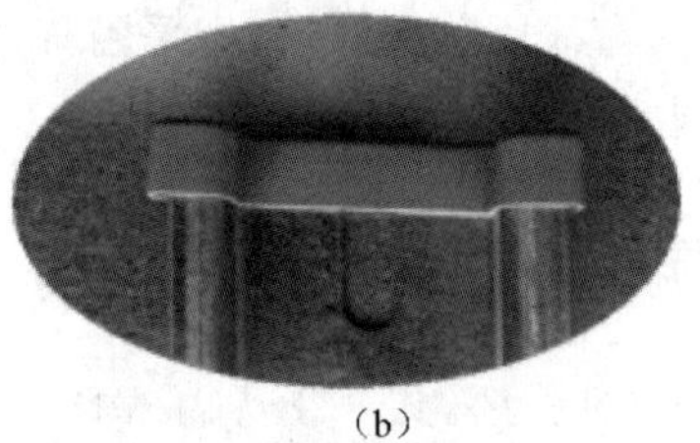
(b)

图 6-2-13　配电柜导轨安装

⑥内部导线的选择应适合于工作条件(如电压、电流、电击的防护、电缆的分组)和可能存在的外界影响(如环境温度、存在水或腐蚀物质和机械应力)。导线的材质应为铜质;导线的绝缘层应该使用阻燃材料,如聚氯乙烯,橡胶,交联聚乙烯,硅橡胶等,绝缘层的介电强度应满足 2 000 V 持续 15 min 的耐压试验,绝缘层的机械强度和厚度应能保证工作时或敷设时绝缘不受损伤。导线线径的选择要考虑稳态条件下的环境温度和满载电流,满载时的电压降不能超过额定电压的 5% 。PVC 铜导线截面积在环境温度为 40 ℃的稳态条件下与载流容量的对应关系见表 6-2-21。

表 6-2-21　PVC 铜导线截面积与载流容量的对应关系(在环境温度为 40 ℃的稳态条件下)

截面积(mm^2)	载流容量(A)	截面积(mm^2)	载流容量(A)
0.75	7.6	6	32
1	10.4	10	44
1.5	13.5	16	60
2.5	18.3	25	77
4	25	35	97

⑦导线在连接好以后应固定以保持处于应有的位置,可以用绝缘扎带固定或在非金属的走线槽中走线,如图 6-2-14 和图 6-2-15 所示。

⑧安装在配电柜门上易遭受频繁运动的导线,应采用软线。

⑨配电柜上如安装电源插座,电源插座规格应满足工业用或民用国家标准的要求,否则需要清楚标明电压和电流的额定值;电源插座应提供保护接地电路连续性的措施;插座的供电侧应提供相对应的过电流保护。

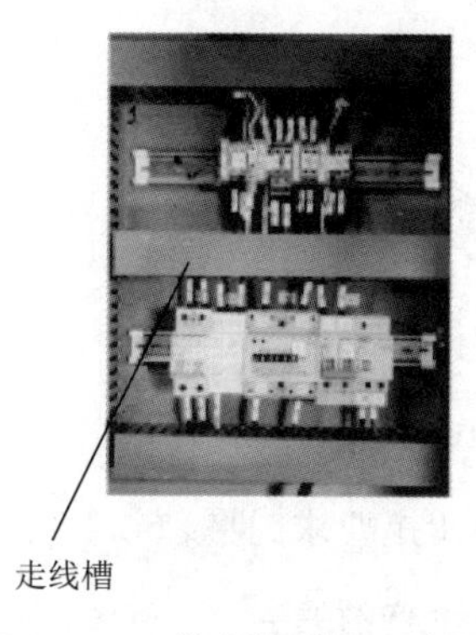

图 6-2-14　带走线槽的配电柜

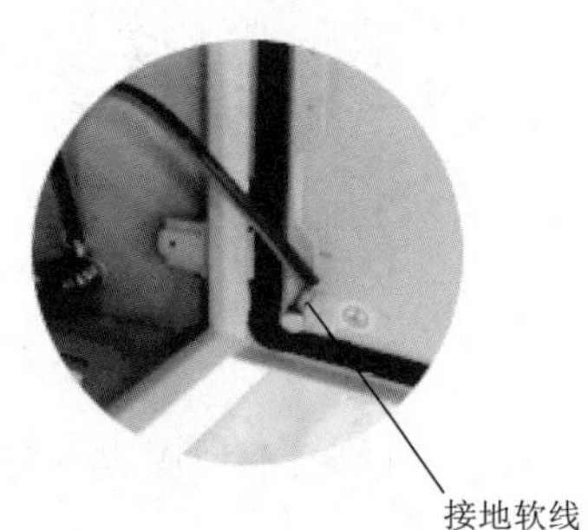

图 6-2-15　接地线示意

2. 电气部件的连接和固定

(1) 一般要求

所有连接,尤其是保护接地电路的连接应牢固,没有意外松脱的危险。连接的方法应与被连接导线的截面积和导线的性质相适应,以保证接头的接触电阻小和足够的机械强度。只有专门设计的端子,才允许一个端子连接两根或多根导线,如图 6-2-16 所示。除此之外一个接地端子只能连接一根保护接地导线。

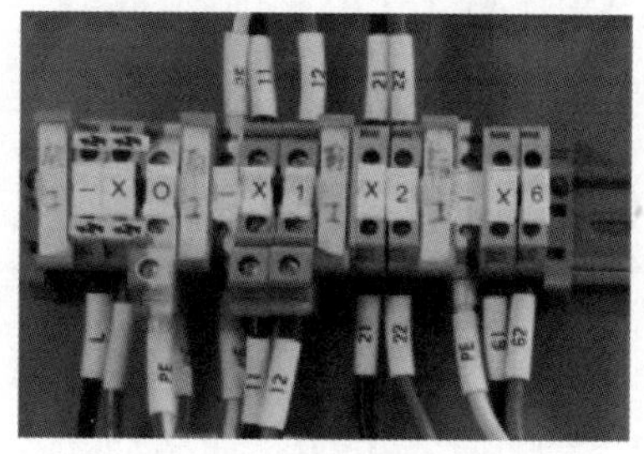

图 6-2-16　导线端子的连接

接线端子应清楚地做出与电路图上相一致的标记,识别标牌应清晰、耐久,适合于实际环境。接线座的安装和接线应使内部和外部配线不跨越端子。

(2) 内部导线布线

为满足连接和拆卸导线的需要及日后维护维修的方便,应提供足够的附加长度。只要可能就应将保护导线靠近有关负载导线安装,以便减小回路阻抗。

(3) 线头和接线柱的连接

断路器、隔离开关、插座等各种元器件均有接线柱供连接导线用。通常有针孔式和螺钉平压式两种,如图 6-2-17 所示。推荐使用导线间接受压方式,这样导线不易受损。对于导线截面积 16 mm^2 及以下导线,都可以用这种非制备导线线头与接线柱连接。

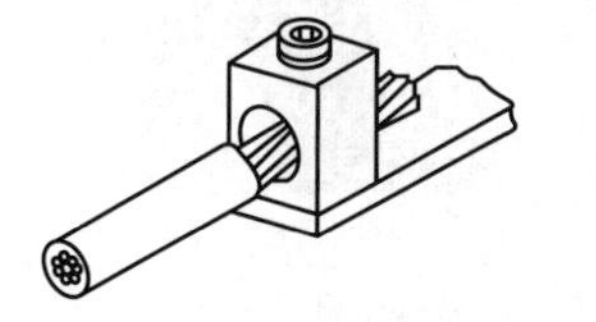

(a) 针孔式接线柱(导线直接受压)

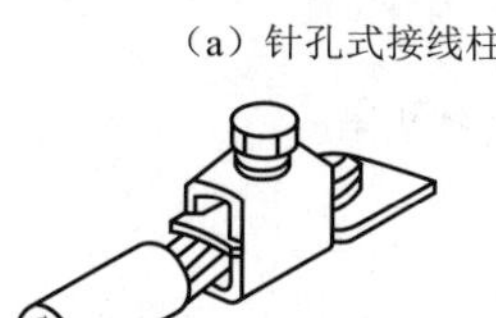

(b) 间压针孔式接线柱(导线间接受压)

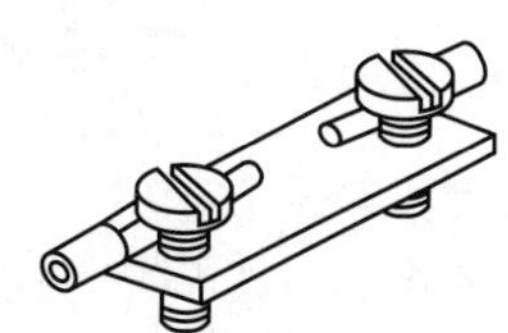

(c) 螺钉平压式接线柱(导线直接受压)

图 6-2-17　接线柱的类型

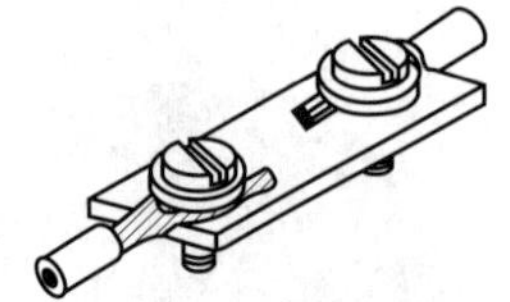
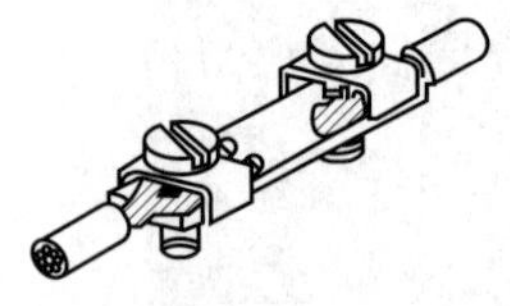

（d）螺钉平压式接线柱（导线间接受压）

图 6-2-17　接线柱的类型(续)

针对不同螺纹直径的紧固件,固定时需要达到相应的扭矩要求,见表 6-2-22。

表 6-2-22　固定扭矩和螺纹直径之间的关系

螺纹直径(mm)	固定扭矩(N·m)	螺纹直径(mm)	固定扭矩(N·m)
1.6 及以下	0.1	3.6～4.1	1.2
1.6～2.0	0.2	4.1～4.7	1.8
2.0～2.8	0.4	4.7～5.3	2.0
2.8～3.0	0.5	5.3～6.0	2.5
3.0～3.2	0.6	6.0～8.0	3.5
3.2～3.6	0.8	8.0～10.0	4.0

对于导线截面积超过 16 mm^2 的导线,推荐在线头处制备 O 型或 U 型接线端子与元器件进行连接。

(4)导线的防护

外部配线在进入配电柜金属外壳时,必须安装与配线外径尺寸相对应的绝缘护套,以满足机械防护和 IP 等级的要求,如图 6-2-18 所示。内部导线的走线如果需要穿越配电柜内的金属隔板,必须在走线孔的位置加装绝缘衬垫。

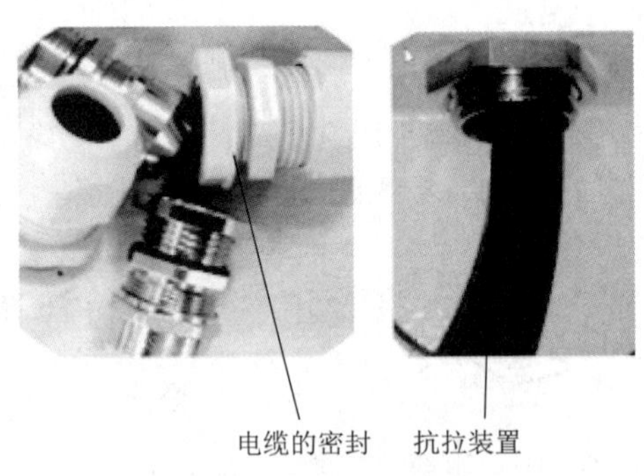

图 6-2-18　进线绝缘护套

(5)接线空间距离

外部配线的进线端无论是与配电柜内的母线接线柱相连还是直接与隔离开关或者断路器的接线柱相连,都需要留有一定的接线空间距离,以便拉线固定。从外部配线进入配电柜的那个面到母线或者隔离开关接线柱的距离不宜小于 100 mm。

（6）导线和电气部件的标示

每根导线和电气部件应按照技术文件的要求在导线的端部和每个部件（部件表面及底板）做出标记。标识可用“数字”“字母和数字”，也可用“颜色”“颜色和数字”或“字母和数字”。接地保护导线一般采用色标，全长采用黄/绿双色组合。接地保护导线一般采用的色标是绝对专用的。中线的色标是浅蓝色，具体要求参见表6-2-19。所有标记应和电气原理图相一致，如图6-2-19所示。

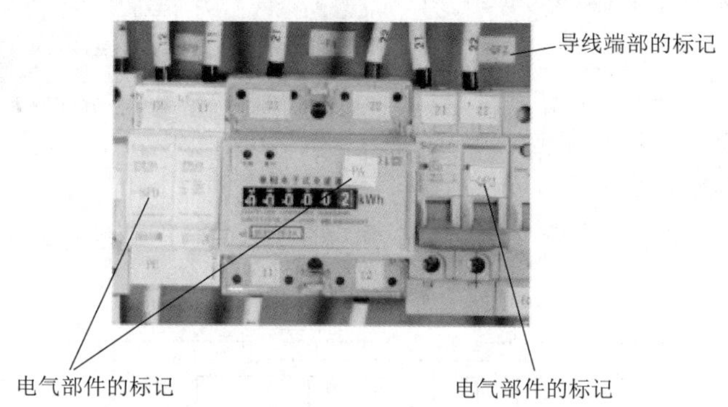

图6-2-19　导线和电气部件的标记

3. 保护接地要求

（1）保护联结电路

保护联结是为了保护人员防止来自间接接触的电击，是故障防护的基本措施。保护联结由PE端子，电柜或者设备上的保护接地导线，外露可导电的金属部件组成。保护联结电路中导线的截面积应该参照保护接地导线截面积的要求。

（2）保护接地导线

保护接地导线必须用铜导线。无论是外部配线还是配电柜的内部保护接地导线，保护导线的截面积应满足表6-2-18的要求。

接地保护导线的连接端子应该设置在各引入电源有关相线端子的邻近处。接地保护导线的线路中不允许接入开关器件，连接点不能具有其他功能作用，如系缚或连接其他零件，严格遵守一线一端子的连接规则。如果与金属支架表面连接时，建议使用防松弹簧垫圈和齿形垫圈。每个接地保护导线的连接点都应有标记或标签，如用PE字母，图形符号，黄/绿双色组合或任一组合进行标记，如图6-2-20所示。

（a）

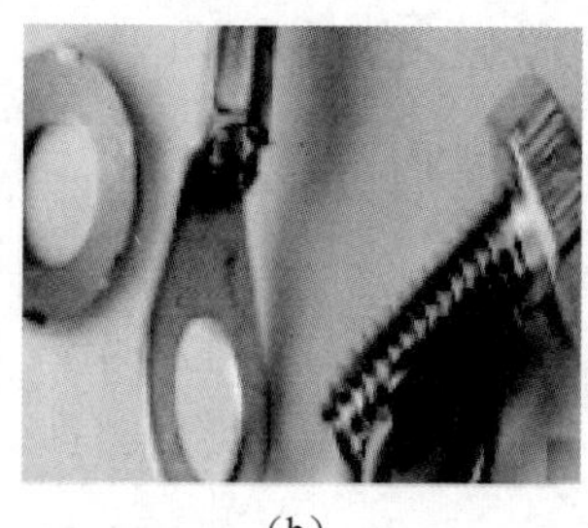

（b）

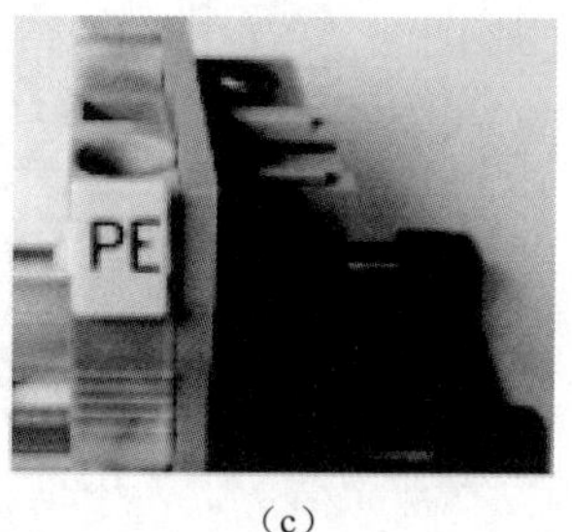

（c）

图6-2-20　接地的标志，接地导线的颜色及连接的组成部分

4. 防触电保护

配电柜（见图 6-2-21）如果安装在任何人都能打开的地方，应该配备钥匙和锁，只有经过专门培训的专业人员或者电工才允许将其打开。当打开柜门后，对可能触及的所有带电元器件，其防止直接接触带电体的防护等级至少为 IP2X 或 IPXXB。

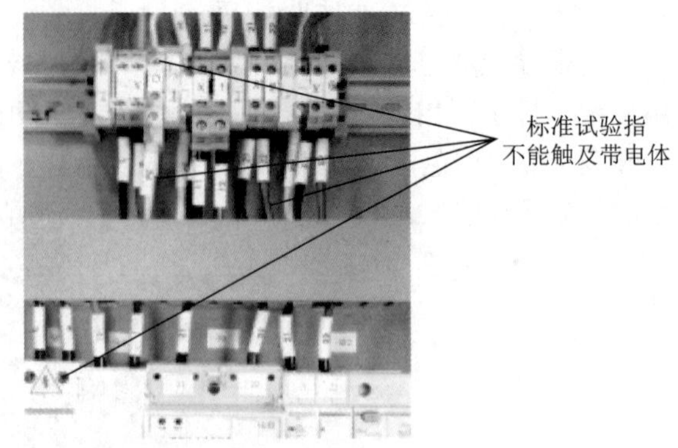

图 6-2-21　配电柜的内部装配示意

5. 安装线路图

安装完毕后将实际安装的配电连线图及电气原理图（见图 6-2-22～图 6-2-26）保存在容易获取的地方供今后维护、检查或改建时使用。

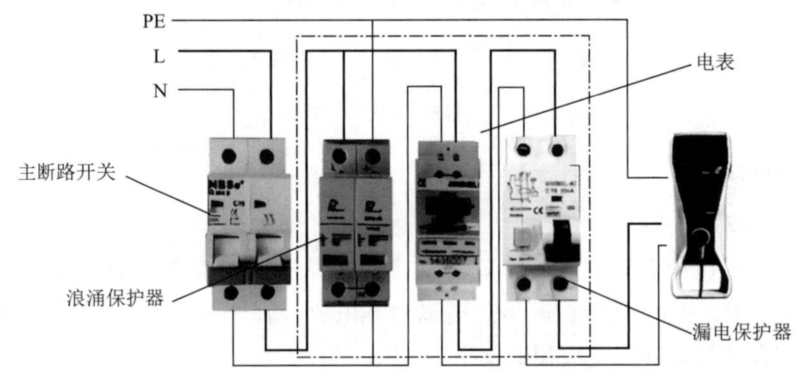

图 6-2-22　单相充电桩配电连线示意

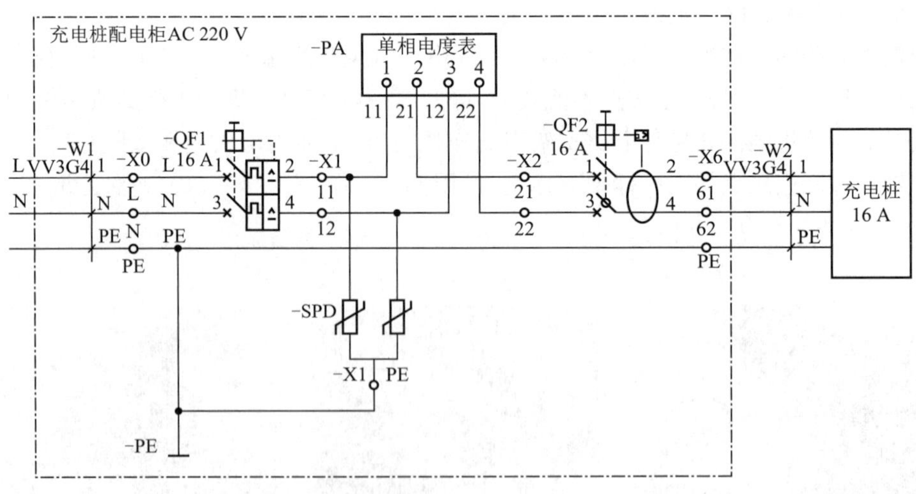

图 6-2-23　单相充电桩配电电气原理示意

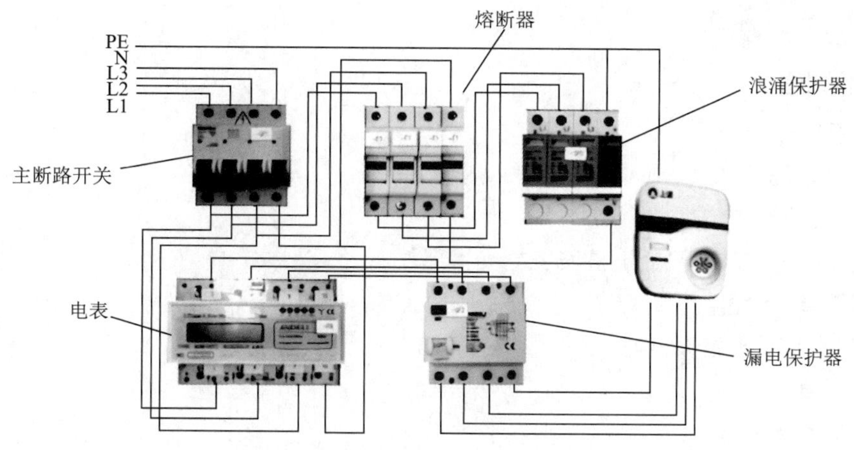

图 6-2-24　三相充电桩配电连线示意

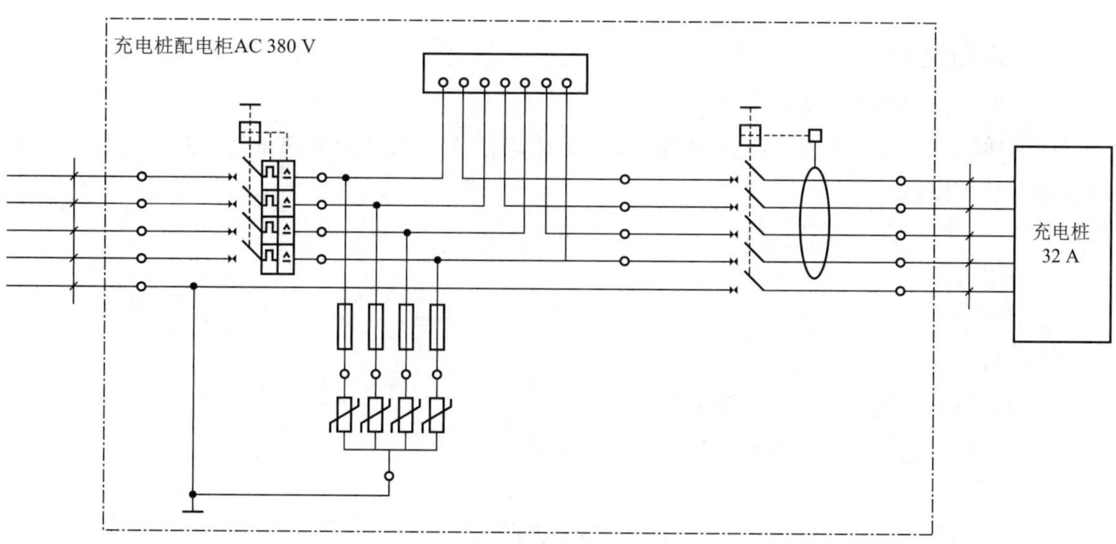

图 6-2-25　三相充电桩配电电气原理示意

注:如果当地法规要求安装急停开关,同时充电设备自身没有急停开关的装置,那么需要在配电线路上安装急停开关。

图 6-2-26　附有电气原理图的配电柜

任务实施

一、工作准备

1. 防护装备

绝缘防护装备

2. 车辆、台架、总成

挂壁式充电桩、配电柜、充电桩安装电气零部件。

3. 专用工具、设备

电工工具、ABC 干粉灭火器。

4. 手工工具

A4 纸、彩色大头笔。

5. 辅助材料

导线。

二、实施步骤

本任务主要包括两个操作内容：

1. 根据实训场地个人安全防护设备的类型，练习使用个人安全防护设备，并学会如何正确自检安全防护设备

这些个人安全防护设备包括：

①绝缘鞋。

②绝缘手套。

③护目镜。

2. 绘制单相充电桩配电电气原理图

单相充电桩配电电气原理示意如图 6-2-27 所示。

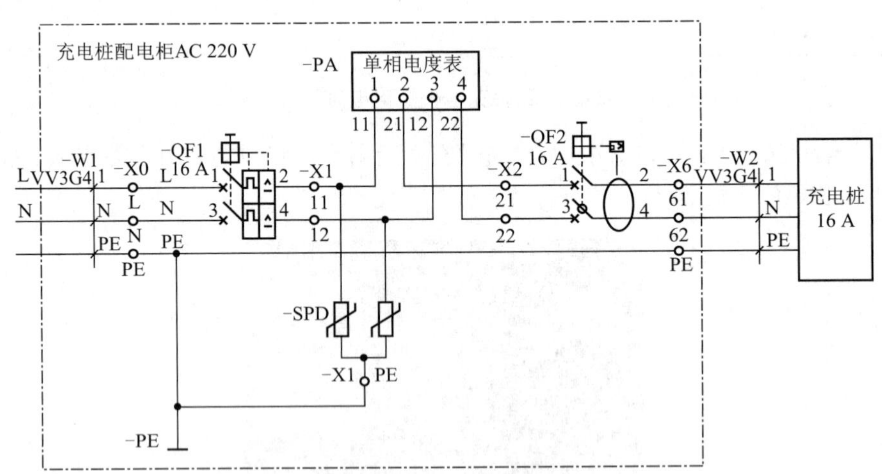

图 6-2-27　单相充电桩配电电气原理示意

3. 根据绘制的电气连线图连接单相充电桩配电连线

单相充电桩配电连线如图 6-2-28 所示。

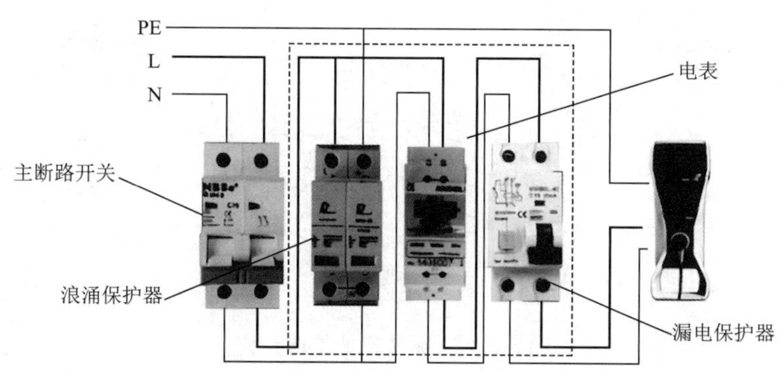

图 6-2-28　单相充电桩配电连线

学习拓展

一、新能源汽车无线充电技术

发展电动汽车,是世界上公认的缓解能源短缺和环境污染的有效策略,而对于我国又显得至关重要。我国的汽车保有量近几年跃居世界首位,燃油消耗量巨大。因此,开发、推广汽车代用燃料和电动汽车,降低燃料消耗,对缓解我国环境污染、保障能源安全和供给以及国家可持续发展具有重要的战略意义。

动力电池的电气充电方法包括接触式充电和无线充电。接触式充电采用插头与插座的金属接触来导电;无线充电或称无线供电(wireless power transmission,WPT)是以耦合的电磁场为媒介实现电能传递(见图 6-2-29)。对于电动汽车(electric vehicle,EV)用 WPT,即将变压器一次、二次绕组分置于车外和车内,通过高频磁场的耦合传输电能。与接触式充电相比,WPT 使用方便、安全,无火花及触电危险,无积尘和接触损耗,无机械磨损和相应的维护问题,可适应多种恶劣环境和天气。由于动力电池组输出电压较高,带来的安全隐患较多,高安全性、方便性是人们早期关注汽车 WPT 的主要原因。随着研发的深入,人们认识到:WPT 便于实现无人自动充电和移动式充电,在保证所需行驶里程的前提下,可通过频繁充电来大幅减少 EV 配备的动力电池容量,减轻车体重量,提高能量的有效利用率;并有助于降低 EV 初始购置成本,解决其受制于大容量电池的高成本问题,推进 EV 的市场化。

图 6-2-29　新能源汽车无线充电

WPT 技术分为三种:①射频或微波 WPT;②电磁感应式 WPT;③电磁共振式 WPT,下面分别予以介绍。

1. 微波 WPT

所谓微波 WPT,是以微波(频率在 300 MHz ~ 300 GHz 之间的电磁波)为载体在自由空间无线传输电磁能量。图 6-2-30 所示为微波无线输电示意。利用微波源将电能转变为微波,由天线发射,经长距离的传播后再由天线接收,最后经微波整流器等重新转换为电能使用。

因其结构简单、成本低、充电设施建设方便,该能量传送方式很早就受到人们的关注。它主要运用于军用远距离电能传输场合如微波飞机、卫星太阳能电站等,是人类用于应对能源危机的有效策略。

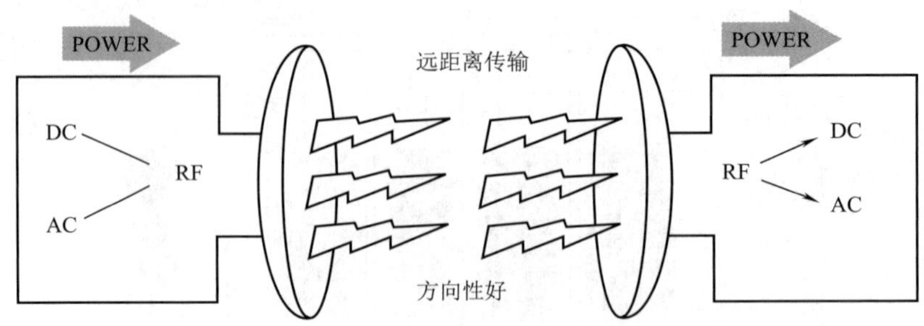

图 6-2-30　微波无线输电示意

2. 电磁感应式 WPT

变压器是一次侧、二次侧线圈都缠绕在同一个铁芯上,这使得一次侧、二次侧耦合和供电不是很灵活。为此,国内外对变压器一次、二次绕组间的铁芯部分用空气或其他介质代替,增加了电力传输的灵活性,并可应用于不同的场合。目前,电磁感应式 WPT 在电力系统中比较成功的应用是非接触式电能传输(见图 6-2-31),非接触式电能传输就是利用电磁感应耦合技术、电力电子技术和现代控制技术实现的电源侧与负载侧完全分离的电能传输技术,它避免了传统电能传输方式中裸露导体的存在和接触火花的产生,克服了传统电能传输方式在一些特殊环境,如易燃易爆、水下等场合存在的弊端,实现了电能安全可靠的传送。

此种技术相对较成熟,在传输功率上也比较容易获得突破,但传输效率还不高,而且传输距离很短,基本需要贴在一起,因此只适合在局部电网中应用。这种输电方式其实是利用了变压器磁耦合的原理,由一次侧线圈通入电流,产生变化的磁通,然后在二次侧线圈内激起感应电动势,从而实现电能的无线化传输。

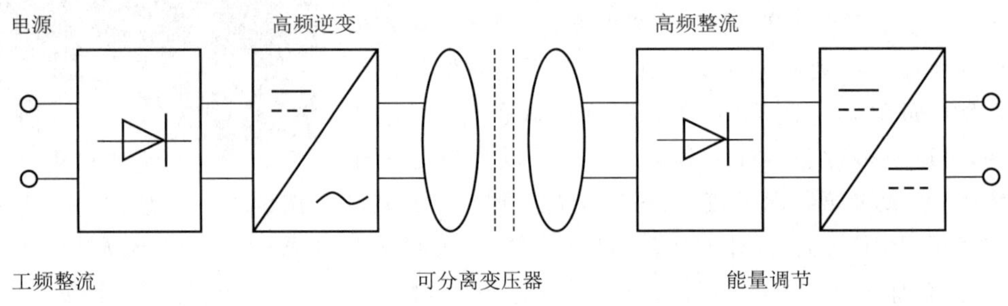

图 6-2-31　非接触式电能传输系统原理示意

3. 电磁共振式 WPT

近场谐振技术是在 MIT(massachusetts institute of technology,美国麻省理工学院)最新的研究成果。在库仑定律中,电场 E 的强度与电荷之间的距离的平方成反比。不过,这里设想的只是“点状电荷”发出放射状电力线时的简单模型。然而对于实际的电子,点状电荷的设想并不现实,在普遍情况下,电荷会分布在一定的范围内并发出电场。这时,电场的“组成”含有多个强度成分。其中包括强度与距离的平方成反比的成分,与距离的立方成反比的成分,以及与距离的四次方、五次方等高次方成反比的成分。高次方成分的比例是由电荷分布的形状和复杂性决定的,也会受到角度的影响。这些场的高次方成分就构成了“近场”。场立方以上的高次方成分会随着与电荷距离的增加迅速减弱。但是,在距电荷较近的位置,有时会强于平方成分。

一般来说,天线的电荷分布并非静止,而是随时间变化,因此会产生电磁波。电磁波与电场和磁场中平方成分的时间变化密切相关。另一方面，近场的高次方成分会发生时间变化，但不会向远处传播。也就是说，在距天线较近的位置，存在无线介质但并非电磁波的电场和磁场。

在此之前，电磁波早已达到了实用水平，并与谐振技术一起用于通信技术。与之相反，近场及其时间变化成分不仅没有得到利用，还被当成了电磁干扰的主要因素之一，成为抑制对象。如果除去电磁感应使用的线圈产生的磁场，对于电子学来说，近场曾经是一个盲点。MIT 的助理教授马林·索尔贾希克(Marin Soljacic)和他的研究小组成功应用电磁近场理论，在实验中使用两个直径 50 cm 的铜线圈，通过调整发射频率使两个线圈在 10 MHz 产生谐振，从而成功点亮了距离电力发射端 2 m 以外的一盏 60 W 灯泡(见图 6-2-32)。MIT 的电力传输系统表面上看是一种基于电磁感应的电力传输，实际上却融合了近场谐振技术，与电磁感应完全不同。这种电力传输系统可以发出强度与贯穿线圈内部的磁通量变化幅度成正比的电动势，传输的电力远远超过法拉第电磁感应定律。使用基于电磁感应的非接触电力传输时，利用圈数为数百的线圈并且缠绕紧密，才能勉强在数毫米的距离上得到超过 60% 的传输效率。而索尔贾希克的系统在进行 2 m 传输时效率约为 40% 。距离为 1 m 时更是实现了令人震惊的约 90% 的高效率。作为天线的线圈也只是随便缠绕的 5 圈粗铜线。可见，与电磁感应不同，近场谐振技术并不单纯依靠磁通量强度取胜。

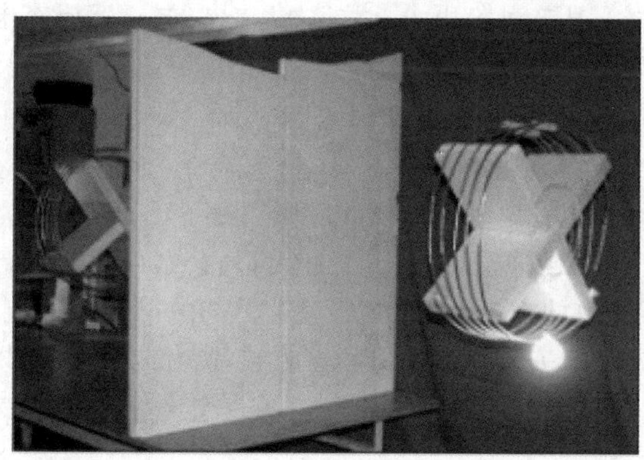

图 6-2-32　MIT 研究的 WPT 演示

二、无线充电在电动汽车方面的应用

随着现代社会的发展，生活也越来越智能化，人类在新能源汽车充电方面也越来越倾向于快捷方便的方式，不只是在新能源汽车方面，感兴式充电方面其实早已打开了市场，如图 6-2-33 所示。

图 6-2-33　感应式充电

1. 应用分析

充电地点的选择。无线充电技术对充电器、被充电设备的距离和状态有关,也就是说,二者之间的距离不能太大,且二者之间没有相对运动,否则就无法稳定和有效的传输电力。因此充电的位置只能是汽车停留的地点,即车库、停车场、路口等位置,公交车的充电装置还可以设置在公交站点。当然,条件允许的地方或高速公路旁还可以专门设置充电站,方便车辆的充电。

英国公司近日在伦敦利用其最新研发的感应式电能传输技术成功实现为电动汽车无线充电。在展示过程中,该公司将电能接收垫安装于雪铁龙电动汽车车身下侧,如图 6-2-34 所示,这样电池就可以通过无线充电系统进行无线充电。

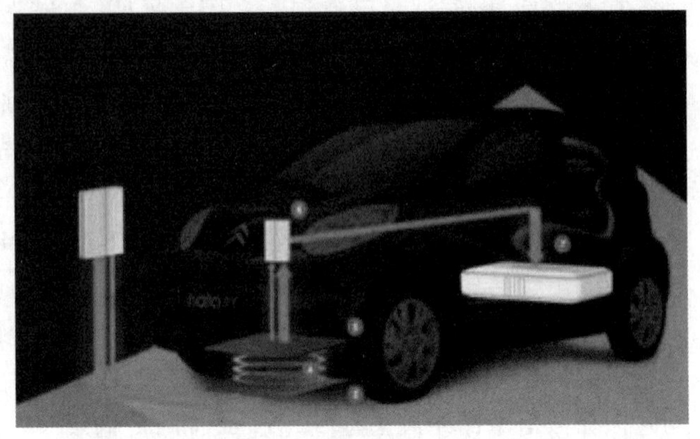

图 6-2-34　感应充电示意

其次,充电方式的选择。从三种充电方式中可以看出,电磁感应充电所需要的距离太小,无线电波充电的效率太低,而电磁共振充电的距离、效率都能满足动力电池汽车的需要。

最后,对充电电池的选择。电动汽车在城市中随时都会进行充电,因此必须要选择无污染且没有记忆效应的动力电池进行充电。

经过比选,我们对无线充电在电动汽车上的应用上有了比较清晰的思路:一方面在道路及建筑工程建设中,由电力供应单位根据规划图事先在路口、公共停车场的停车位、单位或小区的停车位和车库下面预埋无线充电的充电器,并做好充电器与电网或太阳能电池板的连接。另一方面,汽车生产厂家要在汽车底部安装无线充电的接收装置,并与动力电池等设备连接;另外,国家相关部门要统一发射、接收电力信号的频率标准,使其能够通用。未来感应式充电构想图如图 6-2-35所示。

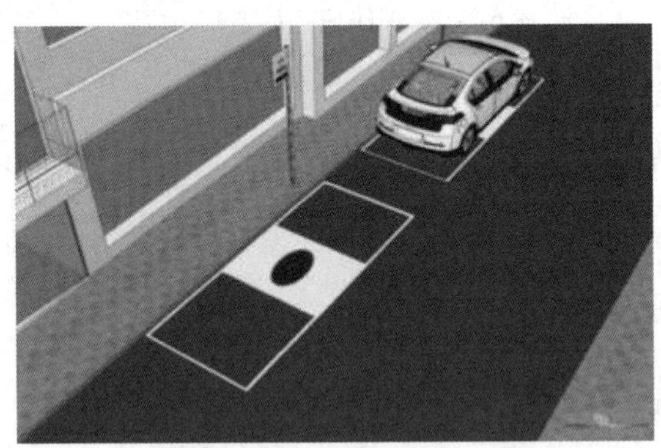

图 6-2-35　未来感应式充电构想图

国外对 EV 用 WPT 技术的研究已经取得了较好的成果。图 6-2-36 所示为电网供电无线充电器的结构示意,包括 PFC(power factor correction,功率因数校正)变换器、逆变器、非接触变压器、非接触反馈和接收电路等部分。

相比于接触式充电器,两者的 PFC 技术、动力电池充电控制及单体电池电压均衡技术基本相同;不同点在于非接触变压器的设计、变换器拓扑及其控制和非接触反馈技术。非接触反馈已有较成熟的方案，此外，非接触反馈还可以采用磁隔离方式来实现。可见，变换器拓扑、控制及非接触变压器的设计成为无线充电器的研究重点。现就非接触变压器的设计进行简要介绍。

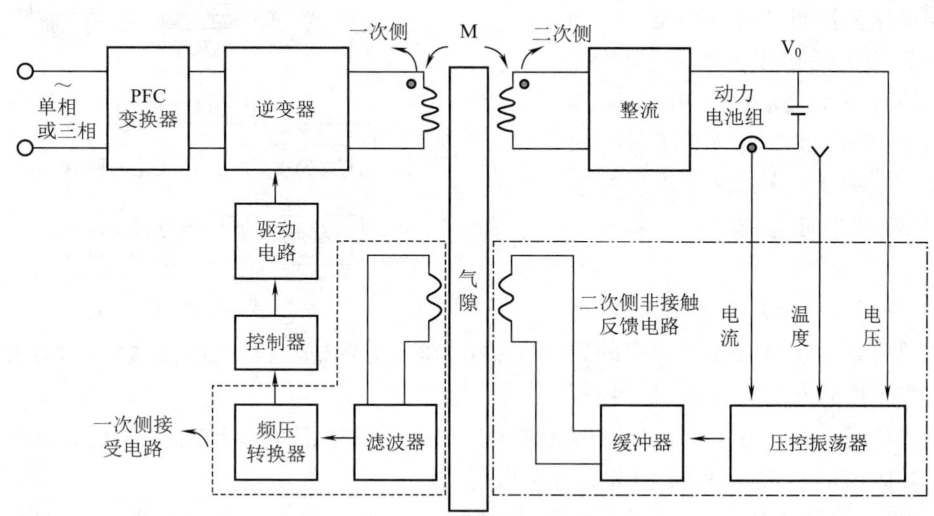

图 6-2-36　无线充电器的结构示意

2. 非接触变压器的设计

非接触变压器是非接触充电器中的核心元件，图 6-2-37 和图 6-2-38 给出目前电动汽车的两种非接触充电方式和对应的非接触变压器结构示意。

①适于人工操作的插入式充电方式，SAE J-1773 给出其变压器方案，并用于 GM EV1 车型。将变压器一次绕组和部分磁芯（嵌在中部）作为可活动的手持部分。当手持部分插入磁芯间隙，则构成变压器，且一次绕组被二次绕组夹绕，实现了“非接触”和变压器的紧耦合。由于该变压器的耦合系数 k 高，易于实现高效率——输出功率1 kW时，直-直变换效率可达到 90% 。该方案利用手持部分，使充电站与电动汽车无电气连接，但实际充电时变压器的一次侧、二次侧仍为紧耦合，且无法实现自动或移动充电，不能起到应用 WPT 减少 EV 动力电池容量和汽车自重的作用。该铁芯外径超过140 mm，重约 6 kg，体积重量均较大。

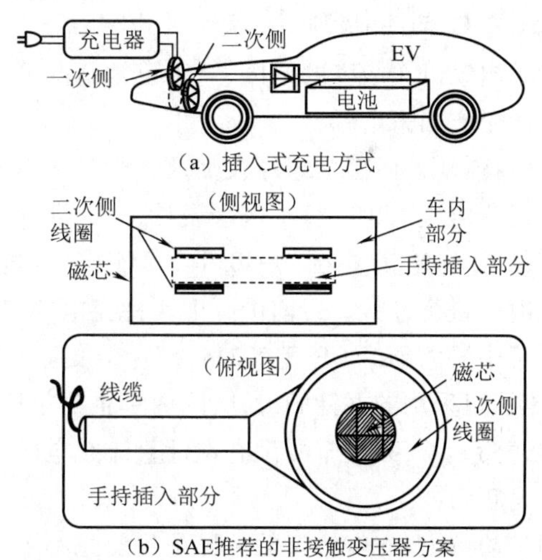

图 6-2-37　插入式充电方式及非接触变压器示意

②全分离型充电方式，如图 6-2-38（a）所示，这种方式可实现自动和移动充电，是理想的非接触充电方式。静止充电用变压器的气隙通常在 10 ~ 50 mm，移动充电用变压器的气隙可达到 150 mm，甚至更大。根据对图 6-2-38（b）所示结构的变压器的分析结果，磁芯横向尺寸与气隙比值 L/g 越大 k 越高。由于 g 相对较大，这种非接触变压器的 k 较低，变压器及变换器效率较低，一般系统效率低于 70% ，甚至小于 50% 。目前可查到的最好的实验结果为：输出功率 2 kW，开关频

率 20 kHz，L/g 为 5.33（$L = 800$ mm，$g = 150$ mm），系统效率为 82%。

补偿电路和控制策略虽然能有效降低电路的无功损耗和开关损耗，却对提高变压器的效率无能为力。二次侧要提高输出功率，低耦合系数的变压器一次侧就需要流过较大电流、建立较强的磁场，则变压器损耗迅速增加，影响系统效率。

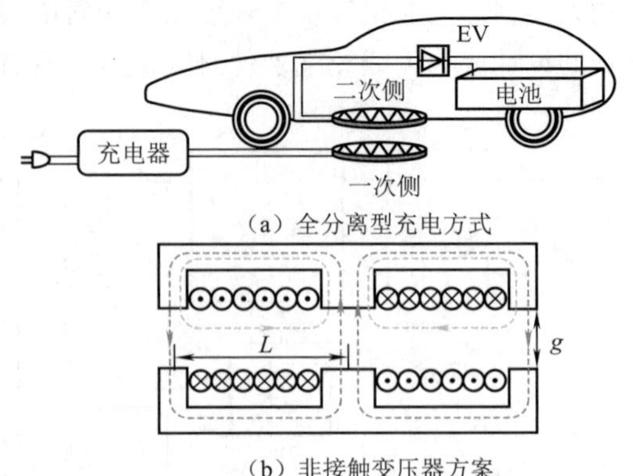

图 6-2-38　全分离型充电方式及非接触变压器示意

因此，提高变压器耦合系数 k，成为提高电磁感应式非接触变压器效率的关键所在。为了提高 k，若以增大磁芯体积和重量为代价提高大气隙条件的 k，则过大的体积和重量削弱了其实用价值。如何提高变压器的 k、并减小其体积重量，成为 WPT 技术的研究难点。

目前 EV 无线充电器中电路拓扑、控制技术研究上已有较好的成果和积累，非接触变压器成为制约 EV 用 WPT 系统高效能量传递的主要瓶颈。要想获得突破，一是基于传统的感应式 WPT 技术，研究有限尺寸下提高变压器耦合系数的有效策略，并解决移动充电系统中的“磁通分布不均”问题，从而提高系统电能转换效率；二是探索电磁共振式 WPT 技术，研究其数学模型、控制特性及优化方法。研究 EV 用大功率、低频化共振式 WPT 的设计技术。

三、充电接口和通信协议

除了电动汽车故障的原因，对于正常情况下，电动汽车充不了电的原因可以从充电接口和通信协议两个方面来解释：

充电接口上，由于全球存在美、欧、中三大充电接口标准，因此，各车企在配置适合各自技术路线上对充电接口也进行了区别设计，比如欧洲 Combo 接口、日本 CHAdeMO 接口、部分美系和德系采用的 CCS 接口、中国的 GB/T 20234 接口，这就意味着目前国外的车在硬件接口上就无法与国内充电桩进行连接。目前国际上 4 种充电接口标准如图 6-2-39 所示。

对于中国的国标 GB/T 20234，规定了交流与直流接口的标准。交流接口采用的是七针的设计，直流接口采用的九针的设计，国内车企都是遵循这个标准进行设计。但是早期一些车企考虑到电池寿命延长，某些车型没有设计直流充电的接口，一些车主在公共充电桩遇到了直流桩充不了电也是正常的。

通信协议上，充电协议的差异是目前充不了电的最主要原因，解释这个问题需要对交流充电与直流充电的基本原理及过程有所了解。

交流充电的过程是交流电通过充电桩—车载充电器—动力电池进行电力传输。从国标设计上，不存在充电桩与整车之间的通信关系，通俗来讲，交流充电桩就是一个功率稍大的插座，不存在充电桩与整车通信协议的对接。因此如果是交流充电，理论上所有车型都是可以充电的。

直流充电的过程简单讲是直流电通过充电桩—动力电池进行电力传输，中间省去了车载充电器的环节，这就需要充电桩与整车控制装置或电池管理系统（BMS）进行通信。国标 GB/T 20234 上规定了通过 CAN 总线方式，以充电报文的形式对充电过程进行数据传输以及控制，其中直流接口上 S+、S- 两个针头就是用作充电通信的，另外国标 GB/T 27930 还对通信协议相关内容进行了规定。现实中,充电设备商和车企会有各自的充电协议,虽然都是符合国标规定,但是还是会带有各自的“特色”,如果没有事先进行通信协议的对接,会出现充不了电的情况。

	美 国	欧 洲	中 国	日 本
	Type 1	Type 2	GB	JP
交 流	SAE J1772/IEC62196-2	IEC62196-2	GB/T20234 2—2015	IEC62196-2
直 流	IEC62196-3	IEC62196-3	GB/T20234 3-2023	CHAdeMO/IEC62196-3
组合式	SAE J1772/IEC62196-3	IEC62196-3		

图 6-2-39　目前国际上 4 种充电接口标准

对于充电设施运营商而言,目前电动汽车只有通过车辆认证并在直流桩上充电后,才能够实现对整车状态、电池状态、充电桩状态的智能监控,发挥其运维的作用。因此就需要用户在充电前对车辆信息进行入网认证,这样充电设备才能够正常识别用户车辆。

对于用户来讲,只有将自己的车纳入运营商的充电服务网络内才可以正常充电,否则就只能自己想办法解决充电问题。这就是运营商让用户办理充电卡的原因,也是运营商经常提到的一车一卡绑定的原因。

学习测试

1. 填空题

(1)小型断路器又称断路器,在配电系统中可以起到________、________的作用。

(2)漏电断路器分为________和________,适配于充电桩的漏电断路器推荐________。

(3)根据漏电电流保护类型分为 A 型、B 型、________型、________型。

(4)浪涌保护器(surge protection device,SPD)是用来保护电气设备免受________破坏的装置。

(5)过电流保护装置不仅要考虑________的保护,还要考虑________的保护。

2. 判断题

(1)断路器额定电流值必须要不小于所保护电路中的稳态满载电流值。　(　　)

(2)导线截面积 16 mm^2 及以下导线,可以用非制备导线线头与接线柱连接。　(　　)

(3)通常 6 mm^2 以上的绝缘导线都是单股线。　(　　)

(4)隔离开关一般作为电源总开关使用。　(　　)

(5)接地保护导线的线路中不允许接入开关器件。　(　　)

3. 单项选择题

(1)一般充电桩使用的小型断路器功能下列描述不正确是(　　)。

A. 过载条件下延时断开　　B. 短路保护

C. 隔离功能　　D. 漏电保护

(2)以下属于AC型漏电断路器的符号是(　　)。

A.　　B.　　C.　　D.

(3)保护线PE采用(　　)颜色。

A. 蓝色　　B. 红色

C. 黄绿双色　　D. 黑色

(4)中性线N采用(　　)颜色。

A. 蓝色　　B. 红色

C. 黄绿双色　　D. 黑色

任务3 维护充电桩

提出任务

你被安排去维护新能源纯电动汽车的充电桩(挂壁式)。客户反应新能源纯电动汽车在其他地方可以充电,但家里的充电桩不能给车子充电,他的这些任务你能完成吗?

任务目标

一、知识目标

1. 熟悉新能源汽车高压部件电压的存在形式;
2. 掌握高压系统中止与检验的操作步骤与注意事项。

二、能力目标

能够正确执行车辆的高压中止与检验操作。

相关知识

一、充电桩日常巡检

1. 充电桩的检查方法

在检查设备情况时,一般采用直接感觉诊断法来进行故障诊断,概括起来可分为:问、看、听、闻、摸、试。

①看:观察。如看充电桩指示灯颜色,充电桩配电柜指示灯状态等。

观察充电桩指示灯是否正常:

黄灯——充电时亮,充电停止后灭。

绿灯——电源灯,设备上电后长亮。

红灯——故障时亮,正常工作时灭。

②听:听响声,根据充电桩工作时内部继电器声音来判断充电桩是否正常。

③闻:凭借充电桩内部发出的气味来诊断。

④摸:用手摸试。如充电桩表面有无温度过高现象,内部有无水汽凝结现象。

⑤试:试验验证。如按下充电桩内部断路器漏电测试按钮,断路器是否能够自动断开等。

2. 充电桩的巡检内容

(1)充电车位环境检查

①检查充电桩周围,如图 6-3-1 所示。

②检查照明情况是否良好,有无应急照明。

③检查充电桩表面、充电桩上有无异物。

④检查充电桩供电及通信线管道或桥架连接是否良好,有无断裂情况。

⑤检查充电位消防设施(是否配备有ABC 干粉灭火器或者二氧化碳灭火器,严禁使用水和泡沫灭火器灭火),充电位的消防设施应齐全。

⑥检查有无应急消防操作指导。

⑦核对充电桩运行维护记录,了解机组运行维护状况。

图 6-3-1　检查充电桩周围环境

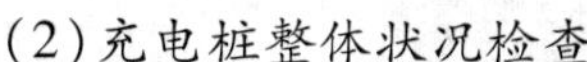
(2)充电桩整体状况检查

①检查充电桩底座是否有损坏,裂痕,倾斜现象。

②检查充电桩本身及布线管道或桥架各部件的安装情况,各附件安装的稳固程度,及固定膨胀螺栓相连是否牢靠。

③检查充电桩固定情况,有无脱落,晃动现象。

④检查充电枪是否脱落,枪头是否插在枪位内,充电桩内部及枪头内部有无残留水。

⑤检查充电桩进线接线端子、通信线接线端子有无松动、烧黑;检查充电桩内部元器件安装是否牢靠,有无损伤,有无脱落。

⑥检查充电桩电缆布线合理,使用软线连接,各接线端子连接紧密无松动。

⑦检查充电桩内接地端子标有明显的标志,并接地良好。

(3)充电桩配电柜的检查

①检查配电柜柜门是否上锁;柜体上电源指示灯是否正常;配电柜是否掉落,倾斜;配电柜表面和内部是否有水气,如图 6-3-2 所示。

②检查配电柜内部是否安装防护网,柜门与柜体之间是否可靠接地。

③检查配电柜上方桥架是否松动,桥架盖板有无脱落现象。

④检查配电柜内部断路器接线端子是否有烧毁,烧黑现象,如图 6-3-3 所示。检查配电柜内部电流互感器、铜排、接线端子是否有烧毁,烧黑现象。

⑤检查断路器下方至充电桩配线是否排列整齐,线缆有无松动现象。

⑥检查配电柜内部接地铜排上接地线是否有松动,是否牢靠。

(4)充电桩功能检查

使用用户卡对每一台充电桩进行功能性检查。

①检查充电桩是否供电,指示灯是否亮起。

（a）外部

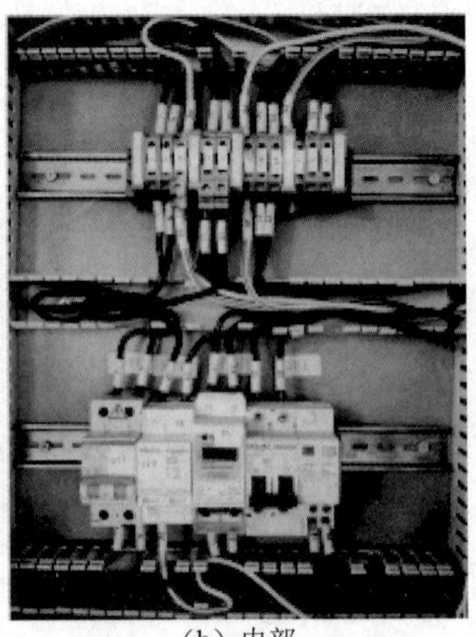
（b）内部

图 6-3-2　检查配电柜外部和内部情况

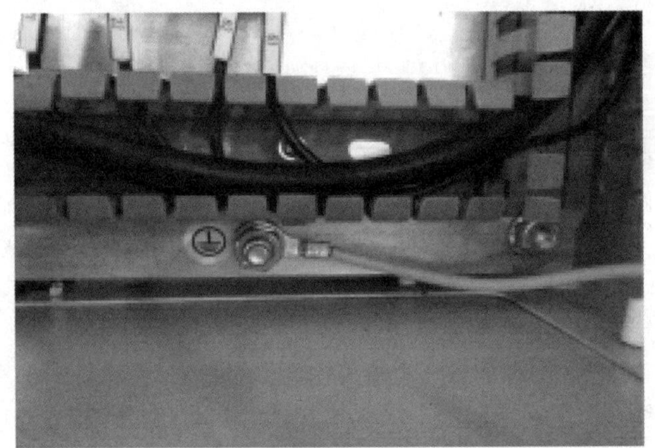

图 6-3-3　检查配电柜内部断路器接线端子情况

②检查充电桩显示屏是否亮起，如图 6-3-4 所示。

图 6-3-4　检查充电桩显示屏是否亮起

③检查刷卡器是否能够正常刷卡。

④分别依次选择各种充电模式，检查各种模式是否都能够正常使用。

⑤检查充电接口是否能够使用。

(5)外观安全检查

①检查充电桩是否破损,变形,掉落。

②检查充电枪接口防护罩是否脱落。

③检查充电桩充电接口防水保护罩是否掉落,破损。

④检查充电桩门锁是否损坏,柜门是否关闭。

⑤检查充电桩内部接地线是否脱落、松动,断路器、防雷器外观是否有损伤。

⑥检查充电桩内部是否有异味,有烧糊、黑色灰尘。

⑦检查充电桩内部电源、通信接线是否牢靠,有无松动。

⑧检查充电桩外部配电管道或桥架卡扣螺栓是否有松动,脱落。

(6)电气及控制系统检查

①检查进线电缆和枪头的选用是否适合充电桩输入电压以及额定电流。检测线路时,必须关闭电源,用万用表的二极管档检测其防雷器、熔断器是否损坏。

②检查充电桩良好地接地,端子有明显的标志。

③检查充电桩独立电气回路对地及回路间的绝缘电阻应不低于规定。

④检查电缆的接线端子是否连接紧密、牢固。

⑤检查充电桩配电电线及内部控制线有无老化。

⑥检查充电桩控制电路板,内部各个设备有无老化。

⑦检查充电桩供电端电压,对地电压,是否在正常值范围。

⑧检查充电桩漏电电压、电流是否在正常值范围。

二、充电桩日常维护

1. 充电桩维护要求

(1)准备工具

维护人员应配备充电桩维护常用工具:万用表、钳形表、低压测电笔、绝缘胶布、螺丝刀、老虎钳、尖嘴钳、套筒、扳手等常用工具,如图 6-3-5 所示。

图 6-3-5　充电桩维护常用工具

(2)分区域专人管理维护要求

各区域应指定专门人员进行管理维护,维护人员应了解客户(驾驶员)使用充电桩应承担的责任,充分了解充电桩维护人员的职责。进行现场维护时一人维护操作,一人配合监督,严禁单人操作。

①客户（驾驶员）的维护职责。

a. 驾驶员将车驶入充电指定区域，停好后关闭车辆电源。

b. 驾驶员在操作充电桩的时候做到“三看一听”。

第一看充电桩是否在工作状态，如果不在工作状态，联系场站负责人；

第二看充电枪枪头是否完善、有无积水，如发现有水，切勿充电并联系技术人员；

第三看充电桩是否进入充电状态。

一听充电枪在插入车辆充电座的时候会有“咔嗒”的锁止声音。

具体操作步骤：检查充电桩是否正常工作→取下充电枪插入车辆充电座的时候会有“咔嗒”的锁止声音→取出该车充电卡，按充电桩充电提示刷卡进行（刷二次卡）→充电时严格禁止拔枪→充电结束时刷卡停止充电→做好此次充电登记（充电时间、数量、金额）→充电枪放入充电桩。

②充电桩维护人员职责。每一个充电桩场地区域均配备有相应的维护人员，作为客户对充电桩维护作业的查漏补缺，该职责尤为重要，作为维护人员，应当做到以下几点：

a. 加强充电桩日常巡检制度，每日一检并登记造册，对各个充电桩的设备状态进行查看及汇总。

b. 充电桩维修记录表，对充电桩日常工作中出现的维修进行登记，并详细登记种类及维修情况。

c. 对充电桩的故障及时通知售后技术人员，并在完成维修的前后进行时间点和情况的反馈登记。

d. 负责一车一卡的充值，并做好每月每车用电量的数据统计。

③维护物品分类要求。对维护所使用的断路器、配电电缆等应按品牌、型号及存放仓库进行编号，并填入维护物品清单，电缆线应按三相与单相、长度、线规进行列表管理，并贴好相应长度与线规的标签。

④维护周期要求。巡检维护视各充电站点的地理位置和使用频繁程度自行制定周期，建议以周/月为单位。

2. 充电桩日常维护项目

(1) 充电枪

①不使用时，尽量避免枪头直接暴露在外面，应插回插座，防止损坏。

②拔枪时，注意枪柄卡扣位置，避免野蛮拖拽。

③保持枪头干燥，禁止积水存在。如有脏污，请用清洁的干布擦拭，严禁带电时用手触碰充电枪芯。

(2) 充电缆线

检查充电线缆或充电枪头，如有外壳破损、线缆裸露等问题存在，不要继续使用。检测线路时，必须关闭电源，用万用表的二极管挡检测其防雷器、熔断器是否损坏。由于充电桩电缆线属于高压电缆线，因此在检查充电线缆时，应该注意以下几点：

①定期检查电路绝缘性能。一般情况下质量好的充电桩电缆拥有良好的绝缘效果，但是在长期的使用下充电桩电缆可能会出现磨损，因此为了保障充电桩电缆安全性应当定期检查充电桩电缆绝缘部分是否完整和绝缘效果是否优异，开关和插座等电缆的电线绝对不能外漏，只有这样才能保证充电桩电缆的安全性和耐用性。

②远离水源和潮湿位置。虽然充电桩电缆具有一定的防水性，但是在过于潮湿的地方还是会存在一定的安全隐患。因此在安装充电桩电缆时应当远离水源，避免充电桩电缆由于受潮而引发的短路问题。在移动充电桩电缆时，应当避免接触潮湿的地面和水源，这样才能保证充电桩电缆的安全使用。

③避免超额负荷。现如今国内专业的充电桩电缆拥有多个不同功率的插口，可以实现不同功率的电动汽车充电的要求。但是在日常使用和维护中要注意在一个充电桩上不可同时使用过大功率的充电器，避免负荷过大使充电桩电缆造成损坏。

充电桩电缆的日常使用和维护是保证安全和充电效率的基础，因此在使用时应当注意定期检查电路绝缘性、远离水源和潮湿地带及避免超额负荷这三点。只有在日常使用和维护中做到这三点，才能增加充电桩电缆的使用寿命，才能够更好地保证用电安全。

(3)桩体检测

①检测桩体外壳是否生锈，漏水。

②检测显示屏显示信息是否完整，是否会花屏。

③检测指示灯是否能正常指示。

④检测设备门锁是否有损坏，是否上锁。

⑤检测急停开关是否有损坏。

(4)车载充电器维护

车载充电器是否正常工作，关乎充电桩系统是否能够对电动汽车进行正常的充电。因此，在维护充电桩的过程中，如有必要，需对电动汽车的车载充电器进行日常维护检查。具体维护流程如下：

①检查。对车载充电器进行一般的外观、位置和接线口牢固程度等检查。

②清洁。在日常维护过程中，对于比较脏的车载充电器及其高压电缆线，应用干净的抹布及时清理。

③润滑。检查完车载充电器后，给予电动汽车快充口和慢充口一定的润滑，防止充电枪在充电过程中卡枪。

④补给。对于没有达到规定液面的冷却液要进行补给。

⑤调整。根据以上检查情况，如出现车载充电器接线口位置不当、螺钉松动等情况，应进行适当的调整及紧固。

(5)功能检测

①充电功能。与充电员或驾驶员沟通，是否存在充电不正常的现象。

②后台连接。联网的桩体是否连接上服务器。

(6)数据记录

①电量记录。建议一个月下载一次数据，作为后续运营数据分析。

②故障记录。针对发现的故障进行记录跟进。

3. 日常维护注意事项

(1)注意事项

①进行现场维护时一人维护操作，一人配合监督，严禁单人操作。

②注意维护安全，更换充电桩内部配件需要断电操作，确保安全，以防触电。

③严格执行检查充电桩日常维护保养表的要求,并按要求填写。具体检查参数可按照各充电桩厂家要求执行。如发现问题应及时处理,避免造成更大损失。

④在断电维护时需要在相应断路器下方悬挂“有人工作,禁止合闸”标示牌,确保人身安全。

⑤做好安全防护措施,维护时需要穿绝缘鞋,佩戴好绝缘手套、防护眼镜和安全帽等防护装备,注意安全,以防砸伤、电击。

(2)紧急按钮的使用

特别注意,使用充电桩时请按照正常流程充电,如有以下紧急情况时,请按紧急按钮。

①如果机器发生漏电,请立即按下紧急按钮。

②如果发生起火、触电等异常状况,请立即按下紧急按钮。用ABC干粉灭火器或者二氧化碳灭火器灭火,严禁使用泡沫灭火器和水灭火。

③桩体发生故障,如无法停止充电、内部线路短路等异常状况,请立即按下紧急按钮。

④桩体按下紧急按钮,直接切断输入交流电使桩体断电。

作为专业维护人员,当以上危急状况解除时,请旋转紧急按钮打开桩体侧门,然后手动合上交流输入漏电保护开关(闭合漏电保护开关时需用力往下打到底部再往上闭合)重新上电。充电桩站点配电闸距充电桩不能太远,需要有专门的消防通道、消防设施(电力消防),并定期检查消防设施,确保设施正常,做好安全演练以及应急预案。

(3)常见故障的排除

①枪插上去了,界面没有显示已连接或没有显示“开始充电”按钮。请检查充电枪是否连接可靠,充电枪的卡扣是否卡紧;检查充电枪连接后,车辆仪表是否有电(桩会给车辆提供电源)。如已连接可靠,可联系充电桩厂家查看是否硬件或软件通信出现问题。

②(刷卡)进入充电后,过了一会就停止充电了。此处一般为电池BMS与桩的通信出现问题,可刷卡结束后重新拔插测试充电。另请求自行记录,如出现反复,即应上报与充电桩厂家联系解决。

③锁卡。

a. 充电结束/停止后一定要记住刷卡。除非出现故障无法刷卡,一般情况都要进行刷卡结算,否则会锁卡。

b. 在充电中,不可直接断电。停止充电后不可直接拔枪走人。锁卡后需要到指定办公点进行解锁操作。

(4)突发事件的应急处理

①充电站所属公司应设置应急组织,建立突发事件应急预案,包括火灾、车辆故障、电池破损燃烧爆炸、供电系统故障、人员触电、设备故障、停电和断网等。

②充电站内各紧急出口通道应保持畅通。发生灾害时,应能及时采取有效的处置措施,及时疏散人员,并报告有关部门。

③应急预案应满足统一指挥,分级负责;组织机构健全;人员和物资配备充足;通信畅通;行动迅速、准确等基本要求。应急预案的主要内容应包括:组织机构、人员、物资、事件等级、报告程序、事故处置方法、快速疏散方法、紧急救护措施、现场保护、清理和善后工作等。

④应急预案中涉及的应急设备应在指定场所存放,专人负责,定期检查应急预案所需物资的有效性。

⑤充电站所属公司应定期进行消防培训和应急演练,全体人员应掌握消防知识,熟知消防器

材的位置、性能和使用方法。每半年应至少进行一次应急预案的全员培训和演练。针对演练中的问题，修改和完善应急预案。

⑥充电站每月组织一次安全检查。应根据季节特点和重大节日对充电站进行专项检查。消防设施和监控器材应由专人定期进行维护与保养，灭火和监控系统应处于完好有效状态。

⑦突发事件的处置应按应急预案的要求进行。

任务实施

一、工作准备

1. 防护装备

绝缘防护装备。

2. 车辆、台架、总成

挂壁式充电桩、配电柜、充电桩安装电气零部件。

3. 专用工具、设备

电工工具、ABC 干粉灭火器。

4. 手工工具

充电桩巡检记录表、水笔。

5. 辅助材料

无。

二、实施步骤

本任务主要包括两个操作内容：

1. 根据实训场地个人安全防护设备的类型，练习使用个人安全防护设备，并学会如何正确自检安全防护设备

这些个人安全防护设备包括：

①绝缘鞋。

②绝缘手套。

③护目镜。

2. 根据充电桩日常维护记录表内容完成实训任务

充电桩巡检记录表见表 6-3-1。

表 6-3-1　充电桩巡检记录表

站点名称：　　　　检查日期：　　　　检查人：

序号	检查内容	检查情况	发现问题	处理情况及遗留问题
1	充电桩防雨棚是否完好	□是　□否		
2	充电桩管线是否规范	□是　□否		
3	交流引入线缆是否有老化或存在隐患	□是　□否		
4	充电桩巡检维护记录是否齐全并按时填写	□是　□否		
5	充电桩灭火器配置是否到位并正常	□是　□否		
6	充电桩外观、配电柜、充电线、显示屏是否正常	□是　□否		

续表

序号	检查内容	检查情况		发现问题	处理情况及遗留问题
7	充电桩周围是否存在裂缝漏水现象	□是　□否			
8	充电桩外观、配电柜、充电线是否有安全警示牌	□是　□否			
9	充电桩防雷器是否正常完好	□是　□否			
10	充电桩接地端有无锈蚀、接头有无松动	□是　□否			
11	充电桩周围是否清洁、是否有杂物或易燃物品	□是　□否			
12	充电桩周围照明是否正常	□是　□否			
13	充电桩监控系统是否正常	□是　□否			
14	充电桩主体设备、充电设备是否运行正常	□是　□否			
15	充电桩是否漏电、发热、外壳是否变形、接头是否松动、锈蚀	□是　□否			
16	充电桩标签是否规范、完整、走线是否凌乱	□是　□否			
17	充电桩开关电源检查	当前市电电压	V		
		当前浮充电压	V		
		当前均充电压	V		
		当前均充电流	A		
		当前容量设置	× A · h		
18	充电桩实时温度检查	当前温度为______℃			
19	充电桩天线设施是否正常	□是　□否			
20	充电桩电表运行检查	当前度数为______度			

学习拓展

《充电桩日常巡检维护标准》是2020年5月15日实施的一项行业标准，内容如下：

一、日常维护

1. 充电枪

①不使用时尽量避免枪头直接暴露在外面，应插回插座，防止损坏。检查充电线缆或充电枪头，如有外壳破损、线缆裸露等问题存在，请不要继续使用。

②拔枪时，注意枪柄卡扣位置，避免野蛮拖拽。

③保持枪头干燥，禁止积水存在。

2. 桩体检测

①桩体外壳：是否生锈，漏水。

②显示屏：显示信息是否完整，是否会花屏。

③指示灯：是否能正常指示。

④设备门锁:是否有损坏,是否上锁。

⑤急停开关:是否有损坏。

3. 功能检测

①充电功能:与充电员或司机沟通,是否存在充电不正常的现象。

②后台连接:联网的桩体是否连接上服务器。

4. 数据记录

①电量记录:一个月下载一次数据,作为后续运营数据分析。

②故障记录:针对发现的故障进行记录跟进。

二、巡检维护

1. 内部组件检查(望,闻,问,测)

①内部线缆:是否有损坏;是否有脱落的线缆裸露,有焦煳味。

②螺钉检查:检查螺钉孔位是否有松动的现象。

③接线端子是否变色,特别是强电侧。

④检查空开的漏电保护按钮:是否检测正常。

⑤交流输入空开:是否能正常开关闭合。

⑥电源模块。

a. 是否正常工作,输出能力是否正常,电流输出能力是否正常。

b. 是否闪红灯。红灯即不正常,需要联系充电桩厂家进行协调解决。

c. 风扇运转是否正常(不转或转速下降)。

2. 功能检查

①充电功能:电压电流输出是否正常。

②刷卡功能:刷卡是否反应正常。

③急停功能:急停是否能正常动作。

④后台数据:整理后台数据与总电量数进行对比,是否有差别。

3. 除尘

①对充电桩内部的灰尘进行清理,主要针对电源模块、主控 PCB 电路、散热出风口处的灰尘进行处理。

②过滤网清理与更换。

4. 巡检维护周期

巡检维护视各充电站点的地理位置,季节气候,使用频繁程度自行制定周期,以 *n*/周/月为单位。(通常分为:周,月,季节性保养维护)

三、操作规范

①将充电枪插在车上,确保枪与车可靠连接(黄色充电灯闪烁证明连接可靠)。

②点击充电界面右上角的“输入密码”按钮,输入密码:＊＊＊＊＊＊或刷充电卡进入充电界面。

③点击开机按钮,屏幕下方提示绝缘检测等信息。

④当屏幕显示“正在充电,请确保充电枪可靠连接”文字时,表明充电成功。

⑤结束充电。未充满电:需要重新输入密码,点击关机按钮,拔下充电枪放回原处。充满电:直接退出界面,拔下充电枪放回原处。

四、操作注意事项

①潮湿天气时应确认充电枪头与电动车插座干燥,否则禁止充电。

②严禁在充电枪或充电线缆存在缺陷、出现裂痕、磨损、破裂、充电线缆裸露等情况下使用充电桩,如有发现,请及时联系“点点电工”。

③充电过程中禁止直接拔枪。

④充电结束时,建议充电界面完全跳转之后再拔插充电枪。(电压电流升降需要一个过程,保证安全)

⑤在充电过程中,车辆禁止行驶,只有在静止时才能进行充电,充电前确保车辆已经熄火方可充电。

⑥充电桩附近应配备专用消防设备预防紧急情况发生。

⑦充电桩站点需要设有接受过培训以及安全教育的人员(充电工,安全员)。这些人员作为充电桩站点专项负责人,进行充电桩站点的日常维护,充电管理,安全充电指导。

五、常规问题解决

①枪插上去了,界面没有显示已连接或没有显示“开始充电”按钮

请检查充电枪是否连接可靠,充电枪的卡扣是否卡紧;检查充电枪连接后,车辆仪表是否有电(桩会给车辆提供电源)。如已连接可靠,可联系桩服务商“点点电工”查看是否硬件或软件通信出现问题。

②刷卡进入充电后,过了一会就停止充电了

此处一般为电池 BMS 与桩的通信问题,故刷卡结束后,重新拔插测试充电。另请自行记录,如出现反复,即应上报与“点点电工”400-617-9086 联系解决。

③锁卡现象

a. 充电结束/停止后一定要记住刷卡。除非出现故障无法刷卡,一般情况都要进行刷卡结算,否则会锁卡。

b. 在充电中,不可直接断电。停止充电后不可直接拔枪走人。锁卡后需要到指定办公点进行解锁操作。

六、急停按钮的使用

①如果机器发生漏电,请立即按下急停开关。

②如果发生起火、触电等异常状况,请立即按下急停开关。

③桩体发生故障,如无法停止充电、内部线路短路等异常状况,请立即按下急停开关。

④桩体按下急停按钮,直接切断输入交流电,使桩体断电。

注:使用充电桩时请按照正常流程充电,如有紧急情况,请按急停按钮。

当以上危急状况解除时,请旋转急停开关,由专业人士打开桩体侧门,然后手动合上交流输入漏电保护开关(闭合漏电保护开关时需用力往下拉到底部再往上闭合)重新上电。充电桩站点配电闸距充电桩不能太远,需要有专门的消防通道、消防设施(电力消防),并定期对消防设施检查,确保设施正常,做好安全演练以及应急预案。

学习测试

1. 填空题

(1)新能源汽车高压存在形式有________、________、________三种。

(2)插电式混合动力和纯电动汽车的________以及连接的导线只有在充电期间才会具有高压。

(3)控制单元通过接触器切断位于动力电池与________用电部件的连接后，整车除动力电池外，其他高压用电设备上就不再有高压。

(4)按照国家新能源汽车安全标准都会设计有一个串联的________。

(5)在维修带有高压的新能源汽车前，务必执行高压的________和________操作。

2. 判断题

(1)新能源汽车的动力电池持续存在高压。 ( )

(2)逆变器在运行期间就会存在高压。 ( )

(3)点火开关 ON 时，高压压缩机就会存在高压。 ( )

(4)手动开关被断开，动力电池内的电池及其连接电路仍然在串联的位置还具有高压。 ( )

(5)拆下维修开关后，就可以继续对车辆进行高压检验操作。 ( )

3. 不定项选择题

(1)高压新能源汽车高电压存在的主要类型有？( )

A. 直流高压　B. 交流高压　C. 变频高压　D. 以上都不对

(2)新能源汽车高压存在的形式有？( )

A. 一直存在　B. 点火开关打开时存在

C. 充电期间存在　D. 一直不存在

(3)手动维修开关用于？( )

A. 切断动力电池中连接回路　B. 维修车辆底盘用

C. 切断驱动电机电源　D. 手动维修充电器用

(4)对高压车辆维修前，需要执行？( )

A. 高压中止与检验　B. 关闭点火开关

C. 断开 12 V 蓄电池负极　D. 检验